Nietzsche e a Justiça

Coleção Estudos
Dirigida por J. Guinsburg

Equipe de realização – Revisão: Eloisa Graziela Franco de Oliveira e Érica Alvim; Sobrecapa: Sergio Kon sobre foto de Rogério Canella, *Não-lugar*, 2003.; Produção: Ricardo W. Neves e Raquel Fernandes Abranches.

Eduardo Rezende Melo

NIETZSCHE E A JUSTIÇA

CRÍTICA E TRANSVALORAÇÃO

Dados Internacionais de Catalogação na Publicação (CIP)
(Câmara Brasileira do Livro, SP, Brasil)

Melo, Eduardo Rezende
Nietzsche e a justiça : crítica e transvaloração /
Eduardo Rezende Melo. — São Paulo : Perspectiva,
2010. — (Estudos ; 205)

1. reimpr. da 1. ed de 2004
Bibliografia.
ISBN 978- 85-273-0693-5

1. Filosofia alemã 2. Justiça (Filosofia) 3. Nietzsche,
Friedrich Wilhelm, 1844-1900 I. Título. II. Série.

04-2950 CDD-193

Índices para catálogo sistemático:
1. Nietzsche e a justiça : Filosofia alemã 193

1ª edição – 1ª reimpressão

Av. Brigadeiro Luís Antônio, 3025
01401-000 – São Paulo – SP – Brasil
Telefax: (0--11) 3885-8388
www.editoraperspectiva.com.br

2010

Porque a mim, assim fala a justiça: "Os homens não são iguais". E tampouco o devem tornar-se! Que seria o meu amor pelo além do homem se falasse de outro modo? Através de mil pontes e alpondras, terão de abrir caminho ao porvir e cada vez mais guerras e desigualdades deverão ser postas entre eles: assim manda que eu fale o meu grande amor!

"Das Tarântulas", *Assim Falou Zaratustra.*

Aos meus amigos.

Sumário

Nota de Agradecimento

Este texto foi originalmente apresentado como dissertação de mestrado junto ao Programa de Estudos Pós-Graduados em Filosofia da Pontifícia Universidade Católica de São Paulo. As sugestões da banca, composta pelos Professores Peter Pál Pelbart (orientador), Ernani Chaves e Maria Cristina Franco Ferraz, assim como do Professor Oswaldo Giacoia Júnior, que participou de minha qualificação, foram largamente aproveitadas e a eles expresso meu profundo agradecimento.

Abreviações

Seguiremos, na indicação dos textos de Nietzsche, a convenção proposta pela edição Colli/ Montinari.

NT para *O Nascimento da Tragédia*;
CE acompanhada de indicação numérica para cada uma das quatro obras com o título de *Consideração Extemporânea*;
HHI para *Humano Demasiado Humano*, primeiro volume;
OS para "Miscelânea de Opiniões e Sentenças" (*Humano Demasiado Humano*, vol. 2);
VS para "O Viandante e sua Sombra" (*Humano Demasiado Humano*, vol. 2);
A para *Aurora*;
IM para *Idílios de Messina*;
GC para *A Gaia Ciência*;
ZA para *Zaratustra*;
BM para *Além de Bem e Mal*;
GM para *A Genealogia da Moral*;
CW para *O Caso Wagner*;
CI para *O Crepúsculo dos Ídolos*;
NW para *Nietzsche Contra Wagner*;
AC para *O Anticristo*;
EH para *Ecce Homo*;
DD para *Ditirambos de Dioniso*;
DM para *O Drama Musical Grego*;

ST para *Sócrates e a Tragédia*;
VD para *A Visão Dionisíaca de Mundo*;
EE para *Sobre o Futuro de Nossos Estabelecimentos de Ensino*;
CP para *Cinco Prefácios a Cinco Livros Não Escritos*, acompanhada da indicação do nome;
FT para *A Filosofia na Época Trágica dos Gregos*;
VM para *Sobre Verdade e Mentira em Sentido Extramoral.*
FP para os fragmentos póstumos, indicando-se o período, a seção e subseção.

Quando houver indicação do número da página, refere-se sempre à edição alemã.

Introdução

O tema da justiça foi maculado historicamente por ter sido considerado por um dos mais representativos filósofos do nazismo, Alfred Baeumler, como a representação mesma da vontade de potência, autorizando a apropriação germanista de Nietzsche ao vê-lo como um herói contra a tradição metafísica ocidental e justificador da luta incessante pela vitória[1].

Embora Heidegger tenha procurado denunciar as interpretações politicamente elaboradas do pensamento fundamental de Nietzsche[2] que banalizam a essência da vontade de potência, em uma clara resposta a Baeumler, e por mais que tenha considerado a justiça como um dos eixos fundamentais do pensamento nietzschiano[3], vemos que restringe sua análise da justiça a dois aforismos póstumos[4] que são exatamente os mesmos indicados por Baeumler ao encerrar seu capítulo acerca do mundo heraclitiano[5]. Tal circunstância, tenha ou não passado despercebida à recepção, tanto da obra de Heidegger como

1. A. Baeumler, *Nietzsche, der Philosoph und der Politiker*, p. 15. Agradeço nesta oportunidade ao meu amigo Alex Flemming pela difícil obtenção de uma cópia deste livro na Humboldt Universität em Berlim. **2.** M. Heidegger, "Die Wille zur Macht als Erkenntnis", *Nietzsche*, vol. 1, p. 650. **3.** M. Heidegger, "Nietzsches Metaphysik", *Nietzsche*, vol. 2, pp. 257-334. **4.** *FP*, primavera 1884, 25 [484] e verão-outono 1884, 26[149], como se vê em *Nietzsche*, vol. 1, pp. 639 e 645. Heidegger justifica-se dizendo serem raros os fragmentos capitais de Nietzsche acerca do tema, pouco publicados ("Die Wille zur Macht als Erkenntnis", *Nietzsche*, p. 632). **5.** A. Baeumler, *op. cit.*, pp. 77-78.

de Nietzsche[6], acabou dando o tom e os contornos de um certo modo de interpretação do tema, como se aí apenas residissem as questões dignas de serem sobrelevadas em sua análise, tanto assim que não poucos intérpretes consideram a questão da justiça sobretudo por esses mesmos aforismos[7].

Se, nessa esteira, alguns comentadores consideram, por uma tal limitação, a interpretação heideggeriana como redutora de certos aspectos do projeto nietzschiano[8], percebe-se, de outro lado, faltar uma tentativa mais detida de acompanhar a abordagem nietzschiana do tema.

Atribui-se isso à reconhecida polissemia do termo na obra nietzschiana[9]. Vemos, então, autores que escapam à esfera de influência heideggeriana, mas que restringem a abordagem do tema a um determinado período da obra do filósofo, como é o caso de Geijsen[10], de Stegmaier[11] e de Valadier[12]. Outros analisam a justiça dentro do contexto maior de sua filosofia, sem acompanhar as nuanças com que o tema se apresenta na obra de Nietzsche[13].

Este trabalho procura pautar-se na análise do tema por duas preocupações: respeito ao matizamento do tema na obra do filósofo e recusa de uma análise sistematizadora de seu pensamento, à luz da qual seria afirmado o papel ou o significado da justiça. Visa-se, com isso, deixar que o tema emerja em suas relações com outros problemas que, a cada passo do percurso do filósofo, ganham relevo. Se percebemos, em cada obra de Nietzsche, a emergência de um particular núcleo de preocupações, o diálogo, a cada passo, da justiça com esses temas lhe dará uma variação perspectiva que visa, seguindo uma recomendação do próprio filósofo, conquistar uma maior completude de sua compreensão[14], justamente porque, privilegiando um emprego *in concreto*, alheio a apresentações brutalmente abstratas, mostra-nos sua constituição deficiente e abre-nos a um novo modo de consideração do problema[15].

6. Além de Maggini ("Vérité et Justice chez Nietzsche") e Stevens ("Nietzsche and Heidegger on Justice and Truth"), deve-se incluir neste rol Otsuru (*Gerechtigkeit und Dike. Der Denkweg als Selbstkritik in Heideggers Nietzsche-Auslegung*) e mesmo Geijsen (*Geschichte und Gerechtigkeit. Grundzüge einer Philosophie der Mitte im Frühwerk Nietzsches*). **7.** Menciono, por exemplo, o caso de K. Ansell-Pearson, em *Nietzsche contra Rousseau. A Study of Nietzsche's Moral and Political Thought*, p. 108. **8.** Cf. G. Maggini, *op. cit.*, p. 94. No mesmo sentido, Jeffrey Stevens, *op. cit.*, p. 227. **9.** Nesse sentido, J. Stevens, *op. cit.*, p. 228 e W. Stegmaier, *Nietzsches "Genealogie der Moral"*, p. 151. **10.** J. Geijsen, *op. cit.* **11.** W. Stegmaier, *op. cit.* **12.** P. Valadier, *Cruauté et noblesse du droit.* **13.** Poderíamos indicar neste grupo Friedrich Kaulbach (*Nietzsches Idee einer Experimentalphilosophie*), Georg Picht (*Nietzsche*), Volker Gerhardt (*Vom Willen Zur Macht. Anthropologie und Methaphysik der Macht am exemplarischen Fall Friedrich Nietzsches*) e Jean Granier (*Le problème de la vérité dans la philosophie de Nietzsche*). **14.** *GM*, III, 12. **15.** P. Wotling, "'Der Weg zu den Grundproblemen'. Statut et structure de la psychologie dans la pensée de Nietzsche", *Nietzsche Studien*, p. 25.

Isso não pode nos impedir, contudo, de colocar em paralelo esses diálogos, pois o próprio Nietzsche reconhece uma recorrência ao longo de sua obra dos mesmos problemas e indica o quanto é sempre uma mesma vontade fundamental de conhecimento que comanda das profundezas em vista de uma fala com maior determinação, sempre com maior precisão[16], nas quais o jogo entre as obras nos crie a trama de um texto em grande estilo, sempre suscetível de dupla leitura[17]. O objetivo deste trabalho, portanto, é de deixar transparecer e manter nessas confrontações particulares uma tensão não superada como forma de evitar aquela sistematização alienante[18].

Com um tal procedimento, não se chegará a um conceito unívoco, o que, contudo, não o impede de continuar a valer-se de um termo com tal peso axiológico como este, da justiça. Aí reside igualmente uma estratégia nietzschiana, justamente para escapar das armadilhas metafísicas, solapando suas bases e abalando por dentro suas construções conceituais para, empregando o mesmo vocabulário, apropriar-se violentamente dele e reinterpretá-lo para que funcione de modo inaudito[19]. São a essas múltiplas reinterpretações, então, que nos voltamos, a um jogo e embate de interpretações, que tem como palco a reflexão da situação do homem em um mundo cujos valores já não detêm seu caráter absoluto e transcendente e que lhe garantiam tranqüilidade, segurança e um sentido à existência humana, mas que, a ver do filósofo, levavam-no à alienação de si, à decadência e ao niilismo.

Se um tal modo de considerar a justiça pauta-se por uma perspectiva crítica ao modo como ela é concebida pela tradição metafísica ocidental, abre-se, com ela, uma segunda, na qual aparecem indicações de outros modos de se considerar a justiça, cuja densidade só será alcançada pelo confronto com este, tradicional, nos diversos aspectos abordados pelo filósofo.

Vemos, então, o tema encerrar ao mesmo tempo uma crítica, destrutiva e aniquiladora da moral judaico-cristã, mas constatar que falta ao homem um pensamento que dê conta da multiplicidade de possibilidades de existência que se lhe abrem a partir das ruínas e escombros dessa tradição. Mais ainda, falta-lhe força e coragem para fazê-lo, para repensar essa instabilidade própria à tal condição humana e introduzila no próprio conceito, mostrando-o, portanto, ele também, em devir para que ele mesmo se torne legitimador e afirmador desse devir, desta vida, vivida pelos homens.

16. *GM*, prefácio, 2. **17.** S. Kofman, "Le/Les 'concepts' de culture dans les Intempestives ou la double dissimulation", *Nietzsche et la scène philosophique*, pp. 294-295. **18.** M. Montinari, "Ler Nietzsche: O Crepúsculo dos Ídolos", *Cadernos Nietzche*, vol. 3, p. 90. **19.** M. C. F. Ferraz, "Nietzsche: Filosofia e Paródia", em Olímpio José Pimenta Neto e Miguel Angel Barrenechea, *Assim Falou Nietzsche*, pp. 34-35.

As alusões à justiça, na empreitada filosófica de Nietzsche, só podem mostrar-se então como um experimento, uma tentativa e uma busca de superação da alienação pelo homem sem lhe oferecer as certezas que subjugavam suas forças na moral cristã e que lhe impediriam seguir sua tarefa de, a cada passo, justificar sua condição no mundo. Não se oferece, portanto, uma resposta do que seja o justo, mas mantém-se o homem na incomensurabilidade trágica: o preço da luta pela superação da alienação passa pela problematização incessante dos pressupostos culturais e morais que estruturam a vida, porque eles tendem, sempre, a pretender alçar-se à condição de certeza apagadora de toda multiplicidade de interesses e perspectivas, de todo conflito, do próprio devir, ocupando o lugar e papel deixados pela metafísica.

A justiça, tal como tratada por Nietzsche, acompanha, por isso, toda discussão acerca do valor atribuído pela tradição à verdade e, para pôr em xeque a indiscutibilidade da vontade de verdade a qualquer preço, precisa questionar, também, uma vontade de justiça que se instale acima dos homens, como critério universal de julgamento, que dê conta das determinantes de toda conduta, de toda ação. Em toda essa discussão sobre verdade e justiça, Nietzsche pontua as determinantes políticas em sentido lato desses valores. Por isso, ao procurar entender a justiça no seio do conflito de interpretações e de valorações que marca a história humana, e a luta de poder presente nesses conflitos, Nietzsche terá de voltar-se ao caráter ativo ou reativo dessas interpretações, mostrando-se necessária a discussão sobre como se repensar a ação se esta se vê desprovida da garantia de certeza que lhe asseguravam a deliberação racional e a força da vontade para lhe ditar seus rumos.

Esse quadro nos aponta alguns elementos que desde logo permitem compreender que essa tentativa trágica de ir aos limites do pensamento desloca as considerações sobre a justiça de uma visão total, abarcadora da humanidade, como se pudéssemos chegar aos termos de uma virtude em si considerada, para que a pensemos na singularidade dos vários pólos de poder presentes neste conjunto que é a humanidade. É em si mesmo que haveremos de pensar a justiça, uma justiça, portanto, que se volta à justificação de nosso modo de vida e que se abre à alteridade, como jogo e luta perspectivística de uma certa interpretação da vida, para que, nesse confronto, chegue-se a um termo possível de coexistência e que seja tão duradouro quanto o sejam as condições que o determinaram.

Se a crítica da justiça colocará em xeque a estrutura da ação, como deliberação e vontade, e portanto a responsabilidade humana, justiça e ação se entrelaçam ao cabo para que o próprio valor da ação não se pretenda passível de afirmação *a priori*, mas, sim, em meio à ação, em meio à luta, não coartando, com isso, suas outras possibilidades de expressão e de inovação. A ação é a prova da justiça, mas também é por ela justificada. Acaba-se, com isso, com antecedentes e conseqüentes, com causas e efeitos, para se ver o movimento em toda sua complexidade e multiplicidade ínsitas ao devir e que marca a própria estrutura do homem, ser instintivo e passional, mas que se lança em um movimento constante de superação de si, de um maior domínio de si, por mais que o saiba vão e ilusório por ser, mais uma vez, trágica e finita a sua condição no mundo. A justiça volta-se, em suma, à justificação da condição terrena do homem, à valorização desse si trágico renegado pela tradição platônico-cristã e que encontra em Heráclito e nos primeiros trágicos a sua mais forte expressão.

O caráter ativo da justiça volta-se, portanto, a uma constante avaliação de si e das relações em que nos vemos inseridos, uma avaliação que envolva a multiplicidade de possibilidades sempre presentes de correlações de forças e de suas reestruturações, que tanto nos determinam como são por nós determinadas.

Justiça e ação apresentam-se, então, como uma busca, com o caráter ilusório próprio a toda busca, sobretudo quando está envolta numa luta por liberdade e emancipação, pela criação de um gosto e de um estilo de vida que sejam mais consentâneos com as possibilidades que se entreabrem a cada passo crítico, a cada ação divergente ou estruturante daquele que se coloca no movimento da vida.

Sem querer retroceder a tempos outros, a justiça e a ação têm, no pensamento nietzschiano, um caráter extemporâneo, de permitir ao homem, situado no instante vivido, criticar o presente da cidade, naquilo em que ele encontra seu valor, sem invocar o eterno, mas enlaçando-nos ao porvir[20]. Como aponta Stegmaier, se nos permitimos o perspectivismo na natureza, olhar a moral como perspectiva, pela multiplicidade que encerra, é ainda um perigo[21]: onde se tem de fundamentar, faltam as evidências, emerge o conflito. Para apagar o conflito, que é a manifestação do próprio interesse humano, do modo como estrutura sua vida, a moral e a justiça têm de se tornar um tabu. Só uma constante problematização de nossos pressupostos, num movimento contínuo de ruptura e reestrutura, de ascensão e declínio, abre-nos à possibilidade de uma efetiva afirmação da vida e à construção sempre renovada de modos outros, não alienados, de existência. É esta a tentativa nietzschiana, que procuraremos seguir em cada desdobramento, ainda que à custa de pontuais repetições, porque é esse mesmo desafio que a história sempre colocou ao homem, mas que ele, no mais das

20. P. P. Pelbart, "Deleuze, um Pensador Intempestivo", em Daniel Lins (org.), *Nietzsche e Deleuze. Intensidade e Paixão*, p. 70. **21.** W. Stegmaier, *op. cit.*, p. 13.

vezes, não logrou superar ou, pior, levou-o a se renegar. Acompanhar a trajetória do filósofo parece-nos, assim, uma questão de honestidade com um pensamento singular, e que se assume enquanto tal, seguindo suas lutas por um poder querer de outro modo[22].

22. O "poder querer de outro modo", veremos, expressa no Zaratustra a própria possibilidade de criação, na sua máxima potência, a despeito da eterna repetição do mesmo.

1. A Justiça e o Trágico

JUSTIÇA SOCRÁTICA, JUSTIÇA TRÁGICA: ENTRE CLAREZA E INCOMENSURABILIDADE

O problema da valoração dos valores morais subjacentes aos modos de vida acompanha o pensamento nietzschiano desde o início. Sua obra primeira, *O Nascimento da Tragédia*, coloca desde logo a pergunta sobre as razões pelas quais a civilização trágica grega sucumbiu ao contrapor-se a uma distinta maneira de conceber o homem, o mundo e a vida, como se dava na civilização socrático-alexandrina. Considerando o embate entre estilos tão contrastantes, entre diversas linhagens de forças históricas e seus efeitos, procura Nietzsche compreender, em seu tempo presente, as implicações para a vida das lutas então travadas, porque nelas se sentia intimamente engajado[1].

Uma tal compreensão, contudo, esbarra nos limites intocáveis em que a cultura se cria. Se a justiça constela toda uma estrutura de valores justificadores de um certo modo de vida, é ela, também, que, por seu brilho e aura, por seu caráter quase divino, afasta o homem de qualquer indagação acerca de sua emergência, como se a crítica fosse o supremo sacrilégio e crime contra a natureza.

Nietzsche percebe, então, o quanto a justiça e a verdade, tal como indissociavelmente pensadas pela tradição, decorrem de um estilo de

1. *NT*, 15, p. 102, l. 20-21.

vida considerado culturalmente de valor inquestionável e que encontra, na máscara da serenidade, sua expressão, mas que, inversamente, despontam como se a chancelassem. A serenidade helênica, de fato, tornou-se um paradigma fundamental de um certo estilo e de valoração da vida para a civilização ocidental, ligando-a ao classicismo pelas características da objetividade, naturalidade, forma plástica, unidade e coesão, medida e harmonia[2], dando, para Hegel, os contornos de um modo de vida exemplar, com a eliminação do informe, do disforme, do simbólico e do feio para mostrar o espiritual propriamente dito, com o afastamento de todas as limitações e carências da existência finita[3], como a própria superação das oposições[4].

Ora, são essas oposições que Nietzsche encontra na Grécia arcaica, marcada por uma profunda sensibilidade ao sofrimento ínsito à existência[5], e que foram relegadas pela tradição, a qual, de modo filisteu, mantém essa imagem de simplicidade de estilo, *naïveté* e precisão atribuída à Grécia antiga[6]. Será, então, repensando esses modos de vida que procurará refletir sobre os próprios critérios de justificação da vida e, com isso, sobre a justiça. Esses termos a que se liga a imagem central de serenidade[7], em sua relação com a justiça e a verdade, são, assim, a chave de entrada de sua análise.

De fato, a civilização socrática tem no grau de clareza de seu saber seu signo distintivo a ponto de Sócrates, seu fundador, ter sido considerado pelo oráculo como o mais sábio dos homens. O critério, que o contrapunha ao trágico Ésquilo, era sua capacidade de dizer que fazia o justo porque sabia o que era justo[8]: o saber, a clareza e a verdade são, portanto, condições para a justiça ao se apresentarem como expressão da harmonia e medida da existência, que passa inquestionável enquanto forma de vida. Nessa exigência de clareza e de verdade, expressa na modernidade pela supremacia da ciência e da dialética, encontramos, portanto, o cerne da distinção estabelecida por Nietzsche com a civilização trágica.

A justiça trágica, de fato, é, pelo contrário, expressão da capacidade do homem de suportar, afirmar e jogar com o inesclarecível[9]: aí se encontram a incomensurabilidade e discordância inerentes ao trágico, e expressão das pulsões artísticas do apolíneo e do dionisíaco[10], da condição marcadamente dissonante[11] do homem. Daí a necessidade de Nietzsche defender que, para além da dialética, pudesse haver uma solução toda outra à questão da justiça, porquanto, para ele, justiça e tragédia, enquanto justificação da vida a despeito desse seu caráter

2. B. Allemann, verbete "Klassische", de J. Ritter e K. Gründer, *Historisches Wörterbuch der Philosophie*. **3.** G. W. F. Hegel, *Estética*, "O Ideal da Forma de Arte Clássica", item 1, "a" e "b", pp. 270-272. **4.** G. Sauerwald, verbete "Heiterkeit", de J. Ritter e K. Gründer, *op. cit.* **5.** *NT*, 3, p. 35, l. 21-24. **6.** 1ª *CE*, 10, p. 217, l. 16 e ss. **7.** *FP*, fevereiro 1871, 11 [1]. **8.** *NT*, 13, p. 89, l. 2-15. **9.** *NT*, 15, p. 100, l. 25 a p. 101, l. 32. **10.** *NT*, 12, p. 81, l. 29 a p. 82, l. 5. **11.** *NT*, 25, p. 155, l. 5-6.

incomensurável e do sofrimento a ela inerente, estão tão intimamente ligadas que, ao ser rebaixada a justiça trágica ao nível do raso e insolente princípio da justiça poética, deu-se a morte da própria tragédia[12], como paralelamente o ocaso da tragédia torna-se o ocaso do mito[13].

O confronto coloca-se, desse modo, claramente entre estilos de vida diversos, mas a questão não se volta a uma escolha, como se isso fosse possível[14], sob pena de cairmos em uma mera oposição dicotômica, de cunho metafísico. Essa investigação passa, pelo contrário, por um jogo entre um distanciamento próprio à crítica extramoral e uma proximidade daquele que se vê parte do embate, um embate que se dá em sua própria carne[15].

A ÉTICA E O OTIMISMO SOCRÁTICOS: DA TRAGÉDIA À COMÉDIA PESSIMISTA DA EXISTÊNCIA E O EMBATE ENTRE MODOS DE VIDA

Precisamos remontar brevemente à equação socrática entre razão, moral e felicidade para delinearmos os termos em que se apresenta essa íntima ligação entre verdade e justiça na caracterização da civilização socrático-alexandrina. Trata-se de uma avaliação nova e sem precedente do saber, com uma verdadeira inversão de valores[16], pela qual, rebaixando os instintos, Sócrates pode condenar o conhecimento das celebridades de seu tempo neles fundado, como ainda a arte e a moral trágicas, pela falta de discernimento e pela potência da ilusão que encerravam. Vendo em tudo o que existe um caráter profundamente absurdo e condenável, Sócrates crê dever corrigir a existência e como tal é precursor de uma cultura, de uma arte e moral, toda diferente[17], porque, na fé na escrutabilidade da natureza das coisas, atribui ao saber e ao conhecimento a força de uma medicina universal e percebe no erro o mal em si. Penetrar nessas razões e separar da aparência e do erro o verdadeiro conhecimento, isso parece ser ao homem socrático a mais nobre e única ocupação autenticamente humana, tarefa de que o homem deve se ocupar inclusive nos atos morais mais sublimes. Sócrates é, portanto, o mestre de uma forma totalmente nova da serenidade grega e felicidade de existir[18]: a destinação de cada homem da ciência é fazer aparecer a existência como inteligível e portanto como justificada[19], com o que compreendemos o caráter moral de toda essa elaboração e a expressão do justo pela justificação racional da existência.

12. *NT*, 14, p. 94, l. 34 a p. 95, l. 3, e *FP*, outono 69 1[103]. **13.** *NT*, 24, p. 153, l. 22 e ss. **14.** S. Kofman, *Nietzsche et la métaphore*, pp. 32-33. **15.** *NT*, 15, pp. 20-21. **16.** *NT*, 13, p. 90, l. 16 à p. 91, l. 4. **17.** *NT*, 13, p. 89, l. 16 a 32. **18.** *NT*, 15, p. 100, l. 25 à p. 101, l. 18. **19.** *NT*, 15, p. 99, l. 9-26.

De fato, num tal quadro, as virtudes devem ser ensináveis e, se o homem deve se ocupar com a busca da verdade e refutar os erros, se há uma relação necessária entre virtude e saber, há de se negar tudo que não possa ser decomposto em conceitos para atingir sempre uma finalidade. Eis, para Nietzsche, a significação e fim[20] da novidade desse tipo de homem: ter o homem condições de alcançar o fim autêntico de sua vida, o conhecimento do bem, base de todas as virtudes, convertendo-se a cultura na aspiração a uma ordenação filosófica consciente da vida, voltando-se toda a busca de verdade, de certeza, de clareza, para esse fim último da existência a ponto de o conhecimento do bem tornar-se a virtude em si, una e indivisível, e o bem, o único objeto do saber socrático, ou *phronesis*. Abre-se, assim, a perspectiva de uma existência aprazível, passível de dominação pelo homem, completando-se a equação ao se tornarem clareza e consciência a única atmosfera na qual pode respirar um tal tipo de homem: o herói virtuoso deve ser dialético[21], justificando-se que tudo deva ser consciente para ser belo, como pretende Eurípedes, e bom, como quer Sócrates. Tem-se, aí, a chave da felicidade, um modo de existência individual-eudemonológico[22].

Ora, esse modo de existência implica uma forma de estruturação do próprio homem e de suas faculdades e é isso o que nos mostra o papel fundamental da educação nesse tipo de civilização. Para Sócrates/ Platão, é contraditório alguém querer o mal, reconhecendo-o como tal, pois parte da premissa de que a vontade humana tem um sentido, é racional e se dirige ao bem[23]. Pode, portanto, sustentar que ninguém erra voluntariamente[24]. Com isso, a vida passa a ter um objetivo justamente a partir dessa colocação socrática, e o homem, um destino.

Verdade e justiça, dessa maneira, mostram-se, nesse modelo, mutuamente implicadas, como também a ação, considerada sob um prisma intelectualista. A vida é considerada por Sócrates/ Platão uma luta contra a *apaideusia*, a ignorância acerca dos bens supremos da vida, e por isso o saber passa a ser a norma maior para a busca do supremo bem, de modo que a realização desses valores deixa de ser tarefa de meras opiniões e, portanto, meramente convencional, como sustentavam os sofistas, para se converter em missão do supremo conhecimento a que o espírito humano se pode erguer[25]. A tarefa primeira consiste, portanto, na possibilidade por parte do homem de identificar, e identificar racionalmente, o que seja o bem e o mal, consistindo nossa felicidade "na justa escolha dos prazeres e das dores", supondo, "primeiro que tudo, um método de medição"[26].

20. *NT*, 15, p. 98, l. 7-11. **21.** *ST*, p. 546, l. 33 em diante. **22.** *FP*, verão 1875 6 [14]. **23.** Cf., nesse sentido, Platão, *Protágoras*, pp. 60-61. **24.** W. Jaeger, *Paidéia. A Formação do Homem Grego*, p. 568. **25.** *Idem*, p. 688. Cf., também, a fábula apresentada em Platão, *Górgias*, 523a. **26.** Platão, *op. cit.*, pp. 76-77.

Num tal quadro, afirma-se ter havido por parte daqueles que se deixaram "arrastar pelo prazer" um erro de cálculo, escolhendo um prazer menor em vez do maior, que, no *Banquete*, nos diz ser o Belo e o Bem, este mesmo e único objeto do saber. O saber, portanto, ao ser identificado com o próprio Bem, subordina as virtudes como um todo e nos garante os parâmetros da ação pela ciência da medida. São a ordem e a medida que ditam a necessidade de uma *techne* para compreensão do bem, devendo-se fazer extirpar da alma, como um médico, o mal que ali possa existir, configurado pela injustiça, o destempero e a imoderação que caracterizam aquela busca pelo prazer, condição para a salvação. O homem será bom por nele habitar uma *arete*, ou excelência, ao custo de se seguir aquela ordem reta da alma, pela reflexão e pela disciplina. É pela proporção geométrica, e não pela *pleonexia*, a ambição por mais ou o entusiasmo dionisíaco que devem se conduzir os homens[27].

É essa concepção, segundo Nietzsche, que dita o fim da tragédia: seu pessimismo haveria de se transformar em comédia. De fato, o herói que deve defender suas ações por razões e contra-razões arrisca perder nossa compaixão, pois a infelicidade que ele expia, apesar de tudo, mostra apenas que ele fez em alguma parte um erro de cálculo, tornando-se apenas motivo de comédia[28]. É em torno dessa piedade pelo homem que se lança à ação, a despeito do caráter incomensurável da vida e de sua incapacidade de predizer os resultados de sua luta, que se estruturava a tragédia: é esse contraste que instiga Nietzsche.

De fato, com a transformação da concepção de humanidade, pautada agora por essa crença na possibilidade de dominação da natureza pelo saber, o elemento otimista invade todas as regiões dionisíacas, impelindo o homem à autodestruição[29] ao lançá-lo, em uma busca desesperada por certeza[30], aos limites da ciência, movida por essa crença na escrutabilidade da natureza das coisas. Os limites logo se fazem ver e é com o inesclarecível que nos deparamos, onde se quebra e fracassa nosso saber[31]. Ora, era essa compreensão do incomensurável de sua condição vital que a tragédia e a Grécia pré-socrática garantiam, a visão de que as qualidades naturais e as ditas humanas estão inseparavelmente confundidas. O homem, em suas mais elevadas e nobres forças, podia ser compreendido como sendo todo Natureza, trazendo seu inquietante duplo caráter em si a ponto de serem suas mais terríveis aptidões, essas que se costumam considerar inumanas, o frutífero chão a partir do qual toda humanidade pode crescer, em estímulos, ações e obras[32].

27. W. Jaeger, *op. cit.*, pp. 678-679. **28.** *ST*, p. 546, l. 25 à p. 547, l. 15. **29.** *NT*, 14, p. 94, l. 24-32. **30.** *FT*, 11, p. 845, l. 14-17. **31.** *NT*, 15, p. 100, l. 25 à p. 101, l. 32. **32.** *CP*, *A Justa em Homero*, p. 783, l. 4-14.

Trata-se nitidamente de um embate entre modos de vida. Se a incomensurabilidade trágica, em sua coexistência de forças olímpicas e titânicas, é considerada inadmissível para o homem socrático-teórico por ser incapaz de dizer verdade alguma, já que irracional, com causas sem efeitos e efeitos sem causas, podendo representar o agradável, mas não o útil[33], Nietzsche procurará demonstrar que, em verdade, o modo de vida socrático-alexandrino, de cunho teleológico, levou o homem, em seu desenvolvimento na tradição, a um pessimismo negativo e destruidor que assola a vida, tala toda vigorosa possibilidade de crescimento e de transformação e, mais, arruína aquilo que de mais belo essa frágil criatura conseguiu realizar na face da terra.

O que o autor procura, mais do que aprovar ou refutar as condições de existência próprias a cada estilo, o que considera impossível, é perguntarmo-nos por sua força e beleza, pela sua relação com a vida. O critério avaliador e único possível de uma filosofia, para Nietzsche, e o único que pode demonstrar algo, é a comprovação de que se pode viver de acordo com ela[34].

Por isso, é por essa dissociação, marcada na experiência concreta do viver, entre as promessas de um modo de vida e aquilo que por ele efetivamente se vive, que o filósofo entende faltar nobreza ao homem de seu tempo para reconhecer a doença que o aflige e a fraqueza que corrói seu corpo, denunciadas sobretudo em sua incapacidade de avaliar seu modo de existência, de valorar suas condições de vida e de estruturar um modo de existência consentâneo a elas, que leve à sua pujança, mais do que a seu declínio. O homem não é mais capaz de viver em filosofia com a probidade simples e viril que obrigava um antigo[35]: esse é o diagnóstico nietzschiano, um diagnóstico sobre a alienação do homem, mas também acerca do modo de se conceber a filosofia, ligada, agora, a maneiras de viver, tal como a concebe atualmente certa linha de interpretação[36].

De fato, era essa capacidade que Nietzsche valorizava nos antigos filósofos pré-socráticos e que nos permite reconstituir a figura de cada um deles, *i.e.*, o fato de encerrarem algo de absolutamente irrefutável, uma tonalidade, uma tinta pessoal, uma maneira particular de vida que já existiu, e que, portanto, pode voltar a ser possível. Diz mais. Afirma que o único que extrai e que conta em cada um desses sistemas é um fragmento de personalidade[37], pois é nela que se expressa essa irrefutável vigorosa energia dos antigos de encontrar sua forma própria e aperfeiçoá-la[38], vale dizer, de uma vida não alienada, sem que isso implique a afirmação de uma subjetividade senhora de si.

33. *NT*, 14, p. 92, l. 24-28. **34.** 3ª *CE*, 8, p. 417, l. 26-28. **35.** 2ª *CE*, cap. 5, p. 282, l. 8-12. **36.** Cf., *v.g.*, as leituras de P. Hadot, *O quę é a Filosofia Antiga?* **37.** *FT*, "Prefácio", pp. 801-803. **38.** *FT*, 1, p. 807, l. 29-32.

DISSONÂNCIA HUMANA ENTRE OCULTAMENTO E AFIRMAÇÃO: ANTROPOMORFISMOS DO CONHECIMENTO

Para reconquistar essa íntima ligação entre filosofia e práxis, perdida pela cultura contemporânea, a ver de Nietzsche[39], e permitir a emergência das condições que ditam a estruturação desses variados modos de vida, o filósofo se coloca a tarefa de "fazer recuar o conhecer desmedido no filósofo e convencê-lo de novo de todo antropomorfismo do conhecimento"[40].

Todo conhecimento é antropomórfico, mas há distintos modos de antropomorfismo. Nietzsche vê Sócrates e a tradição ocidental filiados ao que considera um antropomorfismo lógico, de que Parmênides, Anaxágoras e Pitágoras seriam os primeiros representantes. Por seu turno, filiados a um antropomorfismo ético[41], estão Schopenhauer, Wagner e o próprio Nietzsche, que se considera, junto com os precedentes, herdeiro de Anaximandro, o primeiro a colocar o cerne do problema ético da existência[42] e de quem Schopenhauer seria tributário[43]; de Heráclito, considerado pelo pensador alemão o filósofo propriamente trágico[44]; e de Empédocles, personagem de esboços de uma tragédia nietzschiana[45], a exemplo do que fez Hölderlin.

O que há de comum em ambos os modos é a vontade de dominar a vida[46], de encontrar meios pelos quais o homem possa se conservar. Tanto um quanto outro valem-se da dissimulação[47] para fazer frente à sua condição frágil no mundo. Uma necessidade e uma falta[48] ditam portanto a exigência de invenção de um modo de viver, mas sua efetividade aponta à força criadora do homem e sua capacidade real de impor-se no mundo: aí se revela sua condição dissonante. É a necessidade, todavia, que marca, de modo subjacente, a postura do homem teórico: sua invenção, o intelecto, não consegue se descolar daquilo que o reclamou e seu recurso é o esquecimento do que é, um animal dentre outros e o mais frágil dentre eles, dando-se uma máscara altiva que não apaga, contudo, a marca original de fraqueza. Por isso, Nietzsche considera mentiroso esse recurso, mais ainda, soberbo, já que não apenas renega o caráter inventivo e portanto antropomórfico de seu conhecimento, como ainda se confere um lugar privilegiado e central no universo[49].

A distinção entre o antropomorfismo lógico e ético nos remete portanto à questão colocada inicialmente quanto ao porquê do desvio do olhar das lutas subjacentes à estruturação de modos de vida e à

39. *FP*, verão 1872 – começo 1873, 19 [283]. **40.** *FP*, verão 1872 – começo 1873 19 [180]. **41.** *FP*, verão 1872 – começo 1873 19 [116]. **42.** *FT*, 4, p. 820, l. 9-19. **43.** *FT*, 4, p. 818, l. 30 e 3ª *CE*, 3, p. 361. **44.** *FP*, inverno 1872-1873, 23 [22]. **45.** *FP*, inverno 1870-1871 – outono 1872, 8 [30] a [37]. **46.** *VM*, II, p. 889, l. 10-11. **47.** *VM*, I, p. 876, l. 15 e ss. **48.** *VM*, I, p. 876. **49.** *VM*, I, p. 876.

capacidade do homem de justificar a vida em meio à dissonância que o marca. Se o primeiro precisa de proteção à sua "verdade", encerrando-se em uma construção abstrata e estéril, alheia aos sentidos, à experiência e ao que há de crepitante na vida, o segundo é sobretudo ativo e tem em seu conhecimento apenas uma referência para que não se perca em suas buscas e tentativas de dar ao mundo novas formas[50], porque as sabe expressão de modos particulares de vida que não apenas estão em conflito entre si como hão, cada qual, de lançar-se ao desafio perene de estruturação e superação.

Por que é necessária a proteção, eis a inevitável questão. Para respondê-la, crê Nietzsche ser necessário voltar-se aos fundamentos e pressupostos do edifício metafísico criado pelo homem socrático, privando-o das garantias de paz, identidade e segurança idílicas que o instinto de conhecimento lhe prometia e que Nietzsche encontra na filosofia hegeliana sua expressão contemporânea.

É preciso, portanto, olhar o abismo ante o qual o homem se depara, este abismo que lhe provoca horror e que o faz demandar proteção. É pela consideração dos modos como lidamos com esse abismo que temos condições de avaliar esses modos de vida que se contrapõem. Por isso é necessário, para Nietzsche, lançar o conhecimento às suas fronteiras, pois então ele poderia voltar-se contra si mesmo e tornar-se crítico, crítico de seu próprio saber[51], de sua força, e, então, poderia o homem voltar-se à emergência de suas próprias condições de vida com maior inteireza e intensidade.

A visada crítica de Nietzsche é portanto de dupla mão. Se a compreensão do porquê do desvio do olhar dos limites do conhecimento passa pelo diagnóstico da doença do homem[52], *i.e.*, da percepção daquilo que, sob a máscara da certeza, da clareza, da utilidade, move efetivamente o homem, e, por conseguinte, ao valor destes valores, em uma tarefa propriamente genealógica[53], volta-se também, ao encontrar os limites do instinto do conhecimento, à afirmação da capacidade do homem de poder voltar a manifestar sua escolha[54], seu gosto e, com isso, reencontrar a beleza na vida[55], refreando o instinto de conhecimento[56], sem que o homem seja levado, por isso, a um ceticismo absoluto[57]. Só com essas duas vertentes poderá justificar a existência em todas suas dimensões. Este é o papel do trágico: ser crítico dessas certezas idílicas, tanto no sentido ético-político como naquele de abrir-se ao ponto de virada decisivo do apego a essa doença[58], para

50. Cf. *VM*, II, p. 886, l. 24 e ss. **51.** *FP*, verão 1872 – começo 1873, 19 [35]. **52.** *FP*, inverno 1872-1873, 23 [15]. **53.** P. Wotling, "Der Weg zu den Grundproblemen", p. 27. **54.** *FP*, verão 1872 – começo 1873 19 [21]. **55.** *FP*, verão 1872 – começo 1873, 19 [22]. **56.** *FP*, verão 1872 – começo 1873, 19 [11]. **57.** *FP*, verão 1872 – começo 1873, 19 [125]. No mesmo sentido, 19 [121]. **58.** H., Holzhey, verbete: "Kritik", de J. Ritter e K. Gründer, *op. cit.* Tenhamos em mente que até hoje tal ambigüi-

que, ao mesmo tempo em que nos faz afrontar a incomensurabilidade própria à vida, possa, neste ponto de ruptura da história no qual emerge o confronto de linhas históricas interpretativas correspondentes a modos distintos de vida, nos permitir afirmar outros possíveis, envolvendo as formas que damos à vida num manto de ilusão que nos seduz a continuar achando-a digna de ser vivida. Se o trágico é crítica e ilusão[59], ele não nos promete o encontro de uma verdade última, mas, pelo contrário, nos abre a uma contínua renovação das maneiras possíveis de existência.

É por isso que as tarefas crítica e trágica estão intimamente relacionadas à questão do gosto: nele desponta a questão do valor; é, ainda, por estar a questão do valor ligada a um modo de vida que desponta com tanta importância a questão da serenidade, na qual tanto a questão estética como ética e política se vêem imbricadas. Tributário dos moralistas franceses, especialmente de Baltasár Gracian[60], que relaciona o gosto estético ao homem honesto, Nietzsche pode ver no gosto, *i.e.*, na avaliação daquele que se coloca em pleno momento de virada das trilhas interpretativas históricas, a manifestação da mais alta decisão do homem, quando não há mais apenas um caminho, mas mil possíveis desenvolvimentos. Se há lugar a uma medida, quando discussões não são mais possíveis e parecem sem sentido, esta passa a ser justamente a do gosto, porque, como aponta Schümmer, é pelo gosto que o indivíduo pode manter e criar a distância ante as ideologias e os programas ideologizados, encontrando o refúgio para sua liberdade[61].

Ora, essa liberdade crítica é renegada pela tradição e são justamente as inversões valorativas em que se apresentam a que Nietzsche desde logo se volta. Ele inicia, portanto, sua análise dos fundamentos do edifício metafísico por sua própria estrutura defensiva e nos aponta o quanto a condição para prevalecimento dessa crença na verdade é tornar indiscutível o modo de apreensão do mundo, elevando-o à condição de norma. De fato, se um estado natural nos remete a uma pluralidade de leituras metafóricas da vida, em um contínuo dissimular-se regido por uma guerra de todos contra todos[62], será, pelo contrário, um estado social e de rebanho, com cunho propriamente político-social, que o homem que quer existir terá de fundar, ainda que apenas por necessidade e por tédio; para tanto, o refúgio e a proteção tornamse regra de vida e não estratégia de ação. Fixa-se agora aquilo que

dade está presente na língua grega, pois *krisis* ainda significa, além de crise, luta, litígio, processo; ação de separar, de discernir; decisão, juízo, sentença. (Cf. I. Pereira, *Dicionário Grego-Português*, p. 335.) **59.** *FP*, verão 1872 – começo 1873, 19 [35]. **60.** *FP*, outono 1873 – inverno 1873-1874, 30 [34]; *FP*, outono 1881, 12 [191], dentre outros, e *VS*, 214. **61.** Fr. Schümmer e K. Stierle, verbete "Geschmack", de J. Ritter e K. Gründer, *op. cit.* **62.** *VM*, I, p. 877, l. 16 e ss.

doravante *deve ser* "verdade", *i.e.*, é descoberta uma designação uniformemente válida e obrigatória das coisas: a legislação da linguagem dá também as primeiras leis da verdade e por conseguinte da moral[63], sem que seja possível, com isso, a afirmação de qualquer adequação da expressão da linguagem à realidade com base em tal convenção e, por conseguinte, qualquer consideração de Nietzsche como um filósofo nominalista[64]. A finalidade é a busca de segurança e de tranqüilidade[65], sob o preço do apagamento de toda diferença[66], ainda que às custas de um esvaziamento da própria regra para que, sob a forma conceitual, possa abarcar indistintamente uma pluralidade de casos irredutível em sua singularidade em uma única fórmula[67]. Encerrado em seus limites, sem um olhar exterior, sua ação volta-se apenas ao rubricar de conceitos numa busca incessante por sua identidade, como se, seguindo o fio condutor da causalidade, pudesse atingir até os abismos mais longínquos do ser de que está não apenas em condições de conhecer como até mesmo de corrigi-lo[68].

O critério moral, a medição buscada por Sócrates está então colocada: mentiroso e injusto será aquele que faz mau uso das firmes convenções por meio de trocas arbitrárias[69] porque abala a confiança do homem de rebanho e, mais do que a verdade, é dessa crença que precisa para poder sentir-se seguro[70]. Estamos, portanto, à frente de um egoísmo[71] porque parcial na defesa de um modo de vida, negado enquanto tal, mas que se pretende, pelo contrário, pela abstração e universalidade, apresentar-se como válido para todos, como sobre-humano, como a manifestação d'"a" vida.

Identificado aquilo de que mais superficialmente se defende, pode o autor perguntar-se por que foi necessário esse esquecimento basilar da falta de correspondência entre linguagem e realidade e dessa luta primeva de todos contra todos. Por que foi preciso o esquecimento da violência que o homem comete para formar aquilo que o designa e portanto para se formar? Por que foi necessário o esquecimento da força criadora do homem?

Trata-se mais do que uma mera decorrência do hábito secular[72]. O hábito é expressão da subjugação ao imperativo da regra: o homem esquece-se de sua própria força criadora, da possibilidade de autonomia para reduzir-se a um ser heterônomo. Se o injusto e o mentiroso, por não obedecerem às regras, colocam-nas em perigo quando proclamam o culto da aparência, por mostrá-las como expressão de uma medida humana, e não como a realidade[73], o juízo que dita a prevalên-

63. *VM*, II, p. 877, l. 20 e ss. **64.** A. Kremer-Marietti, "Nietzsche sur la verité et le langage", "Prefácio" em Nietzsche, *Le livre du philosophe*, p. 25. **65.** *VM*, I, p. 883. **66.** *VM*, I, p. 880. **67.** *VM*, I, p. 880. **68.** *NT*, 15, p. 99, l. 9 e ss. **69.** *VM*, I, p. 877. **70.** *VM*, I, p. 878. **71.** *FP*, verão 1872 – começo 1873, 19 [253]. **72.** *VM*, I, p. 881. **73.** S. Kofman, *op. cit.*, pp. 94-95.

cia da regra pauta-se pela primazia do costume ante a novidade, da freqüência em face da raridade, ou seja, ele é expressão da luta contra o sonho e contra toda a possibilidade de mudança que o sonho encerra. Por isso o hábito combate a exceção, tal como o regulamentar combate o inabitual para que o respeito à realidade quotidiana passe avante do mundo do sonho. A razão da condenação ao mentiroso é igualmente clara: tudo o que é novo, inabitual, como a mentira, tem charme e, portanto, a mentira, como tudo aquilo que é ilusório, tem de ser considerada inferior, o corpo inclusive, porque tem sedução[74]. Daí a condenação dos sentidos e da própria experiência, daí a condenação da arte, por Platão, contrariando nosso desejo por ela, que é um desejo de ilusão[75]. Os dois primeiros fatores, hábito e condenação do mentiroso, demonstram, portanto, a existência de uma questão nitidamente política, de respeito da ordem, para explicar a origem social e coletiva da convenção da linguagem que exige obediência, submissão[76] ao uso prescrito e habitual. Para tanto, a condição de vida que se reclama é de uniformização e massificação, o apagamento de toda possibilidade de ilusão e de desejo e, portanto, do próprio corpo[77] para afirmação do intelecto e, com isso, a exclusão de qualquer pretensão à crítica autônoma. A condição de vida que se reclama é a alienação.

O medo subjacente a tantas defesas, à necessidade mesma de unidade, de identidade, de fixidez e de segurança, Nietzsche o explica pelo horror ao desaparecimento, ao declínio[78], valor maior fundante desse valor da verdade, tão apontado depois por Adorno e Horkheimer em sua *Dialética do Esclarecimento*, para quem a eliminação do incomensurável é igualmente o escopo do esclarecimento, valendo-se da mesma ligação vista por Nietzsche entre poder e conhecimento através da calculabilidade e da utilidade, que, se permitem livrar os homens do medo e investi-los na posição de senhores, com um domínio da natureza e uma objetividade cega, aplainando as antinomias do pensamento burguês, leva-os, com o desaparecimento de toda singularidade e pelo prevalecimento da fungibilidade universal, ao caráter totalitário já entrevisto pelo filósofo de Roecken[79]. É, por isso, a ver de Nietzsche, em contraposição ao declínio, ao desaparecimento, à destruição, ao que há de negativo, de obscuro, de perecível, de incomensurável, de tudo, enfim, que temos de considerar como inabitual, que se reclama a verdade. O próprio devir há de ser condenado nesse contexto para que se afirme o ser pelo caráter de indivisibilidade, eterna presença, imobilidade, unidade, perfeição, finitude[80],

74. *FP*, verão 1872 – começo 1873, 19 [228]. **75.** *FP*, verão 1872 – começo 1873, 19 [253]. **76.** *FP*, verão 1872 – começo 1873, 19 [28]. **77.** *VM*, I, p. 877. **78.** *CP*, *Pathos da Verdade* (texto escrito um ano antes de *VM*), p. 756, l. 1 em diante. **79.** T. Adorno e M. Horkheimer, *O Conceito de Esclarecimento*, *op. cit.*, pp. 16-27. **80.** *FT*, X.

formando-se daí um imperativo moral: que aquilo que tenha sido uma vez o seja para toda a eternidade e nisso passa a repousar o valor da civilização.

A plenitude da vida, com tal fechamento, só pode ser prometida, mas nunca cumprida e sequer, quando probamente considerada, desejada: a busca pela verdade tem mais valor que a própria verdade[81], daí seu caráter desesperador. Condição para isso, então, é que o homem desdenhe o presente e o instante, sua situação histórica, fechando-se em si mesmo, em uma auto-suficiência autárquica por considerar que seu amor pela verdade é o que lhe garante a imortalidade. Mais ainda, a busca não pode se dissociar de uma postura moral, de punição de todo aquele que não se submete à regra, com uma inversão tal que se torna inclusive mais feio cometer uma injustiça do que sofrê-la[82].

A justiça socrática, portanto, além de chancelar a ordem conceitual, apresentando-se como o sumo bem a ser perseguido, presta-se, nesse modo de vida, a legitimar o castigo e a submissão de toda e qualquer tentativa de sublevação, tornando-se instrumento de subjugação numa volatização de toda singularidade, com a redução ao extremo das diferenças para se alcançar a suprema igualdade e identidade ao custo da universalização. Se a polifonia grega trágica expressava em cada sistema filosófico, aos olhos de Nietzsche, a personalidade de cada pensador, essa universalização torna-se a suprema injustiça[83] ao levar a um apagamento não só da capacidade de leitura do mundo como, por extensão, da própria personalidade[84] enquanto maneira singular de vida.

A crítica nietzschiana aponta contudo que a "consciência de si mesmo" não resiste ao trespassamento dos limites de sua crença na verdade[85]. A incomensurabilidade trágica se impõe, retirando o chão da metafísica[86], que, então, pode-se mostrar o que ela é: um *vacuum*[87]. Além dos limites da ciência, compreende o homem, enfim, que no começo histórico das coisas não é a identidade ainda preservada da origem que encontra, mas, sim, a barbárie, o informe, o vazio e a feiura[88], é a discórdia entre as coisas[89], segundo a lição de Heráclito e Empédocles, a discordância e a incomensurabilidade como expressão

81. *NT*, 15, p. 99, l. 1 e ss. **82.** Cf. Platão, *Górgias*, 476b a 479d. **83.** S. Kofman, *op. cit.*, pp. 97-98. **84.** *Idem*, p. 37. Nesse sentido, confira 4ª *CE*, 10, p. 505, l. 23-25. **85.** *VM*, I, p. 883, l. 32 e ss. **86.** *FP*, verão 1872 – começo 1873, 19 [35]. No mesmo sentido, *NT*, 15, p. 101. **87.** *FP*, verão 1872 – começo 1873, 19 [72]. Lembremos que *vacuus*, de que decorre *vacuum*, além do sentido mais evidente de espaço vazio, desocupado, ao qual devemos ligar a única forma de conhecimento, a tautologia, significa, também, "fortaleza sem guarnições, praças desguarnecidas", como o empregam Júlio César e Virgílio, o que dá um acento todo particular no contexto presente (F. R. Santos Saraiva, *Dicionário Latino-Português*). **88.** *FT*, 1, p. 806, l. 25-28. **89.** M. Foucault, "Nietzsche, a Genealogia e a História", II, *Microfísica do Poder*, p. 18.

das pulsões artísticas do apolíneo e do dionisíaco[90]. O homem compreende, então, que só o relativo é possível[91], que seu conhecimento é todo ele humano, demasiadamente humano, e que portanto lhe falta toda medida, porque toda medida é ilusória e antropomórfica, uma reflexão do reflexo que é a sensação[92] que nos leva a metaforizar, e, faltando a medida, falta-lhe toda a possibilidade de um conhecimento[93] pretensamente universal.

Ao constatar o homem teórico que a vida não se deixa reduzir ao conceito e, por conseguinte, que ele não detém a apregoada capacidade de cálculo e análise que lhe permite, por seu saber, ditar a sua vontade e sua ação, ele cai em uma letargia, em um verdadeiro asco, em uma disposição ascética, negadora da vontade, da vida[94], num niilismo reativo e passivo, impotente para a criação, como dirá o filósofo posteriormente, ao compreender que sua ação não pode mudar nada na eterna essência das coisas e sente como risível ou vergonhoso que possa ter presumido arranjar novamente o mundo que está fora dos eixos: a compreensão da verdade cruel sobrepuja todo motivo condutor da ação[95].

A extemporaneidade do pensamento nietzschiano se mostra, assim, pela conjugação de uma sensação e de uma experiência desse pessimismo presente em sua época aliado ao entendimento de seus fundamentos e pressupostos a apontar como danoso, como prejuízo e falta de seu tempo, como miséria de seu tempo, aquilo de que este tempo se orgulha, vale dizer, sua ciência, seu saber e o modo de vida que o encerra[96]. Nisto consiste a filosofia trágica, compreender o mais fortemente o sofrimento geral[97], voltando-se, contudo, a um mesmo desejo, felicidade e satisfação[98], que, a seu ver, será apenas como discípulo de outro tempo, vale dizer, de forças com outra linhagem histórica, qual seja, a dos gregos trágicos, que poderá se colocar sobre este tempo presente com a esperança de estar se voltando a favor de um tempo por vir, a favor de outras possibilidades humanas de existência que lhe garantam uma distinta relação com a vida, mais forte, mais confiante, mais bela, passível de ser justificada e digna de ser querida. É o que nos abre ao antropomorfismo ético e à outra possibilidade de consideração da justiça, trágica.

A tarefa que Nietzsche se propõe, de fato, é a de descrever o método como o homem filosófico deve viver[99], não, obviamente, num sentido programático, com outras regras a serem observadas, mas, sim,

90. *NT*, 12, p. 81, l. 29 à p. 82, l. 5. **91.** *FP*, verão 1872 – começo 1873, 19 [104]. **92.** *FP*, verão 1872 – começo 1873, 19 [146]. **93.** *FP*, verão 1872 – começo 1873, 19 [155]. **94.** *NT*, cap. 7, p. 56, l. 23. **95.** *NT*, cap. 7, p. 56, l. 23 à p. 57, l. 12. Em sentido aproximado, 3ª *CE*, cap. 3, p. 355, l. 7-28, com acusação à existência em 3ª *CE*, 4, p. 369. **96.** 2ª *CE*, p. 247, l. 8-11. **97.** *FP*, verão 1872 – começo 1873, 19 [23]. **98.** 4ª *CE*, 8, p.476, l. 17-21. **99.** *FP*, verão 1872 – começo 1873, 19 [31].

suscitando, pela miséria em que se encontra o homem moderno, a necessidade (*Bedürftigkeit*) do trágico[100], e o trágico é a retirada do chão metafísico, sem a colocação de crença alguma no lugar, abrindo-se, com o incomensurável, a possibilidade de emergência novamente da polifonia exuberante tal qual da filosofia pré-socrática[101], pela qual sejamos capazes de nos apropriar do passado e do estrangeiro e de organizar o caos de acordo com nossas necessidades autênticas e, com isso, tomar posse de nossa própria personalidade, alheios a toda convenção e nutridos apenas de uma efervescente alegria e de uma vigorosa e vitoriosa maturidade viril. Só assim, expressando uma saúde vital, podemos converter nossa experiência mais íntima em pensamento pessoal, uma saúde forte, tal como aquela que nos moveu ao fazer a crítica e que nos levaria à igualmente forte convicção, e uma convicção única, de estarmos animados de um poder ativo, um poder de luta, de dissolução, que são todos expressão de um sentimento cada vez mais intenso de vida[102]. O que lhes dá tal direito e os abre a essa nova sabedoria e, com ela, a uma nova justiça, é a arte[103] – e a civilização grega arcaica era artística para Nietzsche.

A ARTE DO JOGO COM A VIDA

A arte é a própria *physis*[104], mas Nietzsche, diversamente da tradição, considera a natureza como mascaradas e metamorfoses[105]. A arte está portanto ligada à força e à capacidade de escolha[106], com aquela delicadeza e refinamento de gosto pelos quais o autor definia o trágico. Para o filósofo, a arte, por ser seletiva, contrapõe-se a este desejo científico de tudo saber: seu meio principal é um deixar de lado, um ver além, um ouvir além, pois não tem interesse igual por todo o percebido[107], como a ciência, desprovida de gosto[108]. Seu procedimento, portanto, é um acentuar[109] de algumas qualidades, o que revela seu caráter marcadamente instintivo, porque os instintos também não têm o mesmo interesse por todas as coisas[110].

Assim, como os instintos são ligados ao prazer e ao desprazer[111] e não há instinto que não procure satisfação no prazer[112], como eles são anticientíficos, a escolha se dá não apenas em torno da procura de

100. *FP*, verão 1872 – começo 1873, 19 [321]. **101.** *FT*, 2, p. 809, l. 30 e ss., quanto a Platão, e prefácio, p. 802, l. 2, quanto à polifonia pré-socrática. **102.** 2ª *CE*, cap. 10, p. 331, l. 18 e ss. **103.** *FP*,verão1872 – começo 1873, 19 [35]. **104.** *FP*, verão 1872 – começo 1873, 19 [290]. **105.** *FT*, 3, p. 815, l. 11-13. **106.** *FP*, verão 1872 – começo 1873, 19 [79]. **107.** *FP*, verão 1872 – começo 1873, 19 [67]. **108.** *FP*, verão 1872 – começo 1873, 19 [86]. A mesma colocação se vê em *CI*, "O que Devo aos Alemães", e *EH*, "Por que sou tão Sábio". **109.** *FP*, verão 1872 – começo 1873, 19 [78]. **110.** *FP*, verão 1872 – começo 1873, 19 [67]. **111.** *FP*, verão – outono 1873, 29 [16]. **112.** *FP*, verão – outono 1873, 29 [16].

satisfação de um interesse como ainda da busca por prazer[113]: é o interesse que move a força, ou melhor, a força se move pautada por um interesse. Ora, há uma multiplicidade de interesses que nos movem, que procuram se realizar e se opõem mutuamente: por isso, Nietzsche diz que a condição normal é a guerra, a paz só é celebrada por tempos determinados[114]. Guerra e paz internas e externas, bem entendido, não só entre nossos instintos, entre nossas pulsões, mas entre os homens também, expressando a diversidade de interesses que os move.

O que Nietzsche pretende demonstrar é que na própria afirmação da verdade, naquela busca de certeza, é a guerra que impera, e não um acordo pacífico entre os homens, conscientes de sua indigência, que chegam, por um contrato original, ao estabelecimento do estado civil, contraposto àquele, natural, de guerra de todos contra todos. Se o verdadeiro corresponde aos efeitos produzidos pela satisfação do interesse, se ele se equipara ao que produz efetividade (*wirkend*), serão várias as verdades sendo produzidas na multiplicidade que é a humanidade. É, portanto, uma luta entre "verdades", vale dizer, entre essas possibilidades entrevistas pela imaginação: uma luta, portanto, entre as ilusões que nos movem, mas, também – e nisso consiste a tarefa filosófica –, uma luta contra tudo o que se mostra com uma necessidade aparentemente inexorável (poder, lei, tradição, pactos e toda espécie de ordem estabelecida)[115], devendo voltar-se contra toda convenção e compreensão artificial, leia-se, alienante, do homem. É nessa luta que se expressa, para Nietzsche, o sentimento de justo[116].

Por isso, o que há de problemático na "verdade" é que ela seja tomada como 'A' verdade, e não como uma possível verdade, uma perspectiva e uma interpretação, como dirá Nietzsche posteriormente, criadas, selecionadas, escolhidas à luz de condições particulares de vida e que ditam a construção de um certo modo de vida, pois, em seu caráter absoluto, ela cerceia toda possibilidade de expressão das condições singulares de sua emergência e de sua reavaliação, do confronto superador dos limites inerentes a toda busca interessada, do incitamento a novas buscas. À vista disso, Nietzsche dirá haver uma diferença total entre a luta por uma verdade e a luta pel'A verdade[117]: se a primeira estimula a continuidade da luta como condição de busca de verdades, vale dizer, de modos de vida mais consentâneos às condições singulares em que nos encontramos, a segunda a impede em nome de uma padronização massificadora.

Nessa luta encontramos, portanto, o grande marco diferencial entre o modo de vida socrático e o trágico, essa luta, podemos dizer, é o *vacuum* propriamente trágico que Sócrates procura negar e que a

113. *FP*, verão 1872 – começo 1873, 19 [67]. **114.** *FP*, verão 1872 – começo 1873, 19 [69]. **115.** 4ª *CE*, 4. **116.** 4ª *CE*, 8. **117.** *FP*, verão 1872 – começo 1873, 19 [106].

tragédia logra afirmar. Nela encontramos, também, um aspecto central da questão da justiça. De fato, um caminho levará à tentativa de uniformização pela convenção social, em nome da busca da certeza, mas que, pelo apagamento da personalidade e da diferença, é a manifestação da injustiça, e, como tal, ele se presta à subjugação do homem pela afirmação de um critério único de referência existencial, como a expressão da suma justiça. O outro, ao manter aberto o espaço ao combate, afirma em seu caráter máximo sua força vital, dando à vida um caráter heróico ao aspirar a possibilidade de cessarmos de ser meros joguetes[118] ao nos tornarmos o próprio destino, em toda sua necessidade, por lutarmos e nos sacrificarmos heroicamente[119] pela justiça, mas com misericórdia[120] para conosco mesmos, para que não nos vejamos como motivo de comédia por nosso erro de cálculo quando temos de defender nossas ações por razões e contra-razões, nem caiamos numa resignação passiva por achar que nada podemos[121]. Só assim poderemos nos encerrar numa compreensão de vida e de mundo fundada no desafio singular de tomarmos posse de nossa própria personalidade, alheios a toda convenção, e nos emancipemos criticamente, abrindo-nos à pleonexia, à busca por mais.

O homem trágico sabe, assim, que não é o instinto pela verdade o que o move, mas esse *páthos*, de um convencimento sagrado, do lutador, instinto ou homem, que quer prevalecer[122]. A crítica trágica mostra-nos que, quando esse desejo desenfreado de certeza pôs um termo à luta, convertendo a possibilidade de afirmação intensa dessa busca, uma nuvem glacial envolveu a vida. É por isso que, apenas sob a condição da luta, uma tal vida será possível. Essa luta é trágica e heróica, tal como Hebbel a concebia, porque se opõe ao mundo para prevenir sua estagnação e que, embora não tenha certeza da eficácia de sua ação, pelo contrário, embora saiba que a derrota seja inevitável, a luta não perde seu sentido, já que seu sacrifício abre o caminho para o porvir, que enlaça o presente, dando-lhe seu valor[123]. Não se trata, assim, de colocar-se acima do fluxo do devir, como pretende Geijsen[124], mas, pelo contrário, da capacidade de afirmação da tarefa que o homem se coloca em meio ao fluxo, considerado o abismo trágico alheio às certezas prometidas pelo socratismo, tornando, assim, contrariamente à leitura de Baeumler, a própria derrota parte da luta, que não tende a uma seqüência de vitórias, como se pretendeu no nazismo[125].

118. 3ª *CE*, 4, p. 374, l. 31-32. **119.** 3ª *CE*, 4, p. 373, l. 4 e ss. **120.** 3ª *CE*, 3, p. 357, l. 17. **121.** *ST*, p. 546, l. 25 à p. 547, l. 15. **122.** *FP*, verão 1872 – começo 1873, 19 [43]. **123.** Sobre o sentido do heróico em Hebbel, cf. A. Lesky, *Greek Tragedy*, p. 22. Sobre as referências a Hebbel na obra nietzschiana, cf. *FP*, fevereiro 1871, 11 [1], pp. 354-355. **124.** J. Geijsen, *op. cit.*, p. 99. **125.** A. Baeumler, *op. cit.*, pp. 14 e 47.

Por isso, além da arte, Nietzsche vê na justa (*Wettkampf*[126]), no jogo, o instinto que chama à vida novos mundos[127] e que, portanto, freia igualmente o instinto de conhecimento desmedido. Mais do que isso, no entanto, é a justa e o jogo que marcam a força do homem trágico, força essa que mesmo diante da frustração chama de novo à luta, ao ataque da força em um novo lance. O jogo, tal qual o jogo da criança e do artista, é uma vontade absolutamente livre desprovida de finalidade[128] – tão radicalmente contrária ao instinto de verdade em sua busca por certeza, por definição e segurança e da capacidade do saber ditar a ação – que transfigura a eventual frustração, fazendo-nos vê-la como um lance da partida, como uma batalha da guerra e nos esporeia para que procuremos nos superar e, superando-nos, superar nossos adversários. Para expressá-lo, Nietzsche diz que a justa, tal como a arte e especialmente a música, é ritmo[129], e a própria arte procede por meio de justas[130].

HERÁCLITO E A LUTA DOS CONTRÁRIOS

O papel das justas no pensamento nietzschiano se evidencia se tomarmos como exemplo filosófico de concepção trágica, pautada pelo jogo e pela luta, a figura de Heráclito, que aponta igualmente um modo de se pensar a justiça tragicamente.

Para Heráclito, não há dualidade entre ser e devir: há só devir, e não um mundo de permanência. A única modalidade do ser é ser efetivo (*wirken*) e por isso a realidade é efetividade (*Wirklichkeit*[131]) que, em seu devir, manifesta-se por uma luta polarizada de contrários. Esse combate e essa discórdia, extraída da boa inveja (*Eris*), de Hesíodo, e erigida em princípio universal e eixo do mundo, são precisamente o que revela a justiça eterna: como todo homem grego luta como se só estivesse no seu bom direito e como se um critério de julgamento in-

126. *Wettkampf* é mais propriamente uma competição pelo melhor resultado, com um cunho esportivo, daí nossa equiparação ao jogo, o que nos parece autorizado se considerarmos que Nietzsche afirma que a luta dos contrários em Heráclito, a justa, é um jogo de Zeus (*FT*, 6), que é propriamente Aion (*FT*, 7). Mais ainda, para Nietzsche, Heráclito é o responsável pela transfiguração da justa, ao identificar mundo e jogo (*FP*, verão 1871 – primavera 1872, 16 [17]). É a partir de Heráclito, ademais, que tal conceito deve ser desenvolvido (*FP*, verão 1871 – primavera 1872, 16 [21]). **127.** *FT*, 7, p. 831, l. 1-3. **128.** *FT*, 19, p. 872, l. 11-13. **129.** *FP*, verão 1871 – primavera 1872, 16 [11]. **130.** *FP*, verão 1871 – primavera 1872, 16 [5] e [6]. **131.** Rubens Rodrigues Torres Filho, em sua tradução de *Obras Incompletas* de Nietzsche, coleção "Os Pensadores", traduz *Wirklichkeit* por efetividade (p. 197, nota 2 ao livro II, da *GC*). Michel Haar, em sua tradução de *O Nascimento da Tragédia*, justifica a tradução de *Wirklichkeit* por efetividade para distinguir de *Realität*, que, em Nietzsche, ganha um sentido pejorativo (p. 338), embora isto não seja o caso nas obras posteriores, da última fase de seu pensamento, como veremos.

definidamente certo determinasse a cada instante de que lado pende a vitória, assim também as qualidades lutam entre elas, segundo regras e leis indestrutíveis, imanentes ao combate. As coisas mesmas não são mais que o brilho da vitória na luta das qualidades opostas[132].

Essa luta é manifestamente trágica, no sentido que tratamos: nela, os juízes também lutam como combatentes e arbitram-se as lutas uns dos outros. Falta, pois, um critério superior que pudesse se colocar sobre as partes para decidir a quem o prêmio deve ser concedido. Por isso, a justa é um jogo, um jogo de Zeus, e, como tal, é o próprio mundo, é todo o múltiplo visto na unidade do jogo.

Ora, o jogo é movido pelo interesse, pela busca de satisfação e de prazer, e, por isso, é o desejo e a necessidade que o regulam. Dando-se a saciedade, irrompe a ruptura da construção, dá-se a sua sacrílega destruição[133], e é esse movimento cíclico, de construção e destruição que foi renegado por Baeumler[134]. Aqui, no entanto, não há de se falar em culpa, em moralina, como brincará Nietzsche mais tarde. Só um homem encerrado em seus limites, como se dá com o teórico, capaz apenas de ver as coisas separadas, de acordo com o processo de seu gélido conhecimento, poderá aí ver culpabilidade, iniqüidade, contradição e sofrimento. Para quem for capaz de ver o jogo em sua continuidade, em seu conjunto, tal qual um deus, a justa se converteria em jogo de artista e de criança, inocente portanto, que conhece o devir e a morte, como se construísse um castelo na areia e, ao saciar-se, o destruísse, para logo ter a vontade de erigi-lo de novo. Nisso, o jogo seria o próprio *Aion*[135], *i.e.*, o tempo e força da vida, em seu sentido primevo e não platônico[136], e, em razão de seu caráter artístico, desprovido, ele também, de qualquer finalismo, pragmatismo ou utilitarismo.

Trata-se, em suma, de uma contraposição a Anaximandro e, com este, a Schopenhauer. Para Anaximandro poder justificar o devir, precisa afirmar a dualidade entre o mundo físico e o metafísico, a dualidade de domínio das qualidades definidas e indefinidas. O devir expressa uma maneira culpada de se livrar do ser eterno, pois tudo o que conhece o devir deve voltar a desaparecer. É pela morte que a iniqüidade é expiada e é esse mesmo caráter contraditório que marca o modo de valorar a existência, considerada igualmente culpada e, por conseguinte, carente de uma contínua expiação pela morte. Nietzsche vê em Schopenhauer uma continuidade nesse modo de considerar a vida, pois o critério que lhe convém para julgar todo homem é de que se trata de um ser que não deveria existir e que expia sua existência por todos os modos de sofrimento e pela morte[137]. Por isso que, para

132. *FT*, 5. **133.** *FT*, 6. **134.** A. Baeumler, *op. cit.*, pp. 59-87. **135.** *FT*, 7. **136.** W. Wieland, verbete "Aion", de J. Ritter e K. Gründer, *op. cit.* **137.** *FT*, 4, em que cita o cap. 12 do vol. 2 de *Parerga und Paralipomena*, de Schopenhauer.

Schopenhauer, o combate é uma prova do desdobramento de si do querer viver, uma maneira de se devorar a si mesmo desse instinto[138]. Ora, Heráclito, pelo contrário, a quem Nietzsche louva, não considera o que devém pelo castigo, mas, sim, pela justificação e por isso as dualidades são negadas e, com ela, o ser em geral para afirmar apenas o devir e sua realidade como atividade, no que Nietzsche se apropria de Schopenhauer[139]. Ora, essa justificação só é possível, vimos, para quem seja capaz de ver as coisas em seu conjunto, em sua continuidade da luta que caracteriza todo devir. O devir torna-se, então, uma ocasião para regozijo, e não para expiação ou para um pessimismo e por isso Heráclito, a ver de Nietzsche, não é obrigado a provar que este mundo é o melhor possível, retomando-se a crítica que Schopenhauer faz a Leibniz[140], pois lhe basta, como basta a Nietzsche, que seja belo o inocente jogo de *Aion*[141].

A AÇÃO E A BUSCA POR JUSTIÇA: O PAPEL DOS INTERESSES E DA RAZÃO

Este jogo não é pura expressão de irracionalidade, muito menos um puro inventar totalmente livre, algo que Nietzsche tomava por impossível[142]. Pelo contrário, tratando-se de uma visão estética existencial, ela expressa um estilo e, como tal, constrói-se, liga, junge e forma-se, ainda que com a instabilidade de um "mero" castelo de areia, com uma regularidade e de acordo com suas articulações internas[143].

Nem poderia ser diferente, já que o próprio pensar imagético, de cunho artístico e intuitivo – num entendimento ainda carregado formalmente da influência schopenhaueriana[144], com o intuito único de contrapor-se à metafísica –, embora não tenha rigidamente uma natureza lógica, é ele também, de algum modo, lógico[145], pois, em todo conhecer, uma medida mais ou menos fixa há de ser afirmada[146], expressão da posição em que nos colocamos, conquanto perspectivística, já que plástico[147].

Há, em Nietzsche, sim, uma inversão hierárquica entre criação, fundada na imaginação artística, e razão, de que o exemplo de Tales é marcante[148]. O homem de ação liga sua vida à razão e aos conceitos para que não seja arrastado e para que não se perca[149], enfim, para que a possibilidade imaginada e afirmada[150] não seja considerada mero

138. *FT*, 5, final, citando *Die Welt als Wille und Vorstellung*, tomo 1, livro 2, § 27. **139.** *FT*, 5, início, citando *Die Welt als Wille und Vorstellung*, tomo 1, livro, 1, § 4. **140.** A. Schopenhauer, *Parerga und Paralipomena*, vol. 2, cap. 12, § 156. **141.** *FT*, 7. **142.** *FP*, verão 1872 – começo 1873, 19 [79]. **143.** *FT*, 7, p. 831, l. 4-5. **144.** M. Haar, *Par-delà le nihilisme* pp. 123 e ss. **145.** *FP*, verão 1872 – começo 1873, 19 [107]. **146.** *FP*, verão 1872 – começo 1873, 19 [155]. **147.** *FP*, verão 1872 – começo 1873, 21 [2]. **148.** *FT*, 3, p. 813, l. 30 à p. 814, l. 30. Ver também *VM*, I, p. 885, l. 6-11. **149.** *VM*, II, p. 886. **150.** *FP*, verão 72 – começo 73, 19 [75].

devaneio etéreo e perca toda consistência afirmativa, toda força, e seja aniquilada no combate. Aqui se mostra o papel fundamental que a lógica e a reflexão desempenham na filosofia de Nietzsche. Se é a luta entre "verdades" que define a vencedora, se o que está em questão é justamente a afirmação desse entusiasmo vital daquele que se lança ao jogo da busca, a afirmação dessa possibilidade existencial ditada pela imaginação, para si e para o outro, depende da capacidade, não apenas da satisfação do prazer e do interesse e portanto da sedução que sua beleza suscita, mas, também, da força de sua estruturação lógica e das pontes necessárias para suas articulações internas, cujo papel, nesse sentido, é o de incrementar a sedução da força artística que a move.

Por isso, Nietzsche diz que se há algo a que essa ordenação visa e por que ela se sacrifica é o amor[151] à vida e a busca da justiça[152]: uma justiça pensada, não ao modo cristão, por um identificar de si compassivo ao outro, pelo qual o fazer o bem ou o mal ao outro é fazer o bem ou o mal a si mesmo, mas, sim, uma contraposição de forças mais ou menos iguais, forças estas egoístas[153] porque perspectivísticas, um jogo e, por tal razão, hereticamente diz o autor que é o diabo que rege o mundo[154], vale dizer, a própria terra e suas entranhas, tidas como infernais, revertendo as ordens estabelecidas. De fato, se ele rege o mundo é porque não se deve chegar a uma paz solucionadora dos impasses e conflitos: se é nos opositores que nos conhecemos[155], é por ser no confronto que percebemos os nossos limites e encontramos o aguilhão que nos incita à superação, a um novo lance, a uma nova partida, à continuidade do jogo. Por isso, também, é uma luta pela justiça, e não o alcançar da justiça como critério a reger o mundo, que está em questão: o que nos há de mover é a busca[156], uma busca de superação "pleonéxica" das próprias forças no seio da luta.

É justamente na análise dessa oposição que entram as acusações de irracionalismo a Nietzsche. Habermas, por exemplo, critica o fato de Nietzsche não dissociar, em sua análise da precisão dos juízos sintéticos *a priori* e na vinculação deles a valorações destinadas à reprodução da vida, o conceito de correspondência da verdade do próprio conceito de verdade, tomando-a ligada à expressão de crenças subjetivas. Disso resulta, para Nietzsche, que não poderíamos falar em conhecimento, mas apenas em interpretações perspectivísticas e por conseguinte relativas, fruto de avaliações que são sintoma de situações fisiológicas. A completude do niilismo se dá pelo fato de que, não havendo mundo de verdade, cada crença, cada tomada de algo como verdadeiro, é necessariamente falsa, e toda regra gramatical da linguagem é apenas simbolicamente o resultado da *poiesis*, de uma atividade criadora, de cuja utilidade não podemos deduzir sua verdade. Por isso, pela lei-

151. 4ª *CE*, 4. **152.** 4ª *CE*, 4, p. 451, l. 20. **153.** *FP*, verão 1872 – começo 1873 19 [93]. **154.** *FP*, verão – outono 1873, 29 [49]. **155.** *FP*, verão 1871 – primavera 1872, 16 [19]. **156.** 1ª *CE*, 2, p. 167, l. 5.

tura de Habermas, para Nietzsche, no lugar do conhecimento fenomenal da natureza entra a aparência perspectivística e, no da teoria do conhecimento, um estudo perspectivístico dos afetos. Habermas vê no conflito de forças que se embatem e no fato de, assim sendo, não haver mais texto, mas apenas interpretação, o irracionalismo de Nietzsche, pois a elevação do fenômeno do interpretar à essência de uma *natura naturans* representaria a hipostasiação da vontade de potência criadora de valores.

Segundo Habermas, um tal posicionamento leva ao desaparecimento da diferença entre a produção de esquemas de interpretação do mundo em proveito do domínio da natureza e a produção da aparência ilusória em proveito da dissimulação. As possibilidades que a filosofia de Nietzsche encerram não foram, segundo Habermas, exploradas. Para esse autor contemporâneo, se é certo que o homem não poderia viver sem um permanecer válido das ficções lógicas, sem um medir da realidade no mundo puro inventado dos incondicionados, em si mesmo igual, sem uma falsificação estável do mundo pelo número, então não são as condições subjetivas da constituição de um mundo ordenado em casos idênticos uma pura invenção e uma pura falsificação, mas, sim, um processo de formação coletiva de elementos adquiridos de um projeto específico à espécie de possível domínio da natureza. As pesquisas de Nietzsche de crítica do conhecimento o colocam, para Habermas, próximo às conseqüências de um pragmatismo transcendental-lógico, mas Nietzsche, a seu ver, não arrancou essas conseqüências ao insistir que nossos aparatos de conhecimento não estão dirigidos para o conhecimento[157].

Quer nos parecer, contudo, que a preocupação crítica de Nietzsche não é devidamente considerada por Habermas. Nietzsche preocupa-se com a superação da alienação e esta só se dá com a reafirmação do conflito subjacente a toda construção de interpretação de mundo fundada, sim, no interesse, mas considerado na multiplicidade de perspectivas que constitui a sociedade e, não, como pretende Habermas, como projeto específico da espécie. Falta, para Nietzsche, essa unidade que Habermas procura resgatar. Nietzsche, como veremos, valoriza, ainda, a questão da imaginação como expressão da possibilidade crítica de construção de modos outros de existência e, por isso mesmo, superadores de um projeto da espécie que pode aparecer ao homem, em sua singularidade, como massacrante; daí os vários possíveis usos da história, sempre ligados à vida, à praxis, como será objeto de nossa consideração mais à frente. Por isso mesmo, o conceito de verdade trabalhado por Nietzsche, mais do que ontológico ou de correspondência, é remetido às suas funções ético-políticas apagadoras desse conflito. Apenas à medida que emerja como

157. J. Habermas, em F. Nietzsche, *Erkenntnistheoretische Schriften*, "Posfácio".

interpretação num processo de subjugação de outras, poderá, para Nietzsche, haver uma busca efetiva de emancipação do homem.

Compreende-se, portanto, quando Nietzsche diz que o mundo é interpretação sem texto e sem sujeito interpretante[158], quer nos parecer, que, de um lado, se falta a adequação entre linguagem e realidade, não há possibilidade de critério seguro de correção da interpretação, e, de outro, sendo movida toda filosofia pela imaginação, como expressão da busca pela força de sua satisfação, não há uma consciência a dirigir a interpretação, mesmo porque, como vimos, além dos limites ilusórios da adequação de linguagem e realidade acaba toda consciência de si, acaba a possibilidade de afirmação do *cogito* como efetivamente correspondente a algo dotado de unidade no mundo. Como aponta Giacoia Júnior, a crítica à vontade de verdade incondicional revela não haver nenhuma *ratio* teorética, mas o problemático campo de batalha das condições de existência. Ao voltar-se reflexivamente sobre si, cumprindo seu destino e sua vocação, essa vontade de verdade vê-se comprometida com condições e com perspectivas de valor, com interesses de conservação e crescimento, condições que implicam o contrário da exigência incondicionada, do valor absoluto do verdadeiro[159].

Por isso, se há aqui um projeto à espécie, ele passa justamente pela transfiguração do jogo da vida em justa e embate de perspectivas; do contrário, a ver de Nietzsche – e contrariamente aos críticos de seu "irracionalismo" –, desembocar-se-ia em uma rigidez uniformizante que é toda contrária a uma verdadeira civilização. Pelo fato de ser embotadora e não dar margem à verdadeira compreensão de suas necessidades, um projeto específico que não dê conta da multiplicidade de interesses em conflito no seio da sociedade nem alimente essa contenda como forma de instigação e chamamento à criação é totalitário ao fincar-se na pura convenção distanciada de sua própria emergência histórica; tal projeto, sem uma crítica, torna-se deletério à vida: ele é pura ideologia no mau sentido, impeditiva de toda ação transformadora.

Ora, essa transformação só é possível pela própria afirmação do caráter litigante da vida, pela multiplicidade de interesses que povoa uma comunidade e que busca sua expressão. O sentido do embate desses projetos de vida dá-se no próprio embate, e não posto *a priori* pelo homem, nem convencionalmente. O sentido se impõe, insistimos, na luta e pela luta, e é nessa luta que se abre a possibilidade de transformação, sempre em tensão, inclusive por sua expressão lingüística, fundada na capacidade metafórica, que sempre impõe um choque entre o familiar e o não-familiar[160], permitindo essa abertura crítica

158. *FP*, outono 1885 – primavera 1886, 1 [120]. **159.** O. Giacoia Júnior, *Labirintos da Alma. Nietzsche e a Auto-Supressão da Moral*, pp. 134-135. **160.** A. Kremer-Marietti, *Nietzsche et la réthorique*, pp. 230-237.

perseguida pelo filósofo que lhe garante tratar a cultura como algo vivo e que se mantenha vivo[161], ao que responde grandemente, nessa fase, o papel da imaginação (*Phantasie*)[162].

A LUTA ENTRE MODOS DE VIDA E SEUS LIMITES

A transfiguração da justa tem ligação fundamental à *paideia* antiga, transcendendo toda compreensão reducionista de um combate entre interesses meramente individuais e egoístas. O que estava em questão nessa justa e luta por justiça era o bem-estar do todo.

Devemos entendê-lo em dois sentidos. Primeiro, luta-se, não por um sentido, contra o tempo, que se esvai a cada instante, deixando-nos a sensação de uma eterna imperfeição e de falta de plenitude. Luta-se, sim, por *uma* existência, por um modo de existência e pelo louvor que essa luta marca[163]. Não se trata de uma mera inversão lingüística, como pode parecer aos incautos. O que está em jogo na justa é uma luta de idéias, de problemas, de interpretações – e não de indivíduos[164] – em que, como dito, os próprios árbitros estão imersos no embate. Como tal, a vitória no jogo não é de uma idéia, o que se compreende se temos presente a inexistência de um critério de verdade e que tudo é interpretação: o prevalecer exclusivo de uma idéia seria alçá-la à condição de verdade, seria acabar com o jogo, seria a uniformização homogeneizante que Nietzsche critica. É uma luta, portanto, pela idéia que temos da existência e, nesse sentido, por aquilo que há de irrefutável em nossas vidas, uma tonalidade, a tinta pessoal, a maneira particular de vida e uma possibilidade de existência[165] enfim, que também sabemos singular. Para sermos capazes de avaliá-la, precisamos do confronto mesmo, pois é no confronto apenas, com nossos limites e limites colocados pelos outros, que temos a possibilidade da justiça, uma justiça que está além de nossas mãos e que buscamos à medida que nos expomos ao jogo e à justa, porque compreendemos serem os outros modos de existência que nos chamam à luta, inclusive por modos outros a serem sacrilegamente criados por nós, desde que nos disponhamos a lutar por eles.

Segundo e por isso mesmo, quando falamos no todo, não haveremos de buscar uma idéia que dê conta dos múltiplos interesses em conflito que se criam em distintos modos de vida. Além das idéias que indivíduos e grupos possam expressar, compreende-se que o próprio jogo é a condição de possibilidade de qualquer afirmação dessas maneiras singulares de vida e como tal, na sua ausência de finalidades e

161. *EE*, II, p. 677, l. 14. **162.** *FP*, verão – outono 1873, 29 [56]. **163.** *FP*, fim 1870 – abril 1871, 7 [15]. **164.** *FP*, verão 1871 – primavera 1872, 16 [9]. **165.** *FT*, "Prefácio", p. 801, l. 17-19.

sem um critério a defini-lo, ele é condição de satisfação da força, ele é expressão da vida. Assim, o todo é o próprio jogo, e a sociedade estatal e o pan-helênico eram o espaço desse jogo, não com um papel unificador ou regulador, mas, sim, como camarada e companheiro de caminho vigoroso, prestes ao combate, que acompanha por meio de rudes realidades seu amigo mais nobre, pelo qual ele tem tanta admiração e do qual recebe em troca o reconhecimento[166].

Por tal razão, o papel fundamental da discórdia, da boa discórdia poetizada por Hesíodo em *Os Trabalhos e os Dias*, por ser um estímulo à ação, era não uma ação que visasse a aniquilação ou que se aproximasse da vingança, mas, sim, uma ação agonística, de um jogo competitivo, da justa. Cada ateniense, assim, deveria se desenvolver a si mesmo tanto quanto fosse vantajoso para Atenas – e insisto, para Atenas enquanto representação dessa companheira de jogo, um jogo travado entre as *polei* que lutavam entre si tal como os próprios deuses olímpicos. Era no bem de sua cidade natal, na qual refletia o anseio que nutria por si mesmo (*Selbstsucht*[167]), que pensava o jovem quando se lançava à disputa, reprimindo e limitando esse anseio para que o próprio jogo não fosse estancado[168].

Daí que aquele que ousasse aspirar a uma supremacia tal, afrontando o olhar invejoso dos deuses[169], e pretendesse impor, com exclusividade, a sua regra a todos, a sua regra ao jogo, elevando-se à condição de deus, receberia a ira não só dos deuses, como também dos homens. A resposta: o ostracismo[170], vale dizer, sua aniquilação pela impossibilidade de participação no jogo da vida.

Por isso que mesmo o sentido ocasional que um povo se dava deveria ser colocado em luta, rompendo toda estreiteza patriótica. O fundamental, neste ponto, é que, se o projeto de um povo, para Nietzsche, forma-se no embate de idéias no seio desse próprio povo, numa busca incessante, não se pode dizê-lo realmente finalístico – característica do jogo é não ser finalístico[171] – e, por conseguinte, pragmático, no sentido de estar orientado a fins, como tampouco voluntarista, se pensado a propósito de uma orientação à ação como se estivesse nas mãos do homem o seu destino, encontrando-se em sua decisão pessoal o critério de ação no mundo.

Nisso a posição de Nietzsche é trágica: se ela abriga, com densidade, o que há de irracional no mundo, está dialogando, a todo momento, com suas estruturas, com suas ordenações, e é esse diálogo aberto e

166. *EE*, terceira conferência, p. 709. **167.** *Selbst|sucht* significa considerar apenas o próprio interesse, termo quase correlato a egoísmo. Todavia, Nietzsche vale-se do termo separando as duas raízes que compõem a palavra: *Sucht*, que significa anseio, e *Selbst*, si, para se contrapor ao egoísmo, para o qual usa o termo *Egoismus*. **168.** *CP*, "A Justa em Homero", p. 789, l. 24 à p. 790, l. 3. **169.** *CP*, "A Justa em Homero", p. 787, l. 27 e ss. **170.** *CP*, "A Justa em Homero", p. 788, l. 26 a p. 789, l. 7. **171.** *FT*, 19, p. 872, l. 11-13.

vivo que, por ser trágico, não se permite enrijecer. As regras não podem ditar o jogo, é o jogo artístico, mais do que seus participantes, que, a cada lance, dita as regras, sempre sem finalidade, mas livre. Ora, é isso que pretende o homem teórico. Ele acaba com o jogo, impondo uma regra que define todos os lances de dados, dando-lhe um sentido, impondo-lhe uma forma: aí só pode se dar a semelhança daquilo que já está posto, nunca a diferença daquilo que pode vir. Se a significação dos dados a cada lance pode dar uma outra significação ao resultado do jogo, atentando à lição de Anaxágoras, a finalidade só pode ser uma: a extração do semelhante do semelhante, o fim da mistura e, no limite, o fim do jogo, pois se atinge aquela paz idílica almejada, chega-se ao Absoluto hegeliano, diria Nietzsche, às abstrações das alturas. Vê-se, com isso, que, para Nietzsche, por mais que lute contra a alienação do homem, não está em questão a afirmação de uma subjetividade senhora de seu destino, capaz de, por sua ação, fundada na vontade e capacidade de decisão, ser agente transformadora do mundo. O homem também encontra-se sujeito a esse jogo internamente entre seus instintos, de que a vontade é apenas, como veremos nas fases posteriores, mas aqui já anunciado, a camada superficial da luta entre eles.

O trágico envolve, portanto, necessariamente essa capacidade extraordinária de suportar o sofrimento da falta de sustentação da existência em andaimes seguros e inabaláveis, como promete ingenuamente, e sem o cumprir, a ciência. Se o homem intuitivo e de ação sofre, com mais veemência e com mais freqüência, porque não aprende com a experiência, isso não tira o valor da vida[172]. Mais uma vez a invocação do exemplo grego é feita justamente para mostrar o quanto eles, com seus mitos, que são uma tal interpretação, criam os deuses, fazendo-os viver uma vida humana[173], plena de significados e de possibilidades interpretativas. A função do mito e da alegoria consiste em mostrar a vida, esta vida humana, como digna de ser vivida, como valiosa, apesar desse fundo de dor, de sofrimento e de contradição que subjaz a ela. Tal como essa teogonia, a arte e essa capacidade de produção de metáforas estimulada pela imaginação preparam para a vida e a tornam possível e digna de ser vivida. É a ilusão, diz-nos Nietzsche, que estimula a vida[174] como também é só por meio de um velar-se pela ilusão, seguindo ensinamento de Hamlet, que a ação é possível[175], colocando-se, mais uma vez, a circularidade de saciedade e *hybris*, própria ao jogo, no centro do espetáculo do mundo.

Aí, todavia, reside a grandeza, a genialidade e a nobreza do homem trágico e sua capacidade de concentrar em si a própria humanidade[176]. Embora todos nós, em diferentes graus, sejamos artistas, filó-

172. *VM*, II, p. 889, l. 33 e ss. **173.** *NT*, 3, p. 36. **174.** *VM*, II. **175.** *NT*, 7, p. 57, l. 5-6. **176.** *FP*, verão – outono 1873, 29 [211].

sofos, cientistas etc.[177], é essa raridade e anormalidade do homem trágico, que, por exercer uma influência quase mágica sobre nós por representar a heterogeneidade do universal culminando no indivíduo, mostra, para nós, sua grandeza, tal como o entendia Burckhardt[178], seduzindo-nos, como tudo aquilo que é excepcional, como a própria mentira. Se essa grandeza, por seu apelo a nós, está ligada à beleza[179], isso não torna o homem trágico detentor de nenhuma verdade na resposta que ele apresenta. O que ele tem de digno e de exemplar, ou melhor, de típico, como todo clássico, é a busca[180], que se expressa na afirmação de uma possibilidade, como tantas outras houve na história. A essa busca Nietzsche ligará agora o clássico, como algo sempre presente no espírito da civilização e que não apenas abre ao trágico, por saber não possuir o que procura, como ainda resgata uma concepção antiga de serenidade, que suporta o sofrimento, embora não negue a vida[181]. Neste tocante, ele mostra-se herdeiro de Hölderlin, para quem a serenidade não se liga à arte ou à filosofia, mas, sim, à natureza pela força de curar aquele que sofre, e este sofrimento, em seu tempo, expressa-se pelo domínio da ciência e da técnica na sociedade, inviabilizando a superação do dilaceramento do homem. Trata-se de uma tentativa, no entendimento de Sauerwald, de superação, pelo presente, da dialética da serenidade do homem teórico, do domínio da ciência, para se ganhar o porvir, ao qual pertence o dionisíaco. A serenidade, nesse sentido arcaico e moderno nietzschiano, não conhece o domínio do pensamento sobre o ser, do dever sobre o querer, da ação sobre o elemento letárgico, remetendo, pelo contrário, ao conceito central de uma gaia ciência[182] a ser desenvolvida posteriormente. Por isso pode afirmar ser o artístico, que cada uma destas possibilidades encerra, que permanece[183], mesmo após a aniquilação de sua estrutura, da aniquilação de qualquer estrutura filosófico-científica, pois ele é aquilo que tem de criador, como toda arte, em tal possibilidade.

LUTA E TRANSITORIEDADE: O PAPEL DO MITO

Essa busca, envolta num entrelaçamento, em seus fundamentos, de arte e povo, mito e costume, tragédia e Estado, com a ligação, e compreensão, de tudo o que era vivido pelos gregos a seus mitos, fazia com que o presente mais próximo se lhes apresentasse, desde logo, *sub specie aeterni* e, em certo sentido, como intemporal: uma

177. *FP*, verão 1872 – começo 1873, 19 [80]. **178.** E. Chaves, "Cultura e Política: O Jovem Nietzsche e Jakob Burckhardt", em *Cadernos Nietzsche*, vol. 9, pp. 45-46. **179.** *FP*, verão 1872 – começo 1873, 19 [47]. **180.** 1ª *CE*, p. 167, l. 5 e ss. **181.** 1ª *CE*, 2, p. 167, l. 5-7 e 15. **182.** Sauerwald, verbete "Heiterkeit" de J. Ritter e K. Gründer, *op. cit.* **183.** *FP*, verão 1872 – começo 1873, 19 [45].

densidade que a vivência do tempo linear cristão, em seu contínuo escoamento, não abriga.

O instante da afirmação no jogo e na justa pode, assim, ser vivido não mais como ávido e efêmero, mas com uma profundidade tal que nos permite agir, pois somos capazes de organizar[184] o caos de impressões de acordo com a busca que se nos coloca. É nesse sentido que Nietzsche afirma valer um povo, tanto quanto um homem, precisamente pelo quanto é capaz de imprimir em suas vivências o selo do eterno, como *Aion*, em seu sentido de duração da vida e poder sobre ela, pois com isso fica como que "desmundanizado" e mostra a sua convicção íntima e inconsciente acerca da relatividade do tempo e do significado trágico da vida. Nisso está presente o fenômeno próprio ao jogo estético: o mito trágico nos deve convencer de que mesmo o feio e o desarmônico – e portanto a frustração e o desprazer –, com os quais podemos nos deparar nos instantes da vida, são um jogo artístico (*Aion*) que a vontade na perene plenitude de seu prazer joga consigo própria. O efeito trágico próprio à arte e à busca instintiva de satisfação do prazer, numa antecipação do perspectivismo seletivo, é nos fazer querer olhar e desejar-se muito além do olhar, é querer ouvir e desejar ao mesmo tempo muito além do ouvir; nesse sentido, é um aspirar ao infinito, voltando o "pleonéxico" dionisíaco a nos revelar, sempre de novo, o lúdico construir e desconstruir do mundo individual como eflúvio de um prazer primordial de maneira parecida com a efetuada por Heráclito, o Obscuro, entre a força plasmadora do universo e uma criança que, brincando, assenta pedras aqui e ali e constrói montes de areia e volta a derrubá-los. Por isso que, para Nietzsche, sem o mito, toda cultura perde sua força natural, sadia e criadora, e só um horizonte cercado de mitos encerra em unidade todo um movimento cultural[185].

A JUSTIÇA TRÁGICA

O papel da justiça, neste quadro, é precisamente de justificar esse modo de vida trágico, a incomensurabilidade e dissonância do homem, alheio à finalidade, ao voluntarismo, e mesmo ao otimismo evolutivo, como se apresenta na civilização socrático-alexandrina-hegeliana. Por isso que, para Nietzsche, o conceito de justiça era mais importante para os gregos do que para o cristianismo, em cuja visão, segundo o filósofo, não se conhece nenhuma justiça[186]. Talvez isso se deva ao fato de que, na Grécia, o ódio e a inveja eram muito maiores, fruto, quiçá, dessa discórdia erigida em eixo do mundo; por conseguinte, a justiça era uma virtude infinitamente maior, ela é o

184. *FP*, verão – outono 1873, 29 [193]. **185.** 2ª *CE*, 10, p. 333. **186.** *FP*, verão 1871 – primavera 1872, 16 [23].

rochedo, no qual o ódio e a inveja se despedaçam[187], portanto, um sentimento que ao mesmo tempo em que nos move na busca e luta por uma existência, põe os limites à nossa ação, impedindo a supremacia totalitária e demandando o conflito e a justa para que novamente encontremos o aguilhão para um novo lance. Para Nietzsche, porque a ética antiga é mais profunda, ela não se deixa expressar apenas em palavras e conceitos[188]; ela é, portanto, trágica, e não exclusivamente racional.

Se a tragédia se exprimia, para Nietzsche, pela relação entre Apolo e Dioniso, será pela expressão trágica dessa relação que teremos a caracterização para o autor do que seja a justiça[189] e a justificação desse modo de vida trágico. Trata-se de uma relação de luta, tal qual uma guerra eterna entre dois irmãos inimigos, entre dois dublês, em que cada um quer tomar o lugar do outro, dublar seu irmão[190], pela qual o desdobramento de forças, numa rigorosa proporção recíproca[191], sem um predomínio possível, sem um critério superador[192], tem apenas a aparência de uma harmonia, mostrando, antes, seu caráter de jogo, e jogo estético no sentido heraclitiano, que não se resolve em unidade[193].

Contra a harmonia e conciliação que Hegel pretendia introduzir na tragédia, que revelariam, a despeito de seus conflitos de interesse e paixões, a eterna justiça[194], Nietzsche mostra pôr-se em luta o multifacetamento do homem, a relação de forças no interior de cada homem, expressas pelo apolíneo e pelo dionisíaco[195], sua incomensurabilidade e dissonância[196] que a tragédia, sobretudo a esquiliana, exprimia. É essa discordância e incomensurabilidade que Nietzsche procurará, pelos mitos de Édipo e de Prometeu, esclarecer em *O Nascimento da Tragédia*, justificando a força trágica de poder lançar-se à busca e à luta por modos de existência; nessa justificação encontramos o significado da justiça trágica.

Tanto em um como em outro mito, encontramos explicitada a diferença marcante com o modo de vida socrático pela valorização da transgressão da natureza e do sacrilégio. O homem não há de restringir-se aos limites que lhe são colocados. Pelo contrário. É a transgressão da natureza por parte de Édipo, ao decifrar seus enigmas e romper suas mais sagradas ordens, abolindo a fronteira entre presente e porvir e a lei rígida da individuação, *i.e.*, o espaço e o tempo[197], que, não obstante a expiação em si da desintegração dessa mesma natureza[198], as-

187. *FP*, verão 1871 – primavera 1872, 16 [32]. **188.** *FP*, verão 1872 – começo 1873, 19 [60]. **189.** *NT*, 25, p. 155, l. 13-19. **190.** S. Kofman, *Nietzsche et la scène philosophique*, p. 64. **191.** *NT*, 25, p. 155, l. 13-19. **192.** *NT*, 21, p. 139. **193.** *FP*, outono 1869, 1 [54]. **194.** G. Hegel, *Estética*, 3ª seção, cap. 3, item "c", subparte I, item 3 "a" – "O Princípio da Tragédia, da Comédia e do Drama"–, pp. 648-651. **195.** G. Vattimo, *Introdução a Nietzsche*, p. 18. **196.** *NT*, 12, p. 81, l. 29 à p. 82, l. 5. **197.** A. Schopenhauer, *Sobre o Fundamento da Moral*, p. 203, e *Die Welt als Wille und Vorstellung*, § 25. **198.** Para toda a discussão sobre Édipo: *NT*, 9, p. 65, l. 24 à p. 67, l. 19.

cende, em *Édipo em Colono*, de sua conduta puramente passiva à mais alta atividade que se espraia para além de sua vida, envolto em uma serenidade supraterrestre, toda diversa daquela recebida pela tradição, na medida em que todos seus atos e feitos conscientes no passado só o conduziram à passividade. Um novo mundo se funda, portanto, sobre as ruínas daquele antigo, caído.

A imagem de Édipo é, nesse sentido, de fato, toda, o contrário do socratismo: apesar de sua sabedoria, ele, que desvenda o enigma da esfinge, é determinado ao erro e à miséria. O que Sófocles quer nos dizer é que o homem nobre não peca; não está sob seu controle o resultado da ação, não se pode deslegitimá-la por um tal critério. Na tragédia, portanto, diversamente do que se dava para Sócrates, não era a consciência e o saber que ditava a justeza da ação, nem era tampouco, como se dará no decorrer da tradição posterior, a vontade e o livre-arbítrio a ditar a ação. Uma tal visão não comporta, assim, qualquer pensamento voltado à culpa e à responsabilidade; falta ao herói esse poder de discernimento da realidade que lhe possibilite, por sua ação, chegar à justiça, tal como pensada pela tradição, mas que, não obstante, permite essa mais sublime elevação do herói em *Édipo em Colono*. Eis aí a incomensurabilidade trágica. Como diz Vernant, "o domínio da tragédia revela-se nessa zona fronteiriça onde os atos humanos vêm articular-se com as potências divinas, onde revelam seu verdadeiro sentido, ignorado até por aqueles que o praticaram e que por eles são responsáveis, inserindo-se numa ordem que ultrapassa o homem e a ele escapa"[199]. A decisão, nesse contexto, é trágica – e aí se mostra a ambigüidade da vontade – porque o homem vive duas ordens da realidade: o *êthos*, o caráter, e o *daímon*, a potência divina. A ação está situada, portanto, no homem e fora dele, a mesma personagem aparece ora como agente, causa e fonte de seus atos, ora como alguém que é movido, que está imerso numa força que o ultrapassa e o arrasta. São dois aspectos contrários e indissociáveis de que se revestem, em função da perspectiva em que nos colocamos, as mesmas ações e por isso mesmo, segundo aquele autor, os poetas trágicos valem-se do vocabulário do direito, jogando deliberadamente com suas incertezas, com suas flutuações, com sua falta de acabamento.

A passividade aqui glorificada indica, portanto, os próprios limites da ação humana, os limites de um embate com a natureza que põe a necessidade dos impasses e conflitos para que, na oposição, nos conheçamos[200], para que, no confronto, percebamos os nossos limites sem que nisso vejamos a renegação de nosso valor, que é ao final glorificado, por menor que consigamos compreender o sentido de nossas ações.

199. J. P. Vernant, "O Momento Histórico da Tragédia na Grécia: Algumas Condições Sociais e Psicológicas", *Mito e Tragédia na Grécia Antiga*, pp. 3-4. **200.** *FP*, verão 1871 – primavera 1872, 16 [19].

Entendemos, sim, que o sentido só se apresenta no todo da vida, um todo que nos é inacessível porque é a própria vida: aí está o aguilhão que nos incita a mantermo-nos no jogo da vida, a não renegar a vida e voltarmo-nos a novos lances, a uma nova partida.

Tanto é assim que a atividade, pelo mito de Prometeu, é glorificada em sua máxima potência, chamando o homem à ação. O homem alça-se, aqui, por iniciativa própria, ao estado titânico por deter a sabedoria dionisíaca da necessidade do sacrilégio e coloca entre suas mãos a existência dos deuses, tornando-se capaz de conquistar para si a sua cultura[201]. Nesse tenso confronto, e penosa e insolúvel contradição entre homens e deuses[202], marcado pela impiedade, expressa-se o mais profundo pendor esquiliano pela *justiça*[203]: homens e deuses sentem-se em dependência recíproca[204] e, se um poder os compele à reconciliação em uma unidade "metafísica", a metafísica aqui, entendemos, é do jogo estético. Estamos à frente da proposição principal da consideração esquiliana de mundo, aquela que vê a Moira[205] tronando, como eterna justiça, entre deuses e homens, manifestando a incomensurabilidade e dissonância da condição humana. Este, afinal, é o ensinamento da justiça esquiliana, como o vemos nas *Eumênides*, contrariamente à aludida visão conciliatória hegeliana e de intérpretes da tragédia[206]: no embate entre os deuses olímpicos, de um lado, representados por Apolo que orienta Orestes a matar sua mãe, Clitemnestra, e, de outro, as Eríneas, forças titânicas do Tártaro, que cobram o sangue familiar derramado, não há solução possível tanto aos homens como aos deuses. Se o veredicto dos homens, no areópago fundado por Atenas, é a condenação de Apolo, é só com a intervenção de Atena, com seu voto, empatando o julgamento, que o deus é absolvido. A condição para aceitação de tal julgamento pelas Eríneas é que, deixando as profundezas do Tártaro, adquiram novo direito de cidadania[207]. O homem se vê, assim, ante um impasse e um dilema, desprovido de qualquer critério para sua ação, na medida em que passa a conviver, mais do que com a contradição, com princípios logicamente contrários. Se a tragédia aponta a uma legalidade civil, é entre os extremos e tensão da anarquia e do despotismo que o homem haverá de encontrar alguma medida, é nessa tensão que se encontra o homem. Essa contrariedade instala-se, portanto, no seio da justiça e é isso que marca a incomensurabilidade, a discordância, a dissonância da vida humana[208], na

201. *NT*, 9, p. 70, l. 19-20. **202.** *NT*, 9, p. 69, l. 16-17. **203.** *NT*, 9, p. 68. **204.** *NT*, 9, p. 68, l. 19-20. **205.** Sobre as Meras ou Moiras, como personificação do destino de cada ser humano, do quinhão que lhe cabe neste mundo, até se tornar em divindade acima dos próprios deuses, cf. P. Grimal, *Dicionário da Mitologia Grega e Romana*, p. 306. **206.** Cf. H. D. F. Kitto, *Greek Tragedy*, pp. 87-95; A. Lesky, *op. cit.*, pp. 83-86, e mesmo E. Havelock, *The Greek Concept of Justice. From its Shadow in Homer to its Substance in Plato*, pp. 277-288. **207.** Ésquilo, *Oresteia*, entre 1015 e 1020, p. 234. **208.** *NT*, 25, p. 155, l. 5-6.

tensão entre a medida apolínea-olímpica e as forças titânicas da natureza, com toda sua desmesura dionisíaca, representada pelas Eríneas, agora transfiguradas em Eumênides[209]. O que se tem, na tragédia esquiliana, é a busca, aspiração e perseguição da justiça, embora envolta em mistério, violência, angústia, temor e sofrimento[210].

Ora, na leitura do mito realizada por Nietzsche, essa busca para que o homem possa participar do que de melhor e mais excelso é dado à humanidade só é conseguida graças a um sacrilégio, graças ao rompimento dos limites que lhe são colocados, mas isso leva inexoravelmente ao sofrimento que, no mito, vem-lhe imposto pelos ofendidos Celestes. Esse sofrimento, contudo e contrariamente ao que se dá com o mito semítico da queda original, não deslegitima a ação nem torna a vida menos digna de ser vivida. A junção dos dois mitos, pelo contrário, remete o homem ao desafio de justificar sua vida não pela referência divina, de uma plenitude expressa por uma eterna igualdade, por uma perfeição delimitada, pela eternidade do ser. O homem vive em si a contradição de ser quase divino e poder criar sua cultura, embora não detenha em suas mãos o seu destino. Ele é criador e criatura, já o apontamos. Se há de ser sacrílego e ímpio, sempre aspirando a mais, procurando superar-se e a isso ambicionando, na *pleonexia* dionisíaca tão criticada por Sócrates, é porque isso o remete novamente à vida, ao movimento de criação e destruição que dão azo à criação, encontrando em si, no próprio ato, o seu valor e a expressão do maior valor da vida, o reino da justiça.

É por saber que, por mais que procure ascender, o homem não pode unir seu mundo ao dos deuses, como pretende o socratismo, nem pode pretender o exclusivismo de ser único regente do mundo e da vida, como tampouco de si mesmo, que a lição da tragédia nos coloca a primazia da moderação, por meio da justiça e da persuasão, em meio ao jogo que travamos com a vida, em meio ao imperativo da pluralidade e das oposições que o jogo abriga; daí o caráter insuperável da luta entre Apolo e Dioniso, expressando o pessimismo trágico pela inexorável dor e sofrimento, sem que isso, repita-se, venha a denegrir o valor da vida[211]. A tragédia, nesse sentido, é o instinto que cria o horrível na vida, mas que, ao mesmo tempo, é comovedor e aliviante, é um instinto de arte ao nos fazer vê-lo, com seu sorriso, numa nova serenidade, como criança brincando, como jogo ante nós[212], mantendo presente a dissonância e contradição em nós.

Por isso mesmo, a justiça, se está presente na ação humana e no empreendimento maior da humanidade, que é a conquista da cultura, não é um valor de que o homem pode dispor ou afirmar possuir. Se o

209. M. Pulquério, "Introdução" em Ésquilo, *op. cit.*, p. 178, invocando Reinhardt, *Aischylos als Regisseur und Theologe*. **210.** J. Romilly, *A Tragédia Grega*, pp. 50 e ss. **211.** *NT*, 9, p. 70, l. 20-32. **212.** *FP*, fim 1870 – abril 1871, 7 [29].

lançar-se aos limites é movido pelo sentimento do justo, a incapacidade humana de ser senhora de seu destino faz com que, em sua pequenez, perceba simultaneamente o caráter injusto de sua ação ao ser remetida, pelo sofrimento na carne, à sua condição dissonante. E, não obstante, por esse confronto mesmo multifacetado, a vida é justificada e justificada por ser a justiça que dita o movimento do jogo que alimenta a vida com novas criações, com novos desafios.

O significado dos mitos expressa-se em fórmula conceitual de justificação do mundo, tal qual aquela heraclitiana, de que a luta revela a justiça própria ao jogo: por tal fórmula, vivemos este mundo como um mundo próprio, digno e dignificante, ao qual, quem o expressa, como o faz Nietzsche, pode dizer ser... o seu mundo!, pode dizer que isto é... um mundo! Compreende-se, assim, como pode essa fórmula mefistofélica sentenciar que tudo o que existe é justo e injusto e em ambos os casos igualmente justificado e justificado porque, independentemente dos resultados da ação – e portanto da finalidade da vontade que a preside –, a vida se justifica, apresenta-se digna de ser vivida[213] e encontra sua própria justiça, trágica, na valorização da ação em meio à tensão incomensurável própria ao jogo em que o homem que vê em si essa mesma dissonância e, não obstante, alça-se à condição de desafiante dos deuses e criador de mundos, fazendo-se, assim, igual aos deuses e se cria, ao superar no jogo as resistências, seu próprio mundo, tornando-se, com isso, um co-jogador dos deuses[214].

Nessa fórmula de justificação do mundo, afirmadora da dissonância e dessa necessária imbricação de justiça com injustiça, rompendo com a dicotomia do pensar metafísico, e reveladora do multifacetamento perspectivístico próprio à multiplicidade de interpretações e de interesses própria à humanidade, mostra-se, desde logo, a contraposição nietzschiana a toda tradição judaico-cristã e sua tentativa de emancipação humana. É a afirmação da inocência do devir que está em jogo para Nietzsche e, mais do que isso, uma tentativa de fazer com que o mito trágico concorra com a cruz, que o Dioniso sofredor, mas que eternamente renasce, se contraponha a Cristo. O orgulho prometéico oferece uma contrapartida, como aponta Ottman, à consciência protestante da natureza pecaminosa e corrupta do homem. A inocência do devir que se afirma com a tragédia era, assim, um ensinamento a se contrapor à teologia paulina e luterana: em vez da redenção por meio de Deus e da crença, a redenção por intermédio da beleza e da arte e, acrescentemos, através da criação; em vez do amor ao próximo, os valores heróicos; em vez da teologia cristã da história, o devir heraclitiano; em vez da certeza da salvação, o *amor fati*. O herói trágico supera o cristianismo, na medida em que suporta o sofrimento da existência sem os consolos da religião, sem culpabilização da exis-

213. *NT*, 9, p. 71, l. 1-14. **214.** V. Gerhardt, *op. cit.*, p. 124.

tência, sem uma fuga do mundo ou uma resignação[215]. Pelo contrário, ele não apenas justifica sua condição no mundo, como ainda a aprova e a reafirma.

A JUSTIÇA COMO FORÇA PLÁSTICA E A LUTA PARA CONSTRUÇÃO DE UM ESTILO ANTE OS DESAFIOS DA HISTÓRIA

Essa mesma fórmula de justificação do mundo poderá ser igualmente apresentada na *Segunda Consideração Extemporânea*. Em ambas, vemos a expressão da incomensurabilidade trágica vivida por aquele que, situado no instante da ação, sabe-se diante do indefinido do porvir. É essa abertura, contra a previsibilidade dos dados já colocados em um tempo linear, para o qual o futuro pode ser visto apenas como repetição do mesmo do passado, que marca a concepção nietzschiana da justiça e da ação. Não nos parece, portanto, aceitáveis leituras como a de Gianni Vattimo, que vê como problemático o significado da *Segunda Extemporânea* por parecer-lhe difícil encontrar nela um ponto de chegada ou uma preparação de teses posteriores[216]. Ela se situa, pelo contrário, numa mesma convergência de forças, embora se paute por um estilo diverso daquelas que a sucedem.

Se até aqui, de fato, o mito desempenhou um papel central nessa capacidade de justificação de um outro modo possível de vida, Nietzsche recorre, a partir de agora, a um outro modo de pensar o tempo e a história para esse fim. Se, então, a questão era saber o quanto de certeza era necessário à vida, agora se trata de indagar o quanto será preciso de passado. Se o problema se desloca, há um movimento paralelo ao modo como se estrutura a justiça, tanto na maneira como considerada pela tradição como na releitura pretendida por Nietzsche: trata-se de uma mudança de ângulo, de perspectiva do mesmo problema, que nos demanda, ainda que brevemente, fazer algumas considerações sobre o objeto da crítica para que tenhamos as referências da possibilidade de uma concepção de justiça que tenha em consideração a íntima relação do homem com o momento vivido e sua valoração.

O que Nietzsche nos faz ver é a persistência da mesma indigência que marca o antropomorfismo lógico do homem socrático, com a desmesura de seu instinto de conhecimento, tornando agora desmedido o seu instinto histórico[217] a ponto de a própria história perder sua ligação íntima com o crepitar da vida, num desligamento de todo interesse pessoal[218], para se converter em ciência, em problema do conhe-

215. H. Ottman, *Philosophie und Politik bei Nietzsche*, pp. 81-82. **216.** G. Vattimo, *op. cit.*, p. 27. **217.** *FP*, verão – outono 1873, 29 [51], mas também [37] e sobretudo 2ª *CE*, 1, p. 257, l. 31-33. **218.** 2ª *CE*, cap. 6, p. 289, l. 32 à p. 290, l. 7.

cimento, matando-a, tal como se fez com as impressões sensórias que levaram à formação da palavra e do conceito[219].

O procedimento, de fato, é todo o mesmo: o homem procura, supersticiosamente, inserir a racionalidade na história[220], fazendo-a atarraxar-se à sua medida[221] e, crendo procurar a verdade, o homem apenas metamorfoseia o mundo em homem, esquecendo-se de seu diminuto lugar no universo[222]; o lembrar torna-se, assim, um mero comparar, um igualar do não igual[223], havendo nisso, para Nietzsche, algo próprio à memória[224], com o que a história torna-se uma influência paralisante[225]: o homem se apresenta tão-somente como o puro e simples ponto de uma linha, que só ganha identidade na sua relação com outros pontos, em uma relação, portanto, que ao mesmo tempo que o constitui também o dissolve[226]. Embora se pretenda realizada, vive-se a existência de modo impotente[227], já que o homem converte-se em mero espectador da vida, não em seu agente, por estar desvinculado de seus interesses pessoais.

Esse é o espírito do tempo que compara, em sua luta pela assimilação, compreensão do mundo e autoconsciência[228]. De fato, o homem crê-se no direito de julgar o passado por ver-se como um grande dramaturgo, retratando o homem de seu tempo como se representasse uma grande idéia, uma necessidade e um sentido coerente extraídos do emaranhado dos fatos e linhas que se entrecruzam na história e do acaso cego e da liberdade sem lei que nela reinam a ponto mesmo de o drama em si, tudo que o antecedeu, tornar-se apenas um longo e penoso desvio para se chegar a tal conclusão[229]. Trata-se de um julgamento, contudo, que o impede de sair da trivialidade atual, à qual o homem procura acomodar o passado[230], criando uma abstração existencial, uma fria convenção que se apresenta como a justiça histórica, pobre imitação e caricatura grosseira[231] daquilo que o passado teve um dia de digno; aquela mesma busca, que define, para Nietzsche, o clássico e a verdadeira cultura[232].

Com isso, a busca pela verdade histórica, *i.e.*, a busca pela identidade, torna-se uma busca de verdades indiferentes ao homem, que não lhe custam nenhum esforço ou sacrifício de si[233], justamente porque afastado da necessidade da busca, enquanto afirmação de uma possibilidade, como abertura ao seu vir-a-ser que, a cada passo, vive a tensão de criar seus sentidos. Por não o fazê-lo, o homem, tal como se

219. 2ª *CE*, 1, p. 257, 10-13. **220.** *FP*, verão – outono 1873, 29 [31]. **221.** *FP*, verão – outono 1873, 29 [51]. **222.** *FP*, verão – outono 1873, 29 [74]. **223.** *FP*, verão – outono 1873, 29 [29]. **224.** *FP*, verão 1872 – começo 1873, 19 [217]. **225.** *FP*, verão – outono 1873, 29 [38]. **226.** G. Vattimo, *op. cit.*, p. 28. **227.** W. Müller-Lauter, *Nietzsche. Seine Philosophie der Gegensätze und die Gegensätze seiner Philosophie*, p. 41. **228.** *FP*, verão 1872 – começo 1873, 19 [237]. **229.** 2ª *CE*, cap. 6, p. 290, l. 16 e ss. **230.** 3ª *CE*, 6, p. 396, l. 13 e ss. **231.** 2ª *CE*, cap. 4, p. 272, l. 27 à p. 273, l. 13. Em sentido aproximado, cf. 3ª *CE*, cap. 1, pp. 337-338. **232.** 1ª *CE*, 2, p. 167, l. 5 e ss. **233.** 2ª *CE*, cap. 6.

dá, a ver de Nietzsche, na filosofia hegeliana, contra quem mais claramente se contrapõe, torna-se um ser abstrato, pautado por uma educação abstrata, por costumes abstratos, por um direito abstrato, num Estado abstrato[234], delindo todo uso positivo passível de ser extraído do instinto de conhecimento[235]: se tudo quer absorver, só poderá encontrar, por mais que procure, o mesmo por toda a parte, vindo a resignar-se[236].

Ora, Nietzsche diz que um tal homem não compreendeu nada da lição da existência[237], e é contra esse quadro que se volta sua concepção de justiça, pretendendo fazer com que o homem resgate a capacidade de fazer suas próprias experiências, de senti-las se organizando em si como um sistema vivo e coerente[238], fruto de uma lenta maturação. Para essa maturação e para uma tal reversão do quadro, não se pode procurar nas alturas da abstração suas fontes: há de se voltar, pelo contrário, àquilo que está mais próximo e tangível, a um aportar naquilo que está sendo vivido[239], para que, sem distinção entre um interior e um exterior, sem dissimulação e convenção, mas, sim, na concepção de uma civilização em que se realize acordo entre vida e pensamento, entre parecer e querer, seja possível aos homens voltar a ser homens, seja possível voltar a se dar uma nova e melhor *physis*[240], com todo seu caráter artístico[241], rompendo com a insensibilidade provocada pelo saber sobre a cultura[242], nesse processo interior de deglutição em que se converteu a cultura histórica[243].

Torna-se preciso, para tanto, uma outra relação com o passado, com seu presente e com o porvir, uma outra relação com o tempo para que possa justificar a vida e estruturar sua ação. Se a tarefa da história, até então, foi de vigiar para que dela não saíssem senão histórias acontecidas (*Geschichten*), mas não acontecimentos (*Geschehen*)[244], e de impedir que as pessoas se tornassem livres através dela, verídicas em relação a si e aos outros, perguntando-se pelo porquê[245] das coisas, o desafio, agora, é de inversão dessa situação, possibilitando a afirmação, no momento presente, do que tem de novo e incrível, em sua multiplicidade bizarramente matizada[246]. Por isso, será contra a homogeneização histórica que se voltará o filósofo: a história deve passar a ser vista por suas culminâncias e diferenças, pela contraposição de gostos e estilos, por uma pluralidade de linhagens indicadoras de outras possibilidades de existência a partir do momento singular em que se encontra o homem avaliador do passado à vista do porvir.

234. *NT*, cap. 23, p. 145, l. 31 e ss. **235.** *FP*, verão 1872 – começo 1873, 19 [175]. **236.** *FP*, verão – outono 1873, 29 [39]. **237.** 3ª *CE*, 4, p. 374, l. 21 e ss. **238.** 2ª *CE*, cap. 10, p. 327, l. 10 e ss. **239.** 2ª *CE*, cap. 10, p. 324, l. 12 e ss. **240.** 2ª *CE*, cap. 10, p. 334, l. 3 e ss. **241.** *FP*, verão 1872 – começo 1873, 19 [290]. **242.** 2ª *CE*, cap. 4, p. 273, l. 7-9. **243.** 2ª *CE*, cap. 4, p. 274. **244.** 2ª *CE*, cap. 5, 281, l. 22. **245.** *FP*, verão – outono 1873, 29 [41]. **246.** 3ª *CE*, cap. 1.

A extemporaneidade de tal empreitada é marcada pela crítica e por uma inversão pela qual a própria origem da cultura histórica deverá ser submetida a um estudo histórico, a história mesma deverá resolver o problema da história[247]. Por isso, ainda uma vez, Nietzsche invoca uma civilização como a dos gregos arcaicos, recorrendo ao paradigma de uma existência trágica que reputa indizivelmente rica e viva[248] para procurar responder à questão de saber qual é a tarefa do filósofo, para que possa justificar o filósofo[249], vale dizer, justificar um outro modo de vida, nessa ligação entre saber e agir em que vê a própria expressão da justiça.

O que recupera nesse novo olhar é a sensação e a capacidade de estranhamento e de se espantar[250], de se entusiasmar e, portanto, de buscar, conseguindo recuperar a capacidade de fixar o sublime dos acontecimentos, aquilo que têm de incompreensível, aquilo que anunciam ou que prometem de inaugural na vida.

É a justiça que marca desde logo essa empreitada. Se Nietzsche falava que a justiça era a virtude mais rara e estranha aos historiadores, em sua objetividade de epígonos, resignada, cética e irônica, é porque, qualquer que seja a virtude considerada, o homem só é virtuoso quando ele se revolta contra a potência cega dos fatos, contra a tirania do real, pois este homem sempre nada contra a corrente da história. Ora, a corrente da história volta-se à formação do homem do conhecimento histórico pela desmesura de seu instinto de conhecimento. A palavra grega que designa a verdade, *aletheia*, significa de fato aquilo que é arrancado da corrente do esquecimento (*lethe*). Ora, porque todo nosso saber está envolto na atmosfera do esquecimento, a tradição estruturou a ciência na disponibilidade duradoura do conhecimento adquirido[251] e Hegel, a quem Nietzsche se contrapõe, fundamenta sua história da filosofia e sua filosofia da história em uma monstruosa capacidade de rememoração. Assim, veremos que Nietzsche, pelo contrário, ao enfatizar a necessidade de ação, a possibilidade de nos tornarmos um *Könnender*, aquele que pode agir, porque dotado da força, ainda que menos culto, invoca a capacidade de esquecimento como expressão de uma força não histórica[252], de um antídoto contra a história para que possamos romper com a continuidade desse conhecimento que se acumula e se reforça, cristalizando-se e enrijecendo-se, e, no intervalo de descontinuidade afirmada, possa surgir o novo pela ação transformadora: toda ação, assim, pertence ao esquecimento[253], mas envolve, também, sacrifício de si[254].

Se o homem histórico volta-se apenas ao passado para poder afirmar sua capacidade de julgar o passado, Nietzsche procurará pensar a

247. 2ª *CE*, cap. 8, p. 306, l. 5 e ss. **248.** 2ª *CE*, cap.8, p. 307, l. 8 e ss. **249.** *FT*, 1, p. 809, l. 10-19. **250.** 2ª *CE*, cap. 7, p. 299, l. 23 e ss. **251.** H.-G. Gadamer, "Erinnerung und Geschichte", em D. Borchmeyer (org.), *Vom Nutzen und Nachteil der Historie für das Leben*, p. 13. **252.** 2ª *CE*, cap. 10, p. 330, l. 6 e ss. **253.** 2ª *CE*, cap. 1, p. 250, l. 21. **254.** 2ª *CE*, cap.6, p. 288, l. 1 e 2.

justiça num sentido heróico daquele que se lança à busca e à ação e, para isso, precisa encerrar-se dentro de uma atmosfera protetora do esquecimento, para que, situado no instante, pela força de utilizar o passado para a vida, possa se tornar novamente agente da história. Ser agente da história é plasmar-lhe um sentido e nisso consiste a justiça, com um cunho trágico[255], porque se sabe artístico e plástico, desprovido de objetividade e certeza, mas que, não obstante, dita as condições para que um povo alcance sua liberdade[256]. Justiça, tempo, sentido e liberdade vêem-se, assim, entrelaçados ao poder o homem compreender que a história só tem sentido quando contribui diretamente para a plasmação da vida, quando, à vista dos modelos transmitidos, damonos conta da relatividade de todos os pontos de vista e podemos, desse modo, contar com uma ajuda para a livre plasmação do presente[257]. Se todo acontecer é desprovido de um sentido objetivo, o desafio que nos resta é de, podendo ser injustos com o passado, relativizando seu aporte, caber a nós, sem recurso a um além mas apenas à experiência, colocar valores em todo acontecer presente, fazendo-lhe justiça.

Ora, plasmar um sentido num mundo impregnado de razões implica ser injusto com o que está atrás dele. O homem não se preocupa, ao agir, com a objetividade neutra e fria do historiador moderno, que quer recolher todos os detalhes dos fatos, analisá-los em toda a sua minúcia. O homem é injusto para com a história, porque, em sua impiedade com as formas impostas pela tradição, só conhece o direito daquilo que deve ser agora[258], pois sabe que só da mais alta força do presente, da tensão de nossas faculdades mais nobres, temos o direito de interpretar o passado e que, a cada anel da história, um outro sentido há de ser colocado por nós[259].

O que há de titânico nessa busca e que equipara a força do presente à do passado, sem que para isso tenhamos de reduzir o passado à nossa medida, é justamente o momento de geração, o momento criador, o *Zeugungsmoment*[260]. Ora, esse momento, em que se avalia o que do passado é digno de ser sabido e conservado, é expressão não apenas dessa capacidade de esquecimento, mas da capacidade plástica de uso de vários modos de abordagem da história, colocando-se o homem sempre no espaço intersticial em que o presente se mostra como um apropriar-se crítico e portanto sacrílego do passado, olhando-o seletivamente à vista do porvir. Como toda criação implica uma ruptura com o estabelecido, falta ao homem garantias para que, de antemão, possa avaliar as conseqüências de sua ação. Não estamos mais à frente

255. 2ª *CE*, cap. 6, p. 286, l. 28. **256.** 2ª *CE*, cap.1, p. 253, l. 27 e ss. **257.** M. Horkheimer, "Fragen der Geschichtsphilosophie", *Gesammelte Schriften*, vol. 13, pp. 335-337. Cf. também Nachlass, X, 275, *apud* W. Müller-Lauter, *op. cit.*, p. 52. **258.** 2ª *CE*, cap. 1, p. 254, l. 1 a 5. **259.** *FP*, verão 1886 – primavera 1887, 6 [15]. **260.** 2ª *CE*, cap. 6. p. 290, l. 13.

da linearidade da evolução oferecida pela tradição, nem de suas certezas objetivas. Todavia, por estar imbuído do ímpeto da busca e atento aos limites de sua ação, conjugando crítica e seleção para estruturar um estilo voltado à criação, vê Nietzsche, nessa ação, aquilo que há de mais significativo[261], a grandeza mesma do homem que devemos amar e venerar sempre[262], porque capaz de buscar e de criar. É essa grandeza que ele liga à justiça[263]. Como intérprete do presente, avaliando o direito do que deve ser agora, coloca-se o homem também como arquiteto do futuro, pois apenas aquele que constrói o futuro possui o direito de julgar o passado; só então alça-se seu momento criador ao mesmo pé de igualdade com o passado. Não estamos mais à frente de um homem desprovido de interesses, de um eunuco, mas, sim, de um homem desejante que marca na história aquilo que quer. Por isso, objetividade e espírito de justiça são coisas inteiramente diversas[264], diz o filósofo.

Essa luta pela criação dá-se não apenas pelo uso da faculdade do esquecimento, mas, também, pelo uso positivo da história para a vida, um uso que expressa essa marca segura de forte saúde com seu poder ativo de luta, de dissolução e desagregação. Se são três os possíveis usos positivos da história, o homem não se há de ater a apenas um, mas a todos, e não apenas a eles, como também, às forças anistórica do esquecimento e supra-histórica, e esta em sua leitura própria. O filósofo não nega, portanto, a importância do estudo do passado, mas este é necessário apenas de acordo com os fins, forças e faltas do homem[265].

O homem precisa, assim, conjugar três usos da história: precisa da história crítica para libertar-se do jugo da tradição e do dever, reconhecendo a injustiça do passado para que possa se dar o direito de abrir-se à possibilidade de ação; precisa da história monumental para extrair, numa escamoteação e aproximação igualmente injustas, modelos exemplares que lhe dêem força para agir e para afirmar o seu momento criador; precisa, finalmente, da história antiquária, para que essa criação, por sua vez, não caia instantaneamente no fluxo do devir, perdendo todo impacto no presente e abertura para o futuro. Diversamente do que pretendem Salaquarda e Kaufmann[266], que identificam a força supra-histórica com a monumental, ou de Geijsen[267], que vê nela a junção do duplo caráter do homem, sua passividade, ligada à história retrospectiva e científica, à atividade da história prospectiva, ganhando a história uso para a vida apenas na medida em que logre o homem transcender as perspectivas singulares e limitadas, entendemos

261. 4ª *CE*, 4. **262.** *FT*, "Prefácio", p. 801, l. 21 à p. 802, l. 6. **263.** *FP*, verão – outono de 1873, 29 [21]. **264.** 2ª *CE*, cap. 6, p. 290, l. 22-23. **265.** 2ª *CE*, cap. 4, p. 271, l. 3 e ss. **266.** J. Salaquarda, "Studien zur Zweiten Unzeitgemässen Betrachtung", p. 25; W. Kaufmann, *Nietzsche. Philosopher, Psychologist, Antichrist*, p. 144. **267.** J. Geijsen, *op. cit.*, p. 54.

que o uso da força supra-histórica, invocado no final da obra, em nada se assemelha à defesa de identidades eternas que seguem a humanidade, que visem transcender a singularidade humana. O desvio do olhar do futuro para que o homem possa dar à existência um caráter de eternidade e de estabilidade, em direção à arte e à religião[268], visa justamente preservar o momento criador numa conjunção da história monumental e antiquária para que seu efeito possa perdurar, encerrando-o numa atmosfera ilusória, protetora, transfigurando, assim, o próprio tempo. Encontramo-nos, ainda, dentro do efeito ilusório próprio ao trágico e à incomensurabilidade daquele que compreende a relatividade dos sentidos colocados na história. É por afirmar o próprio ciclo de construção e descontrução de sentidos colocados na história e da necessidade extemporânea de constante entrelaçamento do sentido que se anuncia no porvir àquilo que é vivido no presente, que Nietzsche ata esse sentido que se pretende desligar do presente à primazia da força crítica[269], a única, em seu julgamento pouco posterior, que restou.

É a desconsideração dessa primazia crítica que torna, a meu ver, empobrecedora uma leitura como a de Geijsen, que, de sua parte, prefere analisar a obra apenas em confronto com aquelas que imediatamente a precedem ou sucedem, deixando os desenvolvimentos posteriores de Nietzsche de lado, apresentando isso como uma possível nova tendência na abordagem alemã atual desse filósofo[270]; sua tentativa parece, assim, voltada à inserção do pensamento nietzschiano numa certa história da filosofia da qual Nietzsche procurava justamente desvencilhar-se. Pauta-se, ainda, por uma leitura marcadamente estruturante do si, valendo-se sobretudo da 3ª *CE*, sem considerar, como veremos, as várias perspectivas que marcam a leitura do filósofo sobre um mesmo tema; Nietzsche, a meu ver, procura, pelo contrário, lançar-se, como sua própria prática o revela, no perspectivismo agonístico do jogo, estético, ético, "sofístico", acentuando a mesma incomensurabilidade trágica das primeiras obras, ao deixar o homem, em seu momento avaliador, sobre o *vacuum* desprotegido, para que sobre ele recaia o peso da criação e construção, a cada passo, do sentido e do sem-sentido do modo e estilo de vida que vê expressar-se em si.

É, portanto, essa possibilidade de conjunção dessas três forças, com toda sua carga ilusória e criativa, que Nietzsche designa, numa antecipação do que mais tarde chamará de princípio seletivo, como uma força plástica, uma força de crescer a partir de si mesma de maneira própria, transformar e incorporar o passado e o estranho, curar as feridas, substituir as perdas, reconstituir as formas quebradas de si mesma, intimamente relacionada a um instinto construtivo (*Bautrieb*)[271],

268. 2ª *CE*, cap. 10, p. 330, l. 8. **269.** *FP*, primavera/verão 1875, 5 [19]; 5 [30] e 5 [161]. **270.** J. Geijsen, *op. cit.*, cf. introdução, § 3, pp. 7-11. **271.** 2ª *CE*, cap. 7, p. 295, l. 32 e p. 296, l. 1-4.

ordenador e organizador, que não só logra apropriar-se do passado, mas se apresenta desde logo como um futuro já vivo em esperança e que só por isso poderá criar. O papel desta força plástica é de definir o grau e limite que o homem, o povo ou a cultura deve esquecer o passado. Quanto mais fortes as raízes da natureza interna de uma pessoa, mais ela poderá se apropriar do passado ou o abarcar: para uma natureza mais potente e monstruosa não haveria limite do sentido histórico que se tornasse prejudicial e sufocante, pois o que ela não pudesse dominar saberia esquecer e fechar o horizonte. Daí postular que cada ser vivo pode apenas ser saudável no interior de um horizonte forte e frutífero. Se ele não for capaz de traçar em torno de si esse horizonte, ou, pelo contrário, muito egoísta para incluir um olhar estrangeiro ao próprio, então vê-se frágil e não tardará a perecer. Nietzsche afirma então que a alegria, a boa consciência, a ação alegre e a confiança no porvir dependem, tanto para o indivíduo como para os povos, de que haja uma linha entre o que é claro e visível e o que é escuro e impenetrável, de modo que se possa saber no bom tempo esquecer como lembrar[272], submetendo-se a si mesmo o movimento de criação e destruição da vida, para que possa, em meio à multiplicidade de possibilidades que se entreabrem à sua existência, deixar emergir aquela mais consentânea às suas necessidades.

Esse horizonte traçado plasticamente a partir de suas experiências criadoras é fruto do desenvolvimento, numa justa proporção, das várias aptidões do homem que, quando alcançado, pela capacidade de doma unitária – mas tensa, como vimos – dos seus vários instintos, dos vários instintos de um povo, tem-se a beleza de um estilo e o império de um gosto sobre a baixeza do instinto de conhecimento, permitindo, assim, a seleção[273], tanto individual, como de uma civilização[274]. Nisso o estilo é indicativo da liberdade, pois há uma equação entre a grandeza da tensão entre vários modos de pensar[275] e da capacidade criadora do homem ou de um povo, valendo-se da arte para que não se quebre o arco com a tensão[276]. O estilo se contrapõe portanto à pretensão identitária, porque ele não exclui o diverso, a contradição e o paradoxo, mas os mantém em tensão, voltando-se sempre à sua superação pelo alargamento da experiência e desbravamento de outros horizontes.

É em torno dessa mesma força plástica indicativa do estilo criado construtivamente a partir do momento multifacetado de valoração, pelo uso das várias forças relativas ao tempo, que Nietzsche pensará a possibilidade de uma objetividade em sentido positivo[277] e a própria justiça. Se o homem pretende alcançar a plenitude e a inteireza e con-

272. 2ª *CE*, cap. 1, p. 251, l. 4 e ss. **273.** Verão 1872 – começo 1873, 19 [41]. **274.** 1ª *CE*, p. 163, l. 3 e 4. **275.** *FP*, novembro 1887 – março 1888, 11 [140]. **276.** 4ª *CE*, 4. **277.** 2ª *CE*, cap. 6, p. 293, l. 18.

quistar alguma felicidade, deve continuamente procurar tirar um ensinamento orientado à vida para o reverter em uma prática superior[278]. É essa objetividade que Nietzsche liga ao instinto e à força da justiça, que se unem e escondem as mais elevadas e raras virtudes, e é essa força, lembremos, que nos dá o direito de construir o futuro.

O justo, porque capaz de plasmar um sentido à existência à vista do porvir, é, para ele, aquele que procura se elevar da dúvida indolente à rigorosa certeza, da clemência paciente ao imperativo "tu deves", aquele que deve a cada instante expiar em si mesmo sua humanidade para se consumir tragicamente numa impossível virtude que não se deixa apropriar pelo conhecimento na medida em que fundada na experiência e na força vivida: ele não afasta o caráter trágico da existência e, não obstante, consegue justificar a vida. Por isso, o justo é o exemplar mais digno de valor da espécie humana, pois quer a verdade, não a fria e estéril, mas a verdade como justiceira que ordena e pune, como o direito sagrado de deslocar todos os limites das propriedades egoístas, quer a verdade, enfim, como julgamento do mundo, de seu mundo, por ele criado e construído. É apenas à medida que o homem verídico tem a vontade incondicional de ser justo, e de justificar-se sua criação, que há algo de grande nesse impulso à verdade.

Essa vontade se expressa como luta, uma luta contra o que o impede de ser grande, *i.e.*, a massificação e o egoísmo individual homogeneizante. Por isso, nessa tentativa de determinar o valor da existência, essa prática superior que caracteriza a justiça é uma luta que significa liberdade[279] e grandeza[280], e, portanto, é uma luta heróica, porque trágica e, por isso mesmo, não feliz[281], já que só capaz de justificar-se *a posteriori*. Ela é um semear, uma tentativa audaciosa, uma livre aspiração e um vôo ao desconhecido[282], exigindo essa experiência interior e a ação numa luta por ela[283]. Por isso, a questão é iniciar a luta e o primeiro dever é lutar[284]; só então pode-se criar.

278. 2ª *CE*, cap. 2, p. 263, l. 14-15. **279.** 3ª *CE*, 8, p. 411, l. 24-25. **280.** 3ª *CE*, 3, pp. 361-362, especialmente l. 11 e ss. **281.** 3ª *CE*, p. 373, l. 4. **282.** 2ª *CE*, cap. 8. **283.** 3ª *CE*, 6, p. 386, l. 16 e ss. **284.** 3ª *CE*, 6, p. 402, l. 4-15.

2. A Justiça e a Liberdade do Espírito

A JUSTIÇA ENTRE MICRO E MACROCOSMO

Neste segundo momento de sua obra, Nietzsche centra-se em fazer a história dos sentimentos éticos e religiosos, especialmente da justiça, pautando-se por observações psicológicas acerca do homem[1], que têm, ao longo de sua obra, mais do que um caráter epistemológico, um viés antimoral por valorizar aquilo que foi renegado pela tradição e poder, assim, afirmar uma nova concepção de corpo, um novo papel aos instintos e afetos e, na crítica ao dualismo de bem e mal e ao idealismo, abrir-se a outras possibilidades de interpretação do homem[2]. Nietzsche procurará, então, refletir sobre a relação entre indivíduo e cultura, sobre o papel de uma ética da individualidade e, com isso, romper com a concepção metafísica de justiça como um valor eterno[3], como se houvesse uma única fórmula a reinar sobre o mundo, um fim a reger os rumos da humanidade[4], para procurar compreendê-la em sua dimensão humana[5], remetendo-nos à mutabilidade presente em todas as hierarquias que encontramos no homem e na cultura[6]. Esse olhar histórico nos faz ver tudo em fluxo[7], mostra a importância do ilógico para o homem[8], sobre o qual repousa todo valor da vida, faltando-nos qualquer medida fixa ou grandeza inalterável que nos auxiliasse a julgar[9].

1. *HHI*, 35. **2.** P. Wotling, *op. cit.*, pp. 14-20. **3.** *HHI*, 53. **4.** *HHI*, 33. **5.** *HHI*, 35. **6.** *HHI*, 42. **7.** *HHI*, 107. **8.** *HHI*, 31. **9.** *HHI*, 32.

Se isso nos aponta à inescapável desarmonia da existência, não nos exime, contudo, do imperativo da avaliação, por meio de nossas inclinações e aversões, para a vida[10], justamente porque, como aponta Deleuze, a avaliação se torna o elemento crítico e criador ao mesmo tempo, porque, mais do que valores, são maneiras de ser, modos de existência dos que julgam e avaliam que se mostram em questão[11], colocando-nos, com isso, nós mesmos em questão. Daí que o projeto mais geral de Nietzsche, a ver do filósofo francês, consista em introduzir na filosofia o conceito de valor.

A avaliação, no entanto, é renegada pelos que Nietzsche considera como espíritos cativos, para quem são justificadas, e portanto justas, as coisas que têm duração, que não importunam, que nos valem vantagens e pelas quais fazemos sacrifícios[12]. Eles vêem, em sua estreiteza de opiniões transformada em instinto por hábito, sua força de caráter[13], um caráter que crêem inalterável[14]. Estão, em verdade, presos à tradição, que ontologiza a vida[15], embora estejam desprovidos de razões[16] e da capacidade de realizar suas experiências para elevação do homem[17], sem conhecimento das possibilidades e direções múltiplas de ação: falta-lhes liberdade para isso[18].

É a invocação à justiça, no entanto, que justifica aos olhos dos homens cativos sua condição. De fato, apela-se à justiça em defesa de todas essas crenças sobre as quais se estrutura seu modo de vida para ocultar a fragilidade de sua convicção[19]. Para tanto, aqueles espíritos renegam o caráter ilógico de todo juízo, todo ingrediente de paixão e de interesse que nele se apresente, toda precipitação em sua afirmação para tomá-los como se expressassem a verdade e uma verdade absoluta[20]: uma tal justiça nos submete e nos rouba a capacidade de entendimento[21], aniquilando toda e qualquer possibilidade de mudança, de transformação, impedindo todo crescimento, toda maturação da humanidade[22]. Precisamos, por isso, de uma outra imagem de homem e é a isso que respondem suas reflexões sobre a justiça, intimamente ligada à liberdade.

A justiça, nesse quadro, não pode ser pensada dissociada da justificação da condição humana, coisa singular e única, que ocupa com relação a todos outros uma situação nova e original[23], como tampouco da relação com o outro, com a cultura. Ela se volta, assim, à relação entre o micro e o macrocosmo da civilização[24], entre indivíduo e cultura, e é essa tensão que marca a liberdade.

10. *HHI*, 32. **11.** G. Deleuze, *Nietzsche et la philosophie*, pp. 1-2. **12.** *HHI*, 229. **13.** *HHI*, 228. **14.** *HHI*, 41. **15.** T. Adorno, "Über Nietzsche und uns", em M. Horkheimer, *op. cit.*, vol. 13, p. 119. **16.** *HHI*, 226. **17.** *HHI*, 72. **18.** *HHI*, 228. **19.** *HHI*, 597. **20.** *HHI*, 629. **21.** *HHI*, 473. **22.** *HHI*, 629 e 630. **23.** *HHI*, 286. **24.** *HHI*, 276.

De fato, para Nietzsche, se a força da raça mostra-se pelo espírito coletivo vivo de seus indivíduos, que seguem a identidade de seus grandes princípios costumeiros e indiscutíveis, por sua crença comum, revelando a importância da lei, o risco inevitável de sua fortificação é o embotamento pela estabilidade. Por isso, é dos indivíduos mais independentes, mais inseguros e moralmente fracos, que depende o progresso espiritual, por experimentarem o diverso, golpeando o elemento estável da comunidade para inocular algo novo. Se a comunidade mostra com essa absorção da novidade seu vigor e sua força, mantendo o tipo, depende do indivíduo seu aperfeiçoamento[25]. A afirmação do indivíduo, de fato, implica a quebra da regra coletiva e esvaziada, porque, na esteira do que se dá com a linguagem, como aponta Hamacher, o indivíduo é o que não se reduz ao conceito, a individualidade é o que nos remete à incomensurabilidade[26], alheia a todo juízo de calculabilidade e de utilidade e, por conseguinte, nos abre à liberdade.

Uma liberdade, contudo, que tampouco se funda numa certeza última individual, procedendo-se meramente uma traslação do âmbito em que se encontraria um fundamento seguro. De fato, para Nietzsche, essa mesma diversidade que o filósofo vê na comunidade, ele encontra também no indivíduo. Somos, para ele, seres mistos[27], um *dividuum*[28], marcados por duas forças, a paixão e o espírito, como dois cérebros, o artístico e o científico[29]; ora somos inflamados pelo fogo da paixão – e, por conseguinte, da dúvida – e nos mostramos injustos e impuros perante a deusa da justiça, a única que reconhecemos acima de nós; ora nos salvamos pela frieza do espírito, que nos cobra a reflexão de si e que nos permite, envolvendo-nos em amianto, enfrentar o fogo e avançarmos, de opinião em opinião, afirmando nossa condição finita e a necessidade de um renascimento constante da dividuação[30], possibilitando-nos trair, sem culpa[31], quando nossos ideais não corresponderem mais ao período de vida que vivemos[32], e então nos lançarmos a novo embate, abrindo-nos, aqui também, à incomensurabilidade e ao novo.

Esse duplo movimento de explicitação da insegurança existencial do homem contemporâneo, com a perda de valor da metafísica e, como apontará posteriormente, com a morte de Deus, faz com que, tanto no âmbito do micro como no do macrocosmo, coloque-se o ponto de partida da análise da moral na questão individual e, como aponta Gerhardt, o desafio de remeter o problema ético à situação de vida individual. Aí, então, pergunta-se pela possibilidade da promessa, ao que devo fazer numa situação concreta e ao que há de concreto numa situação por fa-

25. *HHI*, 224. **26.** W. Hamacher, "'Disgregation des Willens', Nietzsches über Individuum und Individualität", *Nietzsche Sudien*, vol. 5, p. 310. **27.** *HHI*, 637. **28.** *HHI*, 57. **29.** *HHI*, 251. **30.** V. Gerhardt, "Selbstbegründung. Nietzsches Moral der Individualität", em *Nietzsche Studien*, vol. 21, pp. 42-44. **31.** *HHI*, 637. **32.** *HHI*, 629.

zer, pensando, portanto, uma fundamentação ética estritamente individual[33], ligada fundamentalmente à liberdade e à incomensurabilidade. É a isso que, nesse momento, leva à reflexão sobre os espíritos livres.

PLURALIDADE DE GÊNIOS E A QUESTÃO DO EQUILÍBRIO: A IMANÊNCIA DA JUSTIÇA

É nessa alternância e busca[34], fundada nas experiências[35], que encontramos a justiça como uma espécie de genialidade, adversária das convicções[36] que caracterizam o espírito cativo, crente em verdades absolutas: ela quer dar a cada coisa o que é seu, devendo, para isso, conhecê-la exatamente. Por isso a justiça é a única deusa que reconhecemos[37]. Essa nova justiça é a expressão da liberdade do espírito, de uma engenhosidade que busca a libertação das convicções e da tradição, tal qual um prisioneiro procura os meios para sua fuga, descobrindo, então, um caminho que ninguém conhece[38]: é sua força que o faz receber a novidade com todo o amor possível, desviando o olhar e esquecendo tudo que nela pareça hostil, desagradável, para que possa penetrar até o seu centro motor e conhecê-la[39]. Só assim aprende que tem de existir outras opiniões[40] e garante-se contra o perigo de se crer ter uma verdade incondicionada, o que muda sua postura diante do outro.

A mudança procedida por Nietzsche, nesse contexto, é radical. Se a metafísica prometia segurança ao fundar sua moral na obediência e, por conseguinte, esteada fundamentalmente na religião, Nietzsche vincula sua ética da individualidade ao prazer e daí sua íntima relação, ainda, com a arte. De fato, é a arte que nos propicia alívio[41] e é a ela que nos voltamos ao deixarmos a religião e nos vermos ante a desconfiança radical[42], porque ela modifica a sensação suscitando prazer por ocasião da dor[43] da finitude e do condicionamento do saber e do poder ao nos depararmos com a desarmonia da existência, tornando mais suportável a visão da vida[44]. Se ela tem seus limites e nos remete às primeiras etapas civilizatórias[45], consegue, contudo, nos ensinar a colocar mais importância na atividade criadora do que no devotamento científico à verdade[46], capacitando o homem à escolha das formas que se lhe oferecem à comparação[47]. Esse ensinamento é do jogo e da luta entre vários gênios que se alternam em sua grandeza e decadência[48], como ainda a necessidade de medida[49] – desconhecida do cristianismo[50], que tudo também queria abarcar em sua pretensão universal –, da necessidade de comedimento na ação[51], de trabalho árduo, de in-

33. V. Gerhardt, *op. cit.*, pp. 39-41. **34.** *HHI*, 225 e 633. **35.** *HHI*, 292. **36.** *HHI*, 636. **37.** *HHI*, 637. **38.** *HHI*, 231. **39.** *HHI*, 621. **40.** *HHI*, 632. **41.** *HHI*, 486. **42.** *HHI*, 150. **43.** *HHI*, 108. **44.** *HHI*, 151 e 222. **45.** *HHI*, 147. **46.** *HHI*, 146. **47.** *HHI*, 23. **48.** *HHI*, 158 e 159. **49.** *HHI*, 221. **50.** *HHI*, 114. **51.** *HHI*, 464.

venção, remodelação, ordenação[52], sujeitando e organizando os meios de expressão[53].

A grandeza está, portanto, no fato de dar direção[54], uma direção que aponta antes de tudo à consideração de que o apogeu da humanidade está mais no ato de criação e de avaliação, mais no meio do caminho, do que no fim, num Estado perfeito, numa suprema organização[55], acabada e imutável, naquilo que foi criado, o que reforça a importância do elemento histórico na filosofia nietzschiana. A filosofia, por isso, é conhecimento para a vida[56], enquanto vivida, e, se esse conhecimento nos mostra que não há vida sem prazer e que a luta pelo prazer é a luta pela vida[57] em seu próprio desenrolar e devir, então esse conhecimento, naquilo que expressa a reflexão de si e a consideração do outro e, por conseguinte, a cultura, não pode dispensar as paixões, os vícios, as maldades, a aventura e o risco[58], próprios ao jogo e à luta; só então ele pode ver que não só o sofrimento educa[59], como também a guerra[60], pois, compreendendo a luta como meio social do poder, tem-se um meio pelo qual se torna possível conhecer sua constituição, abrindo-se, assim, ao homem, a percepção consciente de outras possibilidades de vida[61]. Desse modo, se tanto o homem como a cultura devem fazer de si um monumento no qual suas potências heterogêneas possam habitar[62], daí o sentido da organização, essa estrutura, esse monumento, se sabe fruto de uma busca, que nunca se cansa de aprender e reexaminar[63], gozando, portanto, da incerteza do horizonte e mantendo o caminho aberto a vários outros pensamentos[64], portanto à sua própria reestruturação, ao seu declínio e destruição para uma nova criação, numa dinâmica que não deifique o devir[65] e a novidade a qualquer preço, como o faz a modernidade, mas jogue tanto com a necessidade de duração[66], e portanto de estruturação, como com a de gradual transformação[67] e, por conseguinte, de ruptura. Só assim podemos retomar os passos que a humanidade traçou ao longo da história e nos valermos da vida como instrumento e meio de conhecimento[68], valorizando o caminho, mais do que o fim.

É essa superioridade intelectual que permite a criação de liames, mostrando a interdependência desses espíritos livres, dos gênios entre si[69]: sem a possibilidade de contraposição e de conflito cai-se na mera vaidade, apaga-se a idéia de devir[70] e a possibilidade de superação que só com o contato com opiniões livres é estimulada[71]. Embora o espírito livre queira o poder e esteja disposto a se sacrificar para gravar sua doutrina na humanidade[72], sabe que sem a contraposição cai na subordinação a uma autoridade absoluta; é preciso, portanto, a luta para que

52. *HHI*, 155. **53.** *HHI*, 221 e 463. **54.** *HHI*, 521. **55.** *HHI*, 234. **56.** *HHI*, 6. **57.** *HHI*, 104. **58.** *HHI*, 477. **59.** *HHI*, 109. **60.** *HHI*, 365. **61.** V. Gerhardt, *Vom Willen zur Macht*, pp. 23 e 115. **62.** *HHI*, 276. **63.** *HHI*, 633. **64.** *HHI*, 207. **65.** *HHI*, 238. **66.** *HHI*, 3 e 472. **67.** *HHI*, 452. **68.** *HHI*, 292. **69.** *HHI*, 261. **70.** *HHI*, 107. **71.** *HHI*, 605. **72.** *HHI*, 595.

garanta sua liberdade, para que haja espaço para a expressão de seu interesse individual[73], sem o qual se apaga sua singularidade. A condicionalidade, de fato, como aponta Stegmaier, torna o homem cauteloso e fará com que atente às outras opiniões, porque não esperará mais que os outros compartilhem sua moral: sua precisão de pensamento não necessitará mais ser a precisão de vida dos outros. Para que a vida em comum seja possível, cada um deve refletir sobre suas morais, manter-se sob controle e ter presente que ninguém tem domínio sobre o outro[74]. É por isso que se faz necessário um contrato recíproco[75] e é esse contrato que marca o direito[76].

Em que consiste esse contrato? Em reflexo à organização das potências heterogêneas em si, expressas pelo fogo das paixões e pela frieza do espírito, encontramos a expressão de uma concepção de justiça que já aparecia nos póstumos da época das "Extemporâneas"[77] e que voltará a aparecer em *Aurora*[78] e na *Genealogia da Moral*[79]: a justiça como equilíbrio de forças mais ou menos iguais em contraposição, em luta, portanto, fazendo-as ajustarem-se em termos de retribuição e intercâmbio pautadas por um perspicaz juízo de autoconservação[80].

Com essa concepção, Nietzsche procura dar um outro caráter à origem da justiça. Não se trata de uma justiça marcada pelo apagamento das distâncias, diferenças e da singularidade, própria à individualidade[81], como se dá com o cristianismo, em que o amor se torna de mais valor que a justiça[82]. Ser capaz de equilíbrio, de fato, é já uma manifestação de força. O fraco, o oprimido e impotente, é incapaz de alçar-se à altura daquele que se contrapõe a si e, por conseguinte, sequer é capaz de gratidão[83]. O reconhecimento do outro, pretendido pelo amor cristão, mostra-se assim, se psicologicamente considerado com probidade, expressão de sujeição, e não de troca e de gratidão, virtudes nobres e potentes, a ver de Nietzsche[84]. De fato, a gratidão assemelha-se à vingança. Aquele que nos faz bem viola, a bem dizer, nossa esfera de poder e torna-nos devedores. Nossa retribuição é a demonstração de que somos tão fortes quanto nossos opositores benfeitores, mantendo-se, assim, cada qual em sua esfera de poder. É isso que garante o equilíbrio[85]. Com isso, Nietzsche insere a ambigüidade interpretativa no seio da existência e pode, apropriando-se criticamente da vinculação da justiça à vingança, herdada de Dühring[86], colocar desde já no centro de sua filosofia a relevância da avaliação e seu espraiamento em modos de vida distintamente fundados, embora aparentemente semelhantes. De fato, tanto justiça quanto vingança podem se referir a uma postura defensiva de intimidação do agressor,

73. *HHI*, 441. **74.** W. Stegmaier, *op. cit.*, pp. 2-6. **75.** *HHI*, 441. **76.** *HHI*, 446. **77.** *FP*, verão 1872 – começo 1873, 19 [93]. **78.** *A*, 112. **79.** *GM*, "Prólogo", 4. **80.** *HHI*, 92. **81.** *HHI*, 45. **82.** *HHI*, 69. **83.** *HHI*, 45. **84.** *HHI*, 44. **85.** *HHI*, 44. **86.** Sobre os estudos de Dühring por Nietzsche, cf. *FP*, verão 1875, 9 [1].

pautada no medo e indicando uma certa impotência que marcará a leitura ressentida, posteriormente, de *Genealogia da Moral*, como a uma postura mais nobre, de ausência de medo, que quer "ferir" o outro, retribuindo na mesma medida a gratidão recebida, para que, fundando o valor em si, possa encontrar satisfação na própria afirmação de si, e, com isso, resgatar sua honra: nesse caso, coloca-se a si em jogo, buscando-se uma compensação justa e uma proporcionalidade[87], mostrando-se a justiça como troca e gratidão.

É esse caráter forte da justiça que Nietzsche procura restabelecer, considerando-o, agora, não apenas em sua origem, mas também em toda ação superadora. Esse mesmo equilíbrio mostra-se entre os representantes da ordem antiga e da nova em conflito, quando se torna necessário um sábio cálculo das chances de conservação e de conciliação, fazendo nascer o desejo de negociar[88].

Compreende-se, então, que essa justiça tem um caráter marcadamente imanente. Ela não se converte em abstração, desvinculada do sentimento tradicional do direito: ela é a própria criação, e uma criação dinâmica, que tanto passa pela afirmação desse equilíbrio como por sua perda para uma nova remodelação, contrapondo-se ao que se deu com a tradição[89]. Daí sua ligação com a dúvida e reflexão de si, com a paixão e intelecto, como com a compreensão da necessidade de duração e de transformação.

A conservação de que fala o filósofo, portanto, nada tem a ver com a conservação que via, e vê, ligada à verdade. O espírito livre não detém a verdade, nem pretende ter opiniões mais corretas[90]. Se Nietzsche a remete ao acerto entre essas forças sob um juízo de autoconservação, devemos ter bem claro em que sentido essa conservação se apresenta. Parece-nos ser a conservação do vigor desse equilíbrio que se mostra como expressão de uma organização artística que permite, no limite das forças colocadas em luta, a correspondência aos ideais que buscam, sem cair no embotamento ou na selvageria, pois ir além do que a força pode seria não só perder o caráter arquitetônico da empreitada, como também levaria à própria destruição: isso fica claro quanto ao equilíbrio que existe até mesmo com as forças mais fracas, das quais somos, em parte, também dependentes[91].

A justiça, segundo Stegmaier, consiste, portanto, na percepção das pretensões dos outros, no torná-las suas tanto quanto possam ser estranhas, renunciando ao julgamento, o que nos libera para a alteridade; por isso a importância da liberdade de espírito. O propósito de Nietzsche, segundo aquele pensador alemão, é fazer com que pensemos sobre o sentido não perguntado da moral apontando para uma

87. M. Brusotti, "Elemente der Rache", *Sprache und Selbsterkenntnis bei Nietzsche im Aphorismus 33 von "Der Wanderer und sein Schatten"*. **88.** *HHI*, 446. **89.** *HHI*, 459. **90.** *HHI*, 225. **91.** *HHI*, 93.

nova forma para a ética que se sustente não mais sobre a fundamentação ética, mas, sim, em uma ética de reflexão da própria moral ante outras morais. Trata-se, então, de uma ética da individualidade, dos limites pessoais de todo pensamento na medida em que mostra seus próprios limites e coloca-se conscientemente no jogo, arriscando-se e comprometendo-se enquanto indivíduo[92].

A HISTÓRIA DOS SENTIMENTOS MORAIS E A CRÍTICA À JUSTIÇA METAFÍSICA: ALTRUÍSMO, LIVRE-ARBÍTRIO, PUNIÇÃO E O APAGAMENTO DO INTERESSE E DA DOMINAÇÃO

No segundo volume de *Humano Demasiado Humano* e no *Viandante e sua Sombra*, Nietzsche volta-se sobretudo às estratégias de que se vale a metafísica para mascarar essa pluralidade de interesses que povoam a sociedade[93] e seu caráter conflitivo e dinâmico, petrificando a civilização em um egipcismo[94] que afasta o homem do enfrentamento das enfermidades físicas e morais que o assolam[95]. Fazer, então, uma história dos sentimentos éticos e religiosos[96], uma história dos sentimentos morais[97], abre-nos à consideração moral do interesse e sentido singulares (*Eigen-Nutzen* e *Eigen-Sinne*)[98] e à multiplicidade de interesses na sociedade, bem como ataca os fundamentos sobre os quais se estrutura a justiça, tal como compreendida pela tradição, baseada no altruísmo, no livre-arbítrio, com escopo de responsabilização do "agente" e de legitimação da intervenção social punitiva.

Em questão coloca-se, portanto, o momento do equilíbrio. Para Nietzsche, os direitos se remetem originariamente a uma tradição e a tradição a um pacto antigo que comporta vantagens mútuas para quem o celebra[99]. Nesse primeiro momento, a ênfase volta-se à busca de um meio que mantenha a comunidade e a impeça de arruinar-se e, em seguida, de mantê-la em um certo nível e qualidade[100]. Sob as vestes de ameaças do inferno ou de mandamento divino, sob a coerção e intimidação que se estabelecem para manutenção desse estado alcançado com o pacto[101], oculta-se a preguiça daqueles que se encontram satisfeitos com as conseqüências do pacto concluído e que não se dispõem a renová-lo. Daí a demanda por igualdade, já que, em tal caso, as forças não têm de se pôr à prova nem há a necessidade de se indagar os sentidos e direções que se espera da vida, historicamente situada. Mais ainda, esse pacto convertido em tradição e coação, por ter cessado de comportar vantagens para quem o celebrou, torna-se sólido bastião dos fracos

92. W. Stegmaier, *op. cit.*, pp. 150-151. **93.** *VS*, 188. **94.** *OS*, 186. **95.** *VS*, 6. **96.** *VS*, 16. **97.** *VS*, 285. **98.** *VS*, 40. **99.** *VS*, 39. **100.** *VS*, 44. **101.** *VS*, 44.

como se fora uma graça que lhes foi concedida[102]. É essa segurança a todo preço que Nietzsche denuncia, pois ela sequer compreende, em verdade, o que se passava com aquele acerto inicial de forças.

De fato, para Nietzsche, a proposta de paz e conciliação, a que se liga a imagem tradicional de justiça, visa mais defender-se antecipadamente contra um possível voltar-se do vencedor da contenda contra si do que uma desinteressada preocupação com o terceiro[103]. Todavia, desconsiderando o caráter interessado desse terceiro que se coloca altruisticamente diante do conflito alheio e faz uma proposta de paz, que tomamos como expressão da quintessência de uma racionalidade eterna e única sob o nome de justiça ou de moral[104], deixamos de lado a compreensão dos próprios conflitos e possibilidades, em suas várias linhagens históricas, que nos constituíram[105] e que ditaram os termos daquele acerto de forças: sem o conhecimento delas não temos condições de nos conhecer a nós mesmos, de perceber as enfermidades e curas possíveis[106].

Essa crítica, contudo, torna-se vedada pela metafísica ao vincular justiça e castigo, justiça e vingança, justiça e verdade. Contrapor-se ao acordo, uma vez firmado, revela-se, agora, pecado, e um pecado lógico[107], já que a paz, a segurança e a conservação são encaradas como expressão da verdade, e uma tal contraposição suscita a cólera, o desejo de vingança e de castigo[108], revelando o quanto se torna preciso a criação de uma ficção, como a do livre-arbítrio, para fundamentar esse mascaramento. É, portanto, contra esta verdade de cunho metafísico que se volta o autor, uma verdade que se alça no direito de julgar e de punir vingativamente para a conservação de uma determinada estrutura social, sob o apanágio da justiça. Daí sua crítica ao livre-arbítrio.

Colocam-se, de fato, dois aspectos do livre-arbítrio que se ligam à formação do pacto e ao apagamento do interesse de um determinado grupo na proposta de paz que envolve a sociedade. O primeiro consiste no fato de ser essa pretensa liberdade a expressão, a bem dizer, de uma invenção de dominação de certas classes por outras. Só se sente livre e, portanto, independente aquele que, tal como o dominador, se sente forte e pleno de vida, seja pela paixão, seja pelo dever, consciência lógica ou por um impulso caprichoso: só os dominadores se sentem assim. Os fracos, dependentes e insensíveis, sentem-se como servos e plenamente determinados neste mundo de dependência[109]. Os direitos são uma espécie de poder, custam esforço e reclamam coragem[110]. Ora, o que se mostrava, então, como uma única demanda, coletiva e geral, de conservação, como se a todos beneficiasse igualmente, mostra-se, agora, expressão de um determinado modo de vida possível

102. *VS*, 39. **103.** *VS*, 193. **104.** *VS*, 2. **105.** *OS*, 223. **106.** *VS*, 188. **107.** *VS*, 183. **108.** *VS*, 33. **109.** *VS*, 9. **110.** *VS*, 251.

que interessa a alguns, e não a todos[111], mesmo porque não há, para o autor, possibilidade dessa pretensa igualdade.

De outro lado, essa liberdade serve para justificar essa dada estrutura social, permitindo a sujeição e responsabilização daqueles que a ela se submetem. Torna-se preciso, para tanto, o isolamento dos fatos da vida de uma pessoa, tal como nos foi necessário, vimos na primeira fase da obra nietzschiana, cegarmo-nos sobre a instabilidade sobre a qual repousa nosso conhecimento para dominar a natureza. Se a razão tem um papel determinante na deliberação do ato volitivo e, por conseguinte, na ação humana, Nietzsche pretende demonstrar o quanto isto se dá com fins punitivos e de controle social. Daí que o paradigma de análise da ação seja o criminoso[112]. De modo contraditório, segundo o filósofo, pune-se uma pessoa porque não fez uso da razão e agiu sem motivo ali onde deveria ter agido algum motivo. A pergunta que o pensador se coloca é: havendo necessidade de ter a ação se pautado pelo conhecimento e escolha dos motivos para que seja uma pessoa punida, como se admitir que um homem possa deliberadamente renegar a própria razão? Uma tal pergunta, embora imprescindível, não se pode fazer, a seu ver, justamente porque, sendo o ato sem motivo, sem porquê, não se poderia puni-lo de acordo com a lógica vigente da justiça vingativa[113], segundo a qual só se pune quem, podendo fazer uso de sua razão e agir de acordo com sua vontade, deliberadamente viola a lei, como, de fato, o direito penal compreende a conduta humana atualmente.

Essa pretensão de dominação funda-se, portanto, em uma mitologia filosófica, que nos permite crer atingir a verdade das coisas na origem[114] racional da ação. Quando conhecemos o curso dos acontecimentos da vida de uma pessoa, não achamos seu ato fora de ordem e da inteligibilidade e só punimos por não ter um tal conhecimento e não o temos, como o aponta Donzelot[115], na esteira de uma linhagem filosófica nietzschiana, por questões políticas de dominação. Essa dominação, contudo, que precisa fechar os olhos à incomensurabilidade e à singularidade de nossas vidas, está ligada ao medo, não à força. Ela é expressão do assombro diante da prática de um determinado ato[116]; do medo, em outras palavras. De fato, o que se esconde nessa metafísica é novamente a vaidade humana de uma espécie, que, para sentir-se tal como um eterno taumaturgo e único ser livre no mundo da dependência, precisa inventar a doutrina do livre-arbítrio[117], em vez de, proba e profundamente, ver a ação e o conhecimento humanos imersos, como estão, num fluxo constante[118] e que não somos tão senhores do mundo ou de nós mesmos como pretendemos. Isso, de fato, é o que nos assusta, e a verdadeira força e justiça humanas estão ligadas, a ver de

111. *VS*, 22. **112.** *VS*, 24. **113.** *VS*, 23. **114.** *VS*, 11. **115.** J. Donzelot, *A Polícia das Famílias*. **116.** *VS*, 24. **117.** *VS*, 12. **118.** *VS*, 11.

Nietzsche, na capacidade de lidar com essa incomensurabilidade. Só, então, teríamos uma verdadeira eqüidade[119].

A VOLTA ÀS COISAS PRÓXIMAS E O AMOR À DIFERENÇA: JUSTIÇA E SABEDORIA

Sua crítica à verdade, nesse contexto que nos interessa, volta-se então a abrir vias para outra compreensão possível da moralidade e de outros modos de vida a ela relacionados. Se a análise histórica dos sentimentos éticos nos faz reconhecer que muitas idéias entraram no mundo sob forma de quimeras e erros, mas tornaram-se verdades porque os homens lhes emprestaram após um tempo um substrato real[120], como no caso da moralidade, a postura que se exige do pensador livre e crítico é de enfrentamento dessa vaidade, adversária do conhecimento mais forte, que marca a servidão humana[121], único caminho que pode nos levar a outras verdades[122]. A constatação primeira a que chega o autor mostra que nas grandes disputas ao longo da história importa mais a força – e força da criação, no seio da incomensurabilidade – do que a verdade, e só depois a verdade assoma e, ainda assim, não por muito tempo[123].

Se a desconfiança volta-se às grandes verdades[124], será justamente nas coisas próximas e pequenas, que até o momento foram objeto de desprezo[125], de esquecimento[126], que Nietzsche, louvando a sabedoria de Epicuro[127], compromete-se a se tornar bom vizinho[128], porque nelas se manifestam essas possibilidades de vida obscurecidas pela tradição. Por isso que o amor altruísta que supostamente está na base da justiça se vê transformado por Nietzsche em um amor pela diferença, pela oposição ao modo que vivemos e que permite que nos unamos, em nossa contrariedade, na alegria dessa oposição, em vez de simplesmente negar ou suprimir o diverso[129]. A invocação da inveja boa, tal qual uma das *Eris*, de Hesíodo, que instiga à superação de si, e não ao rebaixamento do outro[130], é expressão disso.

Nesse quadro, Nietzsche procura pensar a justiça à luz da sabedoria[131], alçando-a novamente ao mais elevado patamar da moral, depois que, pelo modo como concebida pela tradição, ela não passaria de um segundo, dentre quatro patamares de divisão da civilização, além da bravura – por ter superado os primórdios fundadores da comunidade baseada na pura força[132] –, mas aquém da moderação e da sabedoria[133], pela ligação ainda da justiça com a vingança e a punição.

119. *VS*, 24. **120.** *OS*, 190. **121.** *OS*, 50. **122.** *VS*, 213. **123.** *OS*, 226. **124.** *VS*, 213. **125.** *VS*, 5. **126.** *VS*, 6. **127.** *VS*, 7. **128.** *VS*, final, p. 703, l. 3-4. **129.** *OS*, 75. **130.** *VS*, 29. **131.** *VS*, 26, e *VS*, 226. **132.** Isso é sugerido em *VS*, 181. **133.** *VS*, 64.

Em que consiste tal sabedoria, se Nietzsche denuncia as grandes verdades? A sabedoria, explica-nos Nietzsche, está ligada intimamente à questão da medida[134], que, aliás, é o que define o homem[135], mas não de um modo fixo, como pretendia a tradição. Para o autor, pelo contrário, a sabedoria é fruto de um aprendizado, de uma harmonização da vida, depois de termos vivido a explosão bárbara, arrebatadora, com élan fogoso e desordenado como expressão de nossa jovem alma indomada e caótica[136], e de termos conferido, mesmo às coisas materiais, vis, baixas, imperfeitas, limitadas, incompletas, falsas, uma estima compreensiva e conceder que tudo isso seja necessário[137]. A sabedoria, portanto, consiste em considerar a vida em toda sua diversidade e número, rejeitando toda preferência unilateral por este ou aquele gênero ou valor.

Essa medida, por tal razão, nada tem de um critério absolutamente racional e intelectual que possa servir de princípio regulador ao homem e ser imposto a todos os demais. A medida, pelo contrário, está ligada tanto à arte como à lógica[138], daí a ligação da justiça à questão do gosto, a uma inteligência que ultrapassa todos os motivos ilusórios da moral[139] – uma moral fundada no estilo, portanto –, o que mostra estar em jogo a manutenção do diálogo e da tensão desses gostos e estilos que marcam o apresentar das armas e pretensões quando da celebração do pacto. Estamos diante do desafio, portanto, de pensar novos equilíbrios possíveis.

Por isso, entendemos que não se pode dissociar a análise nietzschiana da justiça de sua ênfase pelo caráter fluido e cambiante da vida, de sua ênfase no devir. Se o filósofo vale-se da história para contrapor-se à metafísica, ensina que o historiador é um homem cujo coração e espírito não cessa de se transformar ao freqüentar a história e que encontra sua felicidade não na posse de uma alma imortal, como a metafísica, mas, sim, na de várias almas mortais: é o reino celeste da mudança que lhe pertence[140], lançando-se a redescobrir as aventuras vagabundas do ego em devir e metamorfoseado[141].

Ora, nessas pesquisas históricas, dá-se conta de que nas coisas jurídicas, morais e religiosas é o lado mais exterior, o concreto, o uso, o gesto e a cerimônia que têm mais duração: o costume é a parte dura. Já as idéias e os sentimentos são o elemento fluido[142], idéias estas às quais atribui um caráter propriamente artístico[143], tal como artística, vimos, também, é, em parte, a medida humana que ditará os limites da afirmação dessas idéias.

Nesse quadro, pautado pela compreensão de ser força e interesse o que movem essas idéias, sustenta o filósofo que o direito – e por extensão a justiça –, na medida em que repousa sobre contratos entre

134. *OS*, 173 e 176. **135.** *VS*, 21. **136.** *OS*, 173. **137.** *OS*, 186. **138.** *OS*, 173. **139.** *VS*, 44. **140.** *OS*, 17. **141.** *OS*, 223. **142.** *VS*, 77. **143.** *OS*, 171.

iguais, dura tanto quanto a potência dos contraentes é igual ou comparável. O equilíbrio é transitório porque reflete o câmbio das idéias que dão forma à estrutura que permanece com um pouco mais de duração. Se é colocado um termo definitivo ao equilíbrio alcançado caso uma das partes se torne mais fraca que a outra, intervindo então a submissão e cessando o direito, não está em questão para o filósofo a subjugação do outro.

São duas as facetas que marcam essa nova abordagem da justiça e da moralidade. De um lado há, sim, a preocupação de ênfase na mudança em contraposição à estabilidade enrijecedora. É isso que o leva a afirmar a transitoriedade do direito de acordo com o equilíbrio de forças, fundando-o não em um critério transcendente, mas na tensão que se estabelece entre os combatentes. No entanto, há, de outro lado, uma segunda faceta, ligada à vinculação de justiça à prudência ou à sabedoria. Se as condições do direito são meios provisórios, e não fins em si, não deixam de aconselhar a prudência[144]. Para Nietzsche, é a prudência que cria o direito ao colocar um termo à luta e ao gasto inútil entre forças comparáveis, como também é a sabedoria que aconselha o dominador a poupar a força do vencido e não gastá-la sem proveito.

Não se trata, portanto, de um extravasamento desmedido das forças. Como homens de moralidade superior e ligados à arte, devemos nos voltar a reter a emoção em caminho, e não deixá-la correr a seu termo[145], o que implica, de outro lado, que esse equilíbrio formado paute-se não só por uma construção racional, mas, também, por essa emoção retida no caminho, com um critério de proporcionalidade das forças, tal como vimos se expressar na gratidão e retribuição ao que nos é feito. Um critério volátil, portanto, porque dependente da avaliação de cada qual, numa constante necessidade de formação desses equilíbrios.

Daí a necessidade de transfiguração constante desses impulsos básicos, como o desejo de vencer e predominar, mais antigos que o respeito e o prazer pela igualdade, em formas mais elevadas de expressão, como nos ensinam os gregos, que melhor expressaram essa ligação de justiça e sabedoria[146]. Aí se mostra, de fato, a ligação de saber e arte com a capacidade rara da medida[147] ao poder moderar e refrear, criar formas de civilidade e ligar seres sem educação a leis de conveniência, de limpeza, de cortesia, dissimulando e reinterpretando toda feiúra[148]. Os helênicos, com efeito, souberam transformar a guerra por dominação em luta e liça nas esferas diversas da civilização[149], unindo, assim, o culto do gênio ao da civilização[150]; é nesse sentido que "evoluímos" passando do pecado lógico da cólera e castigo à união

144. *VS*, 26. **145.** *VS*, 136. **146.** *VS*, 226. **147.** *OS*, 230. Essa medida mais uma vez falta à percepção de Baeumler. **148.** *OS*, 174. **149.** *VS*, 226. **150.** *OS*, 186.

de coração e cabeça[151], à união de saber e arte numa nova justiça. Se a guerra é um remédio contra o enrijecimento social e esgotamento de suas forças, mas também, e sobretudo, de crítica e percepção das relações de poder nas relações humanas, a preocupação do filósofo com a possibilidade de se viver mais plena e vigorosamente[152], pela maior expressão dos desejos como sinal da cura ou da melhora[153], não implica que passe a defender a necessidade da guerra literalmente. O que está em jogo, pelo contrário, é que a capacidade de expressão do desejo e da intensidade vital, do gosto e das inclinações, enfim, torna desnecessária a guerra[154], se convertida prudente e sabiamente em liça, em justa[155], em nome do poder de avaliação de cada homem, singularmente, das possibilidades de vida que se lhe apresentam.

Essa desconfiança ditada pela história contra essas verdades absolutas rompe, ainda, com esse ímpeto cego e totalitário, que pode se expressar individualmente, de se deixar queimar por suas opiniões, valorizando, pelo contrário, muito mais o direito de ter e de mudar de opiniões[156], relativizando-as, na própria individualidade, por entendê-las justamente como gosto, inclinação, estilo, perspectiva e, por conseguinte, compreendendo ser sinal de asseio[157] poder mudá-las. De asseio, sim, dadas as seqüelas que uma visão pautada em oposições rígidas, e não em transições, provocou à humanidade[158].

Uma tal visão nos coloca diante de uma moralidade e de uma justiça pautadas por equilíbrio transitório, em verdadeiro ciclo de afirmação de uma forma – e, como toda nova forma, insólita e imoral[159] – e de um prazer criativo à prática, e uma prática competitiva, até um ápice e declínio para início de um novo ciclo[160]; um tal modelo nos coloca, portanto, diante dessa intensidade que permite a afirmação de estilos distintos e que representam, ao atingir seu ápice, entre a subida e declínio de um pensamento ou sentimento todo-poderosos, aquilo que representa as verdadeiras épocas da vida[161], tanto individual como civilizatória. A mesma alternância heraclitiana de saciedade e fastio e de um movimento constante de busca, clássico[162], podemos dizer, encontra-se igualmente presente nessa concepção que exige que o homem volte a aprender a se surpreender[163] e, com isso, se recoloque no seio da incomensurabilidade em que todo acerto depende de contraposição e não se oculte nas máscaras totalitárias da dominação.

O equilíbrio, para a compreensão dessa nova justiça, deve ser compreendido, então, não mais como uma paz estabilizadora e petrificadora, garantida por um critério transcendente de justiça e verdade. Esse novo equilíbrio que se estabelece tende a uma nova forma de eqüidade. *Aequum* quer dizer: o equilíbrio é conforme à nossa igual-

151. *VS*, 183. **152.** *VS*, 187. **153.** *OS*, 349. **154.** *VS*, 187 e 284. **155.** *VS*, 226. **156.** *VS*, 333. **157.** *VS*, 346. **158.** *VS*, 67. **159.** *OS*, 90. **160.** *VS*, 114. **161.** *VS*, 193. **162.** *VS*, 217 e *OS*, 219. **163.** *VS*, 316.

dade, ele reduz também nossas pequenas diferenças a uma aparência de igualdade e quer que deixemos de lado várias coisas que não deveríamos[164]. Ela não suprime as diferenças e as oposições; pelo contrário, acertam-se as forças naquilo que podem expressar, conforme pensamento e paixão implicados. Se, nessa eqüidade, está envolvida uma igualdade da comunidade não violada, é justamente porque em jogo não está a afirmação de preferências unilaterais, egoísticas, individuais, mas, sim, a conjunção do culto ao gênio com o da civilização[165], vale dizer, um culto à multiplicidade inerente à vida humana e que, por isso, por mais que esse movimento implique um refinar o gosto[166], procurando apoiar-se na sua força em vista do porvir[167], embelezando e aprimorando as formas de vida, não deve se apartar daquilo que minimamente une a comunidade, a convenção, sob pena de tornar impossível qualquer comunicação[168] e poder, com isso, lograr mostrar as coisas velhas por novos olhos[169] e avançar em direção ao porvir.

A BUSCA DA JUSTIÇA, A AÇÃO E A LIBERDADE

Esse equilíbrio, contudo, porque sujeito à crítica e à história, deve ser compreendido em seu caráter ativo e histórico, em seu inacabamento e abertura intrínsecos, como expressão de uma tensão vital, tal qual aquela que marca a ascensão do sábio[170] que soube transfigurar as paixões sofredoras do homem em alegrias apaixonadas[171], o élan fogoso em equilíbrio e harmonia[172], que soube aproximar coração e espírito, arte e saber, sombra e luz[173]. Por isso, diante dele, não encontramos plenitude alguma existencial, mas, pelo contrário, nos vemos em constante tensão com essas estruturas que se formam. Daí que essa liberdade a que se liga a justiça enquanto acerto de forças nos cobra o cultivo de uma insatisfação moderada, a única que nos dá a coragem que vimos reclamar a afirmação dos direitos e um constante colocar-se em ação; é ela, ainda, que nos cobra independência, contra a sujeição ao dever e à consciência, entendida como obediência à autoridade[174]; e impertinência[175], que acompanha toda desconfiança contra a verdade.

Ora, esta é a imagem de estilo legada pelos gregos[176], a expressão e comunicação de uma tensão interior que se resolve no estado de alma mais desejável de um homem[177]. É isso, ainda, que dá o critério para o homem bom, correlato ao melhor estilo[178], como também o

164. *VS*, 32. **165.** *OS*, 186. **166.** *OS*, 219, e *VS*, 127. **167.** *VS*, 217. **168.** *VS*, 122. **169.** *OS*, 200. **170.** *OS*, 173. **171.** *OS*, 349. **172.** *OS*, 173. **173.** *VS*, Introdução, p. 538, l. 15-16. **174.** *VS*, 52 e 43. **175.** *OS*, 320. **176.** *OS*, 169. Cf. também E. Chaves, *Lessing, Um Espírito Livre*. **177.** *VS*, 88. **178.** *VS*, 88.

critério superior de avaliação da atividade e da ação, com o aproveitamento maior da energia interior[179].

O homem encontra-se, assim, ante um desafio heróico[180] de recriar e refazer constantemente formas de vida outras, cujo sentido, mais do que aquele transcendente, com uma referência divina de perfeição e bondade, possa advir da própria afirmação dessas condições de vida, querendo os meios para afirmação dessa grandeza e genialidade[181], quais sejam, um contínuo renovamento e diálogo das forças que marcam e que se criam em nossa civilização. Para isso, precisa de liberdade, essa mesma liberdade crítica do espírito, que procura satisfazer, ainda que imperfeitamente, as necessárias precisões do espírito[182], buscando desejar um eu dado pelo destino, a ponto de ele se tornar uma escolha[183], além da luta ou da resignação à fatalidade que somos[184], como se estivéssemos a nos inventar novas cadeias[185]. E é essa liberdade que nos permite olhar as coisas velhas com olhos novos[186], por outras perspectivas, que, por serem fundadas numa sabedoria artisticamente criadora, nos conduzem à justiça[187] de um sentido que nos damos.

179. *OS*, 228. **180.** *OS*, 221. **181.** *OS*, 378. **182.** *VS*, 318. **183.** *OS*, 366. **184.** *VS*, 61. **185.** *VS*, 140 e 159. **186.** *OS*, 200. **187.** *VS*, 212.

3. Aurora de uma Nova Moral, de uma Nova Justiça

Em *Aurora*, Nietzsche analisa a estrutura da moral na correlação que o conhecimento, o exercício do poder e toda uma prática e modo de vida têm com um sentimento básico, o do medo, e, a partir disso, da força de seu enfrentamento; reflete sobre a possibilidade de se lidar com ele de outro modo, que permita uma maior realização humana e a expressão de uma outra possibilidade de justiça.

O MEDO DO OUTRO E A MORAL CRISTÃ

Se, em *Humano Demasiado Humano*, a necessidade de conservação aparecia como o móbil das ações humanas, Nietzsche indaga-se, agora, o porquê de uma tal necessidade.

A questão do medo mostra-se central em *Aurora*. Para Nietzsche, o homem é a mais medrosa das criaturas[1] e devemos compreender a moral a partir dessa sensação básica. O que suscita medo? A resposta é clara para o autor: o outro[2]. Nossa relação com o outro é sempre de defesa e ataque, e toda avaliação relaciona-se a tais capacidades[3], que são expressão de um instinto animal que servirá de base à moral e que ensina a buscar alimento e esquivar-se do inimigo[4]. É esse temor que dita, portanto, nossas avaliações às quais se retrotraem nossas ações.

1. *A*, 142. **2.** *A*, 309. **3.** *A*, 212. **4.** *A*, 26.

Esse modo de avaliação mostra-se pautar por uma relação com o prazer ou desprazer que uma coisa nos causa[5]. Ante a ação de um próximo, fixamo-nos no que deriva para nós: é desse ponto de vista que o vemos[6]. Trata-se sempre de um medir o mundo por tudo aquilo que sai do círculo concêntrico em que nos fechamos e nos recolhemos[7]. As coisas, nesse sentido, e o próprio mundo são os limites do homem[8], como o próximo é o que se desenha e estampa ao mesmo tempo sobre nós mesmos e junto de nós, *i.e.*, seus limites[9]. Esse medir, a que chamamos de percepção[10], não passa de um erro, já que tomamos o efeito que deriva para nós como intenção da ação e atribuímos a posse de tais intenções a uma qualidade da pessoa[11]. Tratam-se, portanto, de imagens e fantasias suscitadas por nossos instintos, num processo fisiológico que nos é desconhecido, mas que tomamos como juízos e valorações que posteriormente chamaremos de morais[12].

Por isso, para Nietzsche, o medo é não apenas o preceptor da simpatia, como ainda do entendimento. É o medo que nos leva a procurar entender o outro, para aí verificar se estamos diante de algo que nos ameaça ou não, se estamos diante de um igual ou de um distinto. O homem precisa, para isso, interpretar tudo por um segundo sentido oculto, fazendo, num processo místico, de dois seres, um: toma a aflição que vê estampada no rosto do outro como sua própria aflição; da expressão, uma intenção, estendendo tal prática inclusive às coisas inanimadas. Essa identificação ou essa diferenciação, na base do medo, facilitam o entendimento, exigindo rapidez de ataque ou defesa, bem como uma célere dissimulação[13]; elas ditam, ainda, as sensações de alegria ou de assombro e que trazem prazer ou não à vida do homem, sempre tendo por base um olhar que procura saber como o outro sente[14].

O medo, num tal quadro, está, portanto, ligado ao sentimento de impotência diante do inimigo, e, por tais sentimentos terem sido considerados tão fortes ao longo da história da humanidade, estimularam-nos continuamente a procurar o sentimento oposto, a ser desenvolvido com sutileza: o sentimento de poder, que se converteu na inclinação mais forte do homem[15]. Para Nietzsche, de fato, os meios descobertos para procurar esse sentimento são praticamente a história da cultura[16] e o amor do poder se converte em demônio do homem: se tudo lhe tirarem, menos isso, ainda será feliz[17]. É desse contexto, parece-nos, que podemos entrever os prenúncios da doutrina da vontade de potência[18], pois, como aponta Kaufmann, desse sentimento comum de

5. *A*, 104. **6.** *A*, 102. **7.** *A*, 117. **8.** *A*, 48. **9.** *A*, 118. **10.** *A*, 117. **11.** *A*, 102. **12.** *A*, 119. **13.** *A*, 142. **14.** *A*, 113. **15.** *A*, 113. **16.** *A*, 23. **17.** *A*, 262. **18.** Contrariamente a Paulo César de Souza, preferimos o termo vontade de potência a vontade de poder, porque poder, como indica o próprio tradutor, remete a ato, a algo realizado, ao passo que Nietzsche liga a vontade de potência à superação de si, com um sentido dinâmico. Potência, de outro lado, tem um sentido plurívoco, o que atende a uma inten-

medo, de privação de poder, enfim, que temos expressão de duas possibilidades, a de crueldade e de desejo de ferir, de um lado, e, de outro, a busca de poder, que pode ser um remédio aos primeiros[19].

Ora, o maior prazer possível para uma comunidade ameaçada é, a ver de Nietzsche, o que supera o medo, *i.e.*, o prazer da crueldade[20]: endurecidas pela privação e sedentas de vingança, as almas de uma tal comunidade elevam a crueldade à condição de virtude. Só ela, de fato, a alivia ao sacudir a obscuridade do medo e da cautela contínuos. Esse alívio provém da sensação de distinção: a crueldade provoca um sentimento de impotência e de decaimento no inimigo, causa-lhe dano e desperta inveja[21]. O que visa é submeter o próximo[22]: a distinção não tem, por conseguinte, nenhum caráter compassivo, bondoso ou inócuo. É, pelo contrário, bastante interessada.

A moralidade, para Nietzsche, está toda fundada nesse instinto de distinção[23], um instinto que fixou o caráter da humanidade, sendo sua autêntica e decisiva história primordial, e que considerava a crueldade, a dissimulação, a vingança, a negação da razão e o sofrimento como virtudes[24]. É o sucesso que garante nossa superioridade, a autoconfiança[25] que nos permite conquistar a fé, e fé em nós mesmos, e que pela dissimulação prolongada torna-se natureza. É assim que surge a bondade: uma prolongada simulação para que, onde houvesse poder, fosse infundida segurança, confiança, centuplicando o total do poder físico[26].

Esse mesmo efeito do tempo, de conformar as coisas, dá-se nas práticas que inicialmente foram consideradas, com base nas experiências vividas no enfrentamento do outro e do medo, como presumidamente úteis ou nocivas[27], conforme o caso. Essa empapagem de razão pela duração do tempo, tal como aquele converter-se em natureza, é o que nos dissocia das experiências fundantes da humanidade e que demandam esse trabalho de historiador[28] a que o filósofo se propõe. Se Nietzsche dirá posteriormente, no prefácio a essa obra, que a confiança na razão é de ordem moral[29], considera essa confiança pelo grau de segurança que ela inspira por força do tempo e correlativamente pela superação de um estádio inicial de medo. Não por outra razão eleva-se a princípio de toda civilização ser melhor um costume que a ausência de qualquer costume[30]. A segurança, de fato, é vista, ontem e hoje, como a divindade suprema[31].

A moral, para Nietzsche, funda-se, portanto, na tradição, *i.e.*, nos modos de agir e valorar costumeiros. Sem tradição, não há moralidade. A ética, portanto, é obediência aos costumes, mas o que marca a moral

ção do filósofo de que seu sentido seja considerado, tal como o fazemos com a justiça, de acordo com os contextos em que desponta. **19.** W. Kaufmann, *op. cit.*, pp. 190-194. **20.** *A*, 18. **21.** *A*, 30. **22.** *A*, 113. **23.** *A*, 30. **24.** *A*, 18. **25.** *A*, 436. **26.** *A*, 248. **27.** *A*, 19. **28.** *A*, 1. **29.** *A*, "Prefácio", 4. **30.** *A*, 16. **31.** *A*, 173.

é sobretudo o fato de ser obediência[32], *i.e.*, um temor à dependência apenas de si, da improvisação[33] inicial que marcou a ação superadora do medo, um medo da liberdade e da dúvida que permitem essa ação.

Nietzsche volta-se, assim, a essa perda por parte da moral da relação fundamental com aquilo que foi vivido, com a experiência e tentativa feitas, restringindo-se aos sentimentos herdados dos costumes e aos usos.

De fato, os costumes, na medida em que são herdados e transmitidos, passam a valer não pelo que significaram enquanto valoração e experiência, mas, sim, por sua antigüidade, santidade, indiscutibilidade. A moralidade não se funda, desse modo, em verdade, nos costumes, mas, sim, no sentimento do costume[34], na herança do sentimento da ação, valoração e experiência, e não nessa própria tentativa, nem na própria idéia dela[35]. São esses sentimentos que ditarão as ações doravante e a partir dessas procuraremos elaborar conceitos morais para que sobre as mesmas possamos nos manifestar. As fundamentações que daí advêm nada têm a ver com a origem ou com o grau do sentimento: elas apenas satisfazem a regra de que um ser racional deve ter razões para agir em um sentido ou outro[36]. Ora, aí reside a irracionalidade de nosso procedimento para Nietzsche: continuamos extraindo as conclusões de juízos, que temos por falsos, de doutrinas na quais já não cremos... mediante nossos *sentimentos*[37], um verdadeiro romantismo para ele[38].

A submissão que votamos aos costumes herdados pela tradição, de outro lado, aos olhos de Nietzsche, compreende-se como a obediência a uma autoridade superior, vista como um intelecto superior, abstratizado e, no limite, despersonalizado, cuja força advém da própria obediência, mas que detém um poder incompreensível e indeterminado, a quem se obedece porque se teme, e não pela utilidade[39], tal como avaliada no momento da experiência ou de uma experiência renovada.

A distinção, agora, é assegurada pela obediência aos usos mediante a união de duas classes de felicidade tão bem apropriadas pelo cristianismo: a do sentimento de poder e a do sentimento de resignação, mantendo perpetuamente desperto na alma e também no corpo o sentimento de uma missão sobre-humana, o que coloca na obediência o seu orgulho e marca de distinção[40].

A distinção que se pautava por um mando e ação voltados para a submissão do outro converte-se, aqui, em sua última tragédia[41], numa distinção fincada na obediência e crueldade para consigo, na submissão de si: entra no conceito de homem mais ético da comunidade a virtude do sofrimento freqüente, da privação, da vida dura, da mortifi-

32. *A*, 9. **33.** *A*, 207. **34.** *A*, 19. **35.** *A*, 30. **36.** *A*, 34. **37.** *A*, 99. **38.** *A*, 197. **39.** *A*, 9. **40.** *A*, 60. **41.** *A*, 113.

cação cruel, como uma virtude muito estimada pelos deuses[42]. É esta máxima submissão que, ditada pela atrofia dos órgãos de ataque e defesa que se vê nos guias espirituais[43], torna-se prova da verdade da igreja[44] e nos faz ter a sensação de que somos demasiado bons e importantes para a terra e que cá estamos de passagem[45].

O que se toma como elevação, denuncia o filósofo, é, em verdade, um embrutecimento da humanidade[46], porque, embora definamos o objetivo da moral como a conservação e promoção da humanidade, deixamos de nos perguntar aquilo que nos é essencial, o "para quê" de tal conservação, como também o "para onde" da promoção[47], paralisando, com isso, o pensamento[48]. O preço, assim, para que a moral nos proteja do medo do outro é a infusão em nós de um medo ainda mais difuso, o medo de um intelecto superior do qual nos vemos dependentes, ao qual votamos uma veneração impeditiva da crítica. A tutela que parece exercer a autoridade não tem, portanto, um fim de escorreita condução da humanidade, que poderia se dar por meio de novas experiências[49], assegurando-a contra os perigos do erro e desacerto. A proibição de pensar erroneamente, pelo contrário, só tem um beneficiário e um objetivo: garantir a autoridade contra a perda do poder e da autoridade[50].

CORAGEM DA CRÍTICA E EXPERIÊNCIA DE SI: A POSSIBILIDADE DE SENTIR DE OUTRO MODO

Por que não é aceita a crítica? Porque a moralidade carece de fundamentação real, ela não repousa, como pretende, em verdades[51], ela não é absoluta[52]. Ela se sustenta, pelo contrário, no encantamento da moralidade, que faz o homem desprezar as causas, depois as conseqüências e, por último, a própria realidade, tirando todas as suas sensações superiores do urdimento de um mundo imaginado, no qual não precisa o homem enfrentar seus medos. Assim, Nietzsche vê uma correlação entre o aumento do sentimento de causalidade e o decréscimo do reino da ética: cada vez que sejam compreendidos os efeitos necessários e se saiba imaginá-los isolados das contingências do acaso, destroem-se um sem-número de causalidades imaginadas que até então se cria fossem fundamento dos costumes[53]. Onde compreendemos, tornamo-nos gentis, felizes, inventivos, a alma mostra-se cheia de graça e de desembaraço[54]. Seu desafio reside em tornar, assim, o mundo mais compreensível, o que nos faria ter menos solenidade para com ele. Sem medo, diminuiria o encanto e poderíamos ter uma imagem

42. *A*, 18. **43.** *A*, 25. **44.** *A*, 60. **45.** *A*, 425. **46.** *A*, 19. **47.** *A*, 106. **48.** *A*, "Prefácio", 3. **49.** *A*, 19. **50.** *A*, 107. **51.** *A*, 103. **52.** *A*, 139. **53.** *A*, 10. **54.** *A*, 565.

mais corajosa do mundo e de nós mesmos[55]. Como aponta Ottman, Nietzsche espera uma nova aurora da *Aufklärung*, do Esclarecimento, um novo *siècle de lumière*, e por isso se chama espírito livre[56], saindo, por tal razão, do caminho do mito e do ideal artístico para uma filosofia científica e iluminista, fundada não mais na produção de novas ilusões, mas no desmascaramento de erros, fundada na pergunta pelas condições de possibilidade de uma nova vida sem as verdades desconsoladoras da metafísica e da religião[57].

A moral, contudo, vale-se de uma série de artifícios para que essa compreensão não tenha lugar. Se a crítica demanda que, como homens do pensamento, sejamos suspeitosos desses sentimentos superiores[58], coloca-nos um apelo à dúvida e nos volta contra a confiança incondicional[59] que preside nosso sentimento moral. É preciso, portanto, coragem no pensamento[60] para que possamos avançar e nos permitir, com autonomia, independência e imparcialidade, tentar construir uma civilização forte[61]. O conhecimento que evoca, não havendo um único método científico que nos possa lhe dar acesso, há de ser procurado, então, em *nossa* razão e em *nossa* experiência, e não mais nos sentimentos herdados[62]. Por tal razão, nesse movimento desponta a importância da contínua contradição[63], reconduzida, pela crítica, para o seio da moral[64] e a maior expressão disso é a emergência do papel do indivíduo frente ao grupo.

Ora, Nietzsche vê no cristianismo, pela sua rejeição ao "eu", considerado sempre digno de ódio[65], uma recusa ao indivíduo, debilitando-o e anulando-o para que possa denunciar e enumerar o mal e o hostil, o custoso, luxuoso da antiga forma de existência individual. Só assim, para o cristianismo, pode o homem das ações simpáticas, desinteressadas, de utilidade geral ser considerado o homem moral: o cristianismo cultua a filantropia e busca, com isso, a gestação de uma forma de vida mais econômica, menos perigosa, mais homogênea, mais unitária, o que só se encontra nos grandes corpos e seus membros[66]. A reação ao outro e à sua imprevisibilidade mostra, agora, um espraiamento, tornando-se medo a toda individualidade e originalidade, porque ambas trazem consigo um elemento de instabilidade à ordem estabelecida. Percebe-se, portanto, uma correlação necessária entre, de um lado, negação do outro, da vida individual e do "eu" e, de outro lado, a exigência de homogeneização da vida social. Conseqüentemente, estabelece-se uma contraposição entre, de um lado, o homem livre, individual, amoral, mau, porque imprevisto e imprevisível, e, de outro, o homem tradicional, moral, bom, porque confiável e costumeiro[67]. Ora, Nietzsche vê nessas ações da simpatia pelos demais

55. *A*, 551. **56.** H. Ottman, *op. cit.*, p. 121. No mesmo sentido, E. Fink, *A Filosofia de Nietzsche*, p. 55. **57.** H. Ottman, *op. cit.*, p. 117. **58.** *A*, 33. **59.** *A*, 207. **60.** *A*, 551 e 556. **61.** *A*, 163. **62.** *A*, 35. **63.** *A*, 1. **64.** *A*, "Prefácio", 3 e, especialmente, 4. **65.** *A*, 79. **66.** *A*, 132. **67.** *A*, 9.

um impulso social de pusilanimidade, uma preocupação por tirar da vida toda a periculosidade, expressão deste desejo absoluto de segurança, precisando tornar absoluta a moral: é o caminho para reduzir a humanidade à areia[68].

Vê-se, assim, que o medo do outro ganha um rosto mais definido: o perigo dos perigos é o indivíduo, aquele que se contrapõe à autoridade superior e à massa de submissos a ela. Todo o louvor das ações impessoais de interesse geral expressa esse temor ao individual, vale dizer, temor ao desenvolvimento da razão, da cobiça, do anseio de independência[69] para que não se veja e não se permita ver a amoralidade que rege natureza e história por meio de um ocultamento de suas contradições internas[70].

Para uma tal capacidade de crítica temos mais que compreender. É preciso agora que sejamos capazes de sentir de outro modo[71], um sentimento ligado às nossas experiências e ao nosso conhecimento, pois é pelo sentimento de pecado que o cristianismo nos veda a dúvida: sua defesa à fé é desprovida de razão, exclui toda fundamentação e reflexão sobre sua origem[72], justamente porque nesta, vimos, é a desrazão que reina[73]. Nietzsche procura mostrá-lo ao apontar que os cristãos defendem sua fé sem ter procurado viver alguma vez sem o cristianismo para que pudessem ter o direito de discutir a pergunta se o cristianismo é necessário ou não. Por isso, para ele, até então seu juízo não vale, é desprovido de fundamentação, baseia-se unicamente na fé, e não foi colocado à prova por uma comparação rigorosa com o que há de diverso[74]; ele se baseia todo em um sentimento herdado, decorrente do fato de que o cristianismo, com seu desprezo do mundo, fez da ignorância uma virtude – a inocência cristã –, talvez porque o resultado mais freqüente dessa inocência seja a culpa, o sentimento de culpa e o desespero: os homens inocentes se convertem em vítimas, porque sua ignorância os impede de distinguir entre medida e desmedida e de serem cautelosos consigo mesmos. Onde quer que se precise de experiência, cautela e passos sopesados é onde o inocente se perde[75], ele não se questiona, não é crítico, simplesmente obedece. O cristianismo é, assim, um protesto popular contra a filosofia: ele nega valor à moral como vitória da razão sobre os afetos e condena a racionalidade para que amemos Deus, o temamos e votemos uma fé fanática a ele[76]. Todo bem-estar dissoluto deve ser objeto de desconfiança, só a dor, o sofrimento voluntário, o suplício auto-elegido tem sentido e valor bons[77].

Daí o valor atribuído pelo cristianismo ao altruísmo e à compaixão, que, fundados nessa inocência crítica, não permitem ao homem

68. *A*, 174. **69.** *A*, 173. **70.** *A*, "Prefácio", 2. **71.** *A*, 103. **72.** *A*, 89. **73.** *A*, 1. **74.** *A*, 61 e 90. **75.** *A*, 321. **76.** *A*, 58. **77.** *A*, 18.

dar-se conta da contradição interna neles presente. Se cada um deve odiar seu próprio Eu – esta é a moral cristã em nome do altruísmo –, então não devemos permitir e aceitar que o outro nos ame, seja ele inclusive Deus, já que não nos consideramos dignos de amor por odiarmos, como dito, nosso próprio Eu[78]. Ora, isso mostra que sequer somos capazes de sentir verdadeiramente essa relação com o outro, atendo-nos, apenas, ao sentimento esvaziado de uma virtude. De fato, se sentíssemos o mesmo que os outros sentem por si mesmos – e isso é o que significa compaixão –, deveríamos odiá-los quando também se consideram dignos de ódio[79]: este comungar o ódio nutrido por si (a compaixão pelo sofrimento do próximo) tem como reverso, ainda, a profunda desconfiança de qualquer alegria do próximo[80]. O compadecer, nesse sentido, na medida em que cria realmente padecimento, propaga sofrimento no mundo, e é, em sua essência, prejudicial ao homem[81], e talvez, não por outra razão, conceder compaixão, entre os selvagens, fosse como desprezar o próximo[82]. Em vez de liberarmos a carga que pesa sobre nós, que é o que deveríamos procurar[83], a compaixão tem por efeito acrescer carga à nossa, cobrir ainda mais nosso céu de nuvens, estendendo aos demais mortais o entristecimento que paira sobre nós[84].

Logra-se, com isso, a máxima alienação do homem. O que Nietzsche, em contrapartida, pretende, é que sejamos capazes de nos lançar à aventura de conhecer o mundo, mundo que somos nós mesmos, praticando uma verdadeira reviravolta, pela qual o homem já não há de procurar no exterior os seus objetivos, mas em si , porque a vida já não tem significado antecipadamente dado, tendo se tornado livre, fazendo com que o homem, como aponta Fink, aprenda que viver significa ousar, e a vida, experiência[85]. Como dirá no prefácio à obra, trata-se de um movimento em direção à auto-supressão da moral[86] que passa por um retorno a si, este si que se perdeu ao longo da história. Para tanto, havemos de nos sacrificar ao conhecimento[87], de ter coragem do pensamento[88], rompendo a escravidão que liga a submissão à moral como expressão da própria moralidade[89], pois só então, com a superação desse medo, poderá, como sempre se deu, haver novos avanços da humanidade no campo moral[90].

Ora, uma tal coragem demanda que consideremos de outro modo a imprevisibilidade e originalidade que vemos no outro, em nós mesmos, voltando-nos contra a superficialização da vida moral, o que reclama que possamos lidar com nossas debilidades, reconhecendo-as como leis superiores a nós e tendo tanta energia artística para saber fazer delas a lâmina de nossas virtudes e poder despertar por elas nossa avidez por suas virtudes[91]. Há, assim, um incitamento a que nos

78. *A*, 79. **79.** *A*, 63. **80.** *A*, 80. **81.** *A*, 134. **82.** *A*, 135. **83.** *A*, 137. **84.** *A*, 144. **85.** E. Fink, *op. cit.*, p. 56. **86.** *A*, "Prefácio", 4. **87.** *A*, 501. **88.** *A*, 551. **89.** *A*, 97. **90.** *A*, 5. **91.** *A*, 218.

levantemos uma questão pessoal da verdade, que nos perguntemos o que fazemos e pretendemos com isso ou aquilo[92]; nisso está a coragem exigida ao pensamento, uma coragem de questionar e sobretudo de questionar-se, de pôr à prova o que se vive, percorrendo voluntariamente todas as valorações do passado, bem como seus contrários, para que possamos finalmente ter o direito de passá-las pelo crivo[93].

EGOÍSMO IDEALISTA E A JUSTIÇA INTELECTUAL PRÁTICA

Precisamos nos liberar de tal sentimento compassivo e então poderemos aprender a sentir de outro modo, um modo diferente de se relacionar consigo mesmo, um modo não estreito e pequeno burguês de ver o outro, pautado pelo que nossas ações surtem de conseqüências próximas e mais imediatas nele, e podermos tratá-lo como tratamos a nós mesmos, sem levar em consideração essas conseqüências e sofrimentos imediatos. Isso não implica cair em um individualismo egocêntrico, como deixa claro o autor: nós também temos interesses gerais e o sacrifício do próximo, mediante seu convencimento, em nome de fins mais gerais, ainda que à custa de grande desgosto, de que, prova-nos a história, somos capazes[94], mas que pode, em contrapartida, levar a uma multiplicação positiva da felicidade pela elevação do sentimento geral de poder humano, se nada mais alcançarmos[95].

A estratégia nietzschiana consiste, portanto, numa tentativa, numa hipótese: se pudermos nos desligar da necessidade de compaixão, poderemos pensar um egoísmo idealista[96]; se deixarmos a fé e a moral fundada na tradição, poderemos experimentar e ensaiar; se nos livrarmos da culpa, do castigo e da vingança paralisadoras e aniquiladoras, uma nova inocência ativa e criadora poderá surgir. São essas novas possibilidades que permitirão ao autor entrever um outro modo da moral, uma outra relação com o outro e uma diversa relação com os fins que transcendem o homem; nesse quadro, poder-se-á ter uma distinta reflexão do papel da justiça.

Ora, se o cristianismo nega o Eu, Nietzsche pergunta-se se o passar a amar a nós mesmos não implicará que deixemos de necessitar de Deus[97]; quem sabe, assim, deixaremos de ser mera mercadoria e possamos, para seguir com a referência grega, fazer nossa aposta pessoal[98] e procurarmos encontrar uma concepção de vida pela qual possamos concretizar a nossa mais alta medida de felicidade[99].

92. *A*, 196. **93.** *A*, 61 e 90. **94.** *A*, 601. **95.** *A*, 600. **96.** *A*, 552. **97.** *A*, 79. **98.** *A*, 175. **99.** *A*, 349.

É essa atividade do intelecto bem exercida pela experiência[100] – que é nosso alimento[101] – que nos permite entender o conhecimento como felicidade suprema na atividade[102], uma atividade que é exigida em contraposição ao fracasso e à desgraça que nos são apresentadas como conseqüências da culpa que nos atribuímos e nos é atribuída[103]. Se uma das questões é que nos liberemos da culpa[104], esse sentimento tão marcadamente cristão, devemos nos lançar à ação, a essa atividade ligada ao conhecimento, em busca de sucesso – um sucesso compreendido em meio à ação, e não ao seu cabo[105] – que nos garantirá autoconfiança[106] e amor de si, superando o autodesprezo cristão.

Ora, a defesa dessas experiências implica a valorização da instabilidade que encontramos em nós e uma tal conquista é o que preserva o caráter artístico e a força filosófica do espírito livre aprendendo a pintar as coisas com tons mais suaves, quando a felicidade nos parece inalcançável, justamente para que esse abismo não se mostre tão insuperável[107].

De fato, o que está em jogo para o filósofo é mostrar o quanto a ação ditada pela consciência deliberadora é um dos elementos fundamentais de sustentação da moral cristã fundada na culpa, no pecado, no castigo e na vingança. A consciência deliberadora parte de um falso conhecimento, e Nietzsche procura de fato romper com essa ancestral ilusão de que sabemos como se produz o agir humano[108], enfatizando não haver correspondência entre pensamento e fazer[109], o saber ou a fé mais confiáveis não podem dar a força para a ação, nem a destreza para ela, pois não podem substituir o sutil mecanismo de muitas peças que deve preceder para que algo possa transformar-se em ação com base em uma concepção[110]. Desconhecemos o nosso mundo interior e, por isso, para o autor, todas as nossas ações são elas também essencialmente desconhecidas, embora o contrário tenha sido e seja a crença geral, pautada por um realismo moral[111]: a luta de motivos que se daria na ação, sopesando as conseqüências que poderiam advir de nossas ações, não corresponde àquilo que verdadeiramente se dá em nós. Para Nietzsche, carecemos de uma balança e de seus pesos devido à diversidade qualitativa de todas essas conseqüências possíveis. O que efetivamente ocorre é um jogo de forças, no qual atuam motivos que em parte não conhecemos em absoluto, em parte muito mal e que jamais antes teríamos podido contrapesá-los mutuamente. Provavelmente, supõe o autor, também entre eles se produza uma luta e esta seria a autêntica luta de motivos: algo absolutamente

100. *A*, 550. **101.** *A*, 119. **102.** *A*, 550. **103.** *A*, 78 e 140. **104.** *A*, 202. **105.** *A*, 317. **106.** *A*, 436. **107.** *A*, 561. **108.** *A*, 116. **109.** *A*, 125. **110.** *A*, 22. **111.** *A*, 116.

invisível e inconsciente para nós, de modo que não apenas a batalha em si, como também a vitória, torna-se oculta para nós[112].

O que está em questão é romper com o romantismo da crença de um reino dos fins e da vontade[113], com a confusão entre ativa e passiva que eternamente marca o erro gramatical dos homens: mais do que pensar e procurar saber o que faço ou o que devo fazer, não podemos duvidar de que somos feitos em todo momento[114] e, tal como Perséfone, que, raptada por Hades e procurada por sua mãe, Deméter, tem seu tempo repartido entre o mundo subterrâneo e o dos vivos[115], devemos aprender a jogar com o jogo da necessidade, visitando o submundo dos instintos e o além de toda superfície, como é o mundo do pensamento e da linguagem[116], que constitui um obstáculo múltiplo na prospecção dos instintos interiores[117].

Essa nova possibilidade de sentir funda-se, assim, na honradez de nossa parte para que possamos objetar ao nosso próprio pensamento, reconhecendo que, mais do que ele, há uma verdade ali que importa[118], não uma verdade absoluta e única, mas uma verdade que entranhamos em nossa carne[119], uma verdade vivida cujo valor[120] e grandeza[121] não advêm de ser paga com nosso sangue, mas, sim, da riqueza das experiências vividas, da dificuldade de lidar com elas[122] e da possibilidade de vê-las com um olho espiritual[123].

É essa sabedoria que Nietzsche defende e que nos mostra que, mais do que servir à verdade, uma verdade fria e abstrata, haveremos de consagrar a verdade à vida[124], vida que corre ao lado do conhecimento como um baixo que não quer se harmonizar à melodia e que por isso reclama um olhar a essas profundezas, reclama olho espiritual que o autor relaciona à justiça. Se o que nos eleva é essa possibilidade de agirmos por tentativas e pela riqueza destes ensaios, será pela conjugação de justiça, paixão e frieza[125] em seu tratamento que alcançaremos essa elevação. E é a justiça que conjuga paixão e frieza.

A justiça a que se refere aqui nada tem a ver com a justiça punitiva cristã[126] que se pauta por uma consciência deliberadora. Trata-se, sim, de uma justiça intelectual[127], num paralelismo da ligação da atividade ao conhecimento, uma justiça que nos advém pelo prazer ante os múltiplos e intensos sentimentos que nos chegam quando crianças e que em tudo são opostos à neutralidade da percepção e sua objetividade[128]. Essa justiça tem um sentido prático, portanto, e é esse caráter que a distingue da moral tradicional[129]. Ela reconhece que que os juízos éticos, embora fundados em erros, são motivos para a ação[130]. No entanto, esses juízos são expressão de nosso intelecto, e, para Nietzsche,

112. *A*, 129. **113.** *A*, 130. **114.** *A*, 120. **115.** P. Grimal, *op. cit.*, p. 369. **116.** *A*, 130. **117.** *A*, 115. **118.** *A*, 370. **119.** *A*, 460. **120.** *A*, 493. **121.** *A*, 490. **122.** *A*, 476. **123.** *A*, 198. **124.** *A*, 459. **125.** *A*, 432. **126.** *A*, 78. **127.** *A*, 111. **128.** *A*, 111. **129.** *A*, 168. **130.** *A*, 103.

em todo o processo de luta de motivos, há, em verdade, uma luta de instintos na qual nosso intelecto só se manifesta como cega ferramenta de outro instinto, que é rival daquele que nos atormenta, com sua veemência, de forma que, quando nós cremos nos queixar da veemência de um instinto, no fundo, é um instinto que se queixa de outro; é pois iminente uma luta (*Kampf*), na qual nosso intelecto haverá de tomar parte[131]. Não há, portanto, uma supremacia do intelecto e isso se coaduna com o que vínhamos apontando: o saber só se torna efetivo à medida que segue o sentimento, essa mudança interna que expressa uma outra estruturação das forças que nos constituem.

Assim, contra as determinações prévias do que deve ser a verdade, devemos ter calor e entusiasmo, *i.e.*, a paixão para fazer justiça a cada coisa – e todas as coisas têm pretensões perante nós[132] –, a cada coisa que diz respeito ao pensamento, mas que exige que não façamos da paixão um argumento em favor da verdade[133], *i.e.*, a frieza: a isso se chama ver[134], como o olho espiritual referido que o faz o homem de cultura[135], o homem que se considera como experimento e vê a vida como aventura, a existência cambiante, perigosa, abrasada pelo sol como estímulo dos estímulos[136], justamente porque isso lhe tira do embotamento a que é condenado pela moral fundada na obediência e na tradição. Estamos diante de um homem, portanto, que tem coragem e saúde, que consegue sair do ceticismo moral universal e reaprende a dizer sim[137], que aprende a dotar-se a si mesmo[138] e tudo o que faz vem marcado por um sagrado estado de gravidez pelo qual votamos tudo ao que em nós devém como realização essencial, seja pensamento ou ação: é este algo maior que nós, que cresce em cada um, que nos incita a querer e a criar, com um sentimento de irresponsabilidade que caracteriza o que entende por egoísta idealista e que permite a externalização da felicidade[139], introduzindo beleza no mundo[140].

A possibilidade de considerar a ação de outro modo vem, mais uma vez, da contraposição com os gregos. Para eles, a Moira estava acima dos deuses e dos homens, ela era como um ás sob as nossas mangas, nós, anões, ante os gigantes deuses[141]: há uma necessidade além da autoridade superior, divina, mas há também nossa possibilidade de jogar com ela. Daí a profunda distinção que Nietzsche vê entre gregos e cristãos: se entre os primeiros havia uma disputa entre virtudes a ditar a auto-superação do homem, para os cristãos tudo gira em torno da exibição e ostentação do pecado[142]. Se os primeiros cultivavam a amizade, estes pontuam o autodesprezo. Se a inveja tinha um papel estimulante entre os gregos, é o orgulho que reina entre os cristãos, orgulho que nos faz fechar os olhos aos erros sobre os quais re-

131. *A*, 109. **132.** *A*, 4. **133.** *A*, 543. **134.** *A*, 539. **135.** *A*, 198. **136.** *A*, 240. **137.** *A*, 477. **138.** *A*, 540. **139.** *A*, 356. **140.** *A*, 550. **141.** *A*, 130. **142.** *A*, 29.

pousam nossos sofrimentos e que, para nos consolarmos, leva-nos a afirmar a existência de um mundo da verdade mais profundo que qualquer outro.

AÇÃO DIVERGENTE E A SUPERAÇÃO DO MEDO: O INDIVÍDUO E O OUTRO

Para Nietzsche, a revalorização do indivíduo, dessas forças internas, implica a necessidade de sermos capazes de devolver aos homens o bom ânimo para as ações difamadas como egoístas e restabelecer o valor delas e, com isso, de roubar-lhes a má consciência[143]. Sua hipótese é: se aumentarmos a compreensão das origens, como a teia de nosso caráter instintivo, mostramos a insignificância da própria origem[144] que preside o juízo da moral tradicional. Se até hoje só se podia procurar a beleza na bondade moral, sendo proibido gozar dos homens maus como de uma paisagem selvagem, agora muitas espécies de felicidade e de beleza ainda poderão ser descobertas nos maus[145]. O objetivo é ainda o mesmo: só o fato de tirar a má aparência das ações e da vida já implica um resultado muito elevado, pois quando o homem deixa de se considerar mau ele efetivamente deixa de sê-lo[146].

Ora, quem era o primeiro a sentir má consciência, o primeiro a ser considerado mau? O indivíduo, todos os espíritos mais raros, mais seletos, mais originais, estes eram considerados sempre como os malvados e perigosos, inclusive passavam a se perceber a si mesmos como tais. Sob o domínio da ética do costume, sobre toda espécie de originalidade recaiu a má consciência[147]. É essa ação individual e a possibilidade de experimentos e ensaios, de originalidade e de novas possibilidades de ação que Nietzsche se volta nesse louvor ao resgate das ações egoístas e tidas como más.

Mas como pensar a possibilidade de ação ante a afirmação da irrealidade da ação deliberadora, como se as conseqüências estivessem em nossas mãos? Aí se encontra, novamente o papel da mudança no modo de sentir, um prenúncio ao caráter interpretativo de nossa ação. Nos termos em que se expressa nessa fase, Nietzsche sustenta que, embora não sejamos capazes de experimentar o motivo que em verdade vence a cada luta, experimentamos o que fazemos[148]. Por isso, não devemos considerar a vida como mera fatalidade, pois estamos inseridos num jogo de forças, esse jogo de Perséfone, cabendo-nos a eleição, senão da ação e de nosso destino, pelo menos de seu entorno[149]. Por isso que, se a própria racionalidade é fruto do acaso[150], ela também é, como todo acaso, invento[151], vale dizer, uma criação inter-

143. *A*, 148. **144.** *A*, 44. **145.** *A*, 468. **146.** *A*, 148. **147.** *A*, 9. **148.** *A*, 129. **149.** *A*, 364. **150.** *A*, 123. **151.** *A*, 363.

pretativa e, nisso, podemos ser co-determinantes de nosso destino[152]. Esta eleição do entorno, então, é expressão de uma modificação paulatina, em pequenas doses, que vão ditando a alteração de nosso estado moral e que nos levam a uma nova natureza[153], sem que pretendamos, com isso, alcançar qualquer verdadeira natureza ou uma natureza final; daí a oposição de Nietzsche às revoluções[154], que não levam em consideração esse contínuo criar-se a si mesmo.

Essas pequenas ações divergentes são, para o filósofo, as mais valiosas[155], elas expressam essa distinção rara e elevada de poder mudar de opiniões[156], de mudar para que não morramos[157], para que nossas verdades não se tornem enfadonhas e possamos nos sentir estimulados a seguir lutando por cada uma delas[158], à medida em que se apresentem a nós. Ora, a morte é esse cansaço e paralisia vitais que se dão quando passamos a antecipar o que é e será, como se estivesse em nossas mãos defini-lo e que impede o regozijo com os acontecimentos e com a ação[159]. Se pudermos reconhecer que o ápice do ato criador e do prazer está no momento da ação, e que nesse momento nos subtraímos a estes julgamentos da vida e da existência que nos vêm em meio ao cansaço ante uma obra já acabada e finda[160], então podemos considerar a moral e seu valor positivamente em sua transformação e trabalho contínuos[161].

Nesse quadro, o outro, outrora tão temido, ganha uma cor toda distinta que sequer a humanidade antiga chegou a sonhar[162]. Estamos, assim, num ponto diametralmente oposto daquele em que no início nos encontrávamos. Se o medo que sentíamos era do outro, das ações individuais e imprevistas, e precisávamos, em contrapartida, de segurança, de uma autoridade superior que nos ditasse os limites precisos em que a vida poderia se manter e se preservar, agora, porque a própria busca transformou-se, podemos nos voltar, de modo distinto, ao outro.

O que haveremos de procurar é não mais tal onipotência da verdade, garantidora da segurança, ao preço da mais absoluta submissão e apagamento de si, mas, sim, o grande poder[163], esse mesmo poder que nos aparta do medo porque nos abre ao prazer da experimentação e da invenção. Ora, esse poder está intimamente relacionado à causa prazerosa da resolução para a ação que, para Nietzsche, tal como se dava para os antigos, funda-se no sentimento vivido advindo de uma decisão que se dava, não pelo mais racional, mas, sim, por um projeto vital diante do qual a alma se confortava e se enchia de esperança. A boa disposição de ânimo se colocava como argumento[164], mas que, como todo argumento, quer se abrir à contraposição, ao contra-argumento, ao confronto e alternância de poder, num verdadeiro jogo em que se dialogam inventos experimen-

152. H. Ottman, *op. cit.*, p. 153. **153.** *A*, 534. **154.** *A*, 163. **155.** *A*, 149. **156.** *A*, 56. **157.** *A*, 573. **158.** *A*, 507. **159.** *A*, 254. **160.** *A*, 317. **161.** *A*, 98. **162.** *A*, 44. **163.** *A*, 507. **164.** *A*, 28.

tais de vida, um jogo marcado pelo prazer, porque todo contendor compreende ser também agradável, mesmo a quem mais ardentemente aspira ao poder, sentir-se dominado: isso o torna livre, recuperado, frio e o faz aspirar incansavelmente ao seu contrário, ao poder[165].

Trata-se, portanto, de um poder que não se funda no poder de subjugação, do que Nietzsche dá várias mostras[166]. Ele se funda, pelo contrário, numa busca pautada pela lealdade em relação a nós e aos amigos, pela coragem ante o inimigo, mas com generosidade ante o vencido e, sempre, pela amabilidade[167]. Esse poder mostra-se, portanto, como autoridade daquele que, ao enfrentar o inimigo, mantém-se na obscuridade e renúncia[168], sabendo elevar, sem querer, o adversário à altura de um ideal, libertando-o de suas contradições, de toda mácula e acaso, para só quando ele estiver com a arma brilhante sair à luta[169]. E como em tal luta podemos defender nossa causa, e temos consciência disso, tornamo-nos conciliadores com o inimigo[170].

A relação com o outro não pode, portanto, prescindir da felicidade individual que marca toda busca, uma felicidade particular e incomparável que deve se alcançar, que não é nem superior nem inferior, mas uma felicidade peculiar, presente em todas as etapas do desenvolvimento. Por isso, ao indivíduo, sempre que queira sua felicidade, não deve interpor-se-lhe nenhuma norma no caminho da felicidade a reger essas contraposições, pois a felicidade individual mana de leis próprias, desconhecidas aos demais[171] e, por conseguinte, querermos nos pautar por regras que se coloquem acima de nós é nos tornarmos levianos e apartar-nos de nossos fins[172]. Nisso, mais uma vez, os antigos, e sobretudo Tucídides e os sofistas, podem ser invocados como um paradigma: eles nutrem a mais ampla e despreocupada alegria por todo típico do homem e reconhecem que cada tipo tem um quanto de boa razão, de algo grande, em cada coisa e pessoa, que tratam de descobrir[173]. O brilho – este mesmo brilho que nos vem por um outro olhar –, o brilho alcançado vem ditado pela maior estima que esse povo e essa época, como qualquer povo e época, concedem, em direitos e preponderância, aos indivíduos: suas ações se tornam mais ousadas, alarga-se a honestidade, a autenticidade no bem e mal sobre todos os tempos e povos e mesmo depois de seu declínio brilharão[174].

Esse jogo haverá de ser, assim, uma relação de afirmações individuais em contraposição. Se ele não se pauta por regras únicas, com uma autoridade superior, Nietzsche deixa claro que isso não implica prescindir de um dever e de uma lei sobre nós, embora não no sentido antigo, regida pelos velhos ideais[175], mas, sim, com essa consideração da necessidade da própria confrontação, com a autoridade e sabedoria

165. *A*, 271. **166.** *A*, 447, 449 e 510, por exemplo. **167.** *A*, 556. **168.** *A*, 449. **169.** *A*, 431. **170.** *A*, 416. **171.** *A*, 108. **172.** *A*, 322. **173.** *A*, 168. **174.** *A*, 529. **175.** *A*, "Prefácio", 4.

indicadas, o que afasta qualquer consideração de "amoralidade" em seu pensamento, tanto assim que o filósofo sustenta que muitas ações que se chamam não-éticas devem ser evitadas e combatidas, como muitas das que se dizem éticas devem ser feitas e fomentadas, mas por razões distintas das que vêm sendo seguidas[176]. Precisamos, então, avançar nessa caracterização da relação com o outro.

Creio que é em torno da justiça, uma justiça considerada sob outro prisma, diverso daquele velho ideal, mas como intelectual e prática, fundada na experiência e na multiplicidade, que poderemos pensar essa moralidade por razões distintas das antigas.

A JUSTIÇA E A MORAL DO AGRADO: O PAPEL DA LUTA

Nietzsche entende haver uma lei individual, como individual a felicidade que mana de leis próprias[177]. A essa lei nos inclinamos e apenas a ela, porque fomos nós, cada um de nós, que a ditamos em seus grandes traços[178], porque, pela soma de experiências, de exercício, de apropriação e assimilação aprendemos a nos dotar a nós mesmos[179], seguindo uma filosofia baseada num instinto de regime pessoal, alimentado por nossas experiências vividas[180], como a transcrição, em termos racionais, de todas as coisas que são mais precisamente de nosso gosto e que mais nos fazem bem[181]. Quem agora se possui verdadeiramente e se conquistou considera como um privilégio seu punir-se, apiedar-se de si, compadecer-se de si e não precisa conceder isso a ninguém[182]. Se não cumpre sua lei, denuncia-se a si mesmo, impõe-se publicamente sua pena, com sentimento de orgulho de honrar a lei que ele mesmo fez, de que exerce poder de legislador e de castigar-se[183].

Isso bem se mostra quando afirma que, embora lutemos por essa lei individual, o que nos garante também uma felicidade individual, reconhecemos que não há um fim reconhecido que se possa exigir à humanidade como um todo como dever. E, porque não há, o que podemos fazer em nossas lutas diante do outro é, no máximo, recomendar um fim: se calhar de ser do agrado do outro, então sim poderia ser aceito. Devemos, então, pensar a moral como uma moral desse agrado, uma moral que aceitamos porque nos convém, porque vem ao encontro de nossa inclinação e que por isso nós a damos a nós mesmos[184].

Nossa relação com o outro está marcada por uma relação antagônica de poder, mas é uma relação multifacetada ela também. Um primeiro aspecto é sabermos que o direito dos outros é a concessão de nosso sentimento de poder ao sentimento de poder dos outros e vice-versa: meus direitos são aquela parte de meu poder que não só me concederam

176. *A*, 103. **177.** *A*, 108. **178.** *A*, 187. **179.** *A*, 540. **180.** *A*, 119. **181.** *A*, 553. **182.** *A*, 437. **183.** *A*, 187. **184.** *A*, 108.

os outros como também que quer me manter. São graus de poder reconhecidos e garantidos; por isso, quando as relações de poder variam substancialmente, os direitos prescrevem e se formam outros novos: há uma relação de contínuo expirar e surgir, num movimento próximo ao descrito por Heráclito. Por tal razão, o homem eqüitativo precisa constantemente de fino tato de uma balança para os graus de poder e de direito que, dada a natureza passageira das coisas humanas, só manterão o equilíbrio por uns instantes e quase sempre declinarão ou ascenderão[185]. Temos então aqui uma tensão contínua de mensuração de poder.

Ora, esse equilíbrio é o que vem ditando a caracterização por Nietzsche da justiça, uma justiça tal como praticada pelos gregos, de um relevo tal que equivaleria à santidade para os cristãos. Trata-se, de fato, de um equilíbrio fundado no antagonismo da alma e não na esperança cristã[186], um antagonismo que precisava ser incitado à ação e à afirmação e superação de si, um incitamento a querer mais e a aspirar ao poder[187] ditado pela boa Eris. Era esse mútuo movimento, esse antagonismo, que os mantinha em igualdade[188] e em equilíbrio. A dificuldade e o peso desse equilíbrio provêm justamente de não ser ele rígido, mas, sim, pelo contrário, construído e reconstruído, ele é, sobretudo, marcado por esse mesmo movimento de ascensão e queda[189] e que representa o próprio movimento de luta dos instintos[190] e dos contrários. É esse movimento que rompe o embrutecimento e a morte e que nos incita a mudar, a mudar de opinião e de modo de viver, que faz tender o homem à sua evolução e assim também se dá com a humanidade; é isso que a leva à depuração e a uma melhor estruturação, pois toda a força que emergiu antes na luta das qualidades dissonantes estará agora à disposição de todo o organismo[191], que vai se estruturando, artisticamente, no lidar com suas fraquezas e suas forças. Em nome dessa necessidade de estruturação também desempenha a justiça papel fundamental na medida em que, para podermos considerar a pretensão que todas essas facetas têm perante nós, haveremos de não querer ver o mundo mais desarmônico do que é[192], haveremos de procurar estabelecer esses equilíbrios, essas estruturações, que permitem a afirmação.

Nossa relação com o outro, embora antagônica, é fundamental ao nosso próprio dinamismo vital, à nossa própria abertura à transformação, à evolução e superação. Sem o antagonismo, não há aposta pessoal a ser lançada, não há questionamento possível das razões que nos colocamos; sem antagonismo, não há a possibilidade de afirmação de interesses que nos transcendem, de interesses gerais que nós também possuímos[193] e que devemos apresentar ao outro, a fim de que verifique se é de seu agrado.

185. *A*, 112. **186.** *A*, 38. **187.** *A*, 271. **188.** *A*, 199. **189.** *A*, 112. **190.** *A*, 109. **191.** *A*, 272. **192.** *A*, 4. **193.** *A*, 146.

Podemos então ver nesse dever de luta antagônica por verdades fundadas em nosso conhecimento, fundadas em nossas experiências e que expressam interesses gerais, mas que não são necessariamente os interesses dos outros, o eixo de estruturação dessa justiça prática e intelectual indicada por Nietzsche. Trata-se de um dever situado acima de nós, porque sem ele, sem essa luta fundada na lealdade para consigo, na coragem, generosidade e amabilidade, morremos. Sua luta, a luta de Nietzsche, é que, por mais custosa que possa ser essa transformação, com o abandono da moral compassiva e altruísta em nome desta, fundada em um egoísmo idealista, consigamos transformar tal dever em prazerosa inclinação e em necessidade, e, então, os direitos dos outros que se relacionam com nossos deveres se tornam algo diferente: tornam-se ocasião de sensações agradáveis para conosco. Temos aqui o outro aspecto da luta antagônica: a relação de amor e morte, que mostra o quanto Nietzsche segue ainda sendo tributário também de Empédocles. Em virtude de seus direitos, o outro se torna digno de amor[194], um amor distinto, é certo, que deixa marcada a distância que o separa, a liberdade que o constitui[195], porque sabe, agora, que, se desaprendermos a amar os outros, não encontraremos mais nada de amável em nós mesmos[196]; aos outros devemos a incitação à vida, à luta por nossa vida e por nossa felicidade. É nesse sentido que se pode falar, parece-nos, de uma multiplicação positiva da felicidade[197], que permite a luta conjunta por felicidades várias individuais com um dever recíproco de respeito ao inimigo como aquele que, por seu contra-exemplo, chama-nos à vida, chama-nos à luta, uma luta por nossa superação e que, assim, estimula a superação da própria humanidade. Num tal quadro, podemos nos alegrar com o próximo, mais do que sofrer por ele[198], podemos edificar com o infortúnio dos homens, em vez de ser infelizes por eles[199]. Justifica-se, então, que queiramos exigir que um tal dever de luta se converta em hábito e costume, e não que, como todo dever cristão e em especial o dever kantiano, seja sempre uma carga, manifestação de uma crueldade ascética[200].

É essa consciência do poder – e não só do medo – que fomenta a aparência da sensação de poder e, conseqüentemente, dá a sensação real de poder, formando-se uma cultura que Nietzsche chama de aristocrática porque fundada na liberação e educação de si, voltada à emancipação individual e que, por isso, tem como tarefa democrática essa desmistificação do Estado[201] e da moralidade sobre a qual se estrutura. Baseada nesse sentimento de superioridade – e de superioridade face ao medo –, pode subir um grau e entrar na ordem do conhecimento e consagrar-se a uma ordem intelectual superior: esse é o ideal de uma sabedoria vitoriosa a que Nietzsche se dedica[202].

194. *A*, 339. **195.** *A*, 471. **196.** *A*, 401. **197.** *A*, 146. **198.** *A*, 80. **199.** *A*, 144. **200.** *A*, 339. **201.** H. Ottman, *op. cit.*, pp. 124-125. **202.** *A*, 201.

4. A Gaia Justiça

Em *A Gaia Ciência*, Nietzsche mantém-se na mesma esteira de pensar esta tentativa, esta procura e esta ambigüidade, às quais liga, em continuidade ao que entendia como moral de agrado, uma questão de bom gosto[1], porque voltadas à afirmação de si[2]. Essa experimentação passa, como delineará posteriormente, por uma interrogação de si, uma tentação de si, por um olhar refinado por tudo que foi filosofia até agora, por uma exegese do corpo[3] por aquilo que somos afetados por esses modos de pensar. Temos, então, as indicações determinantes da mudança de foco nessa obra pelo aprofundamento daquilo que era meramente indicado na anterior: agora o palco de experimentação centra-se mais em si, na maneira de raciocinar, de apreciar os valores, a tudo o que dá cor à existência[4], porque percebe ser esse si (*das Selbst*[5]) o que mais difícil há de reconhecer e de conhecer, embora paradoxalmente seja tido o mundo interior como o mais conhecido. Isso ocorre porque o temor que nos leva a conhecer faz com que reconduzamos tudo o que se nos apresenta como estranho e inquietante a algo conhecido, ou seja, o si é o palco onde se dá essa apropriação niveladora ao que há de habitual e conhecido. Seu desafio, então, é de considerar enquanto problema, como longínquo, situado fora de nós, justamente esse habitual e conhecido; nosso suposto mundo mais se-

1. *GC*, 77. **2.** *GC*, 290. **3.** *GC*, "Prefácio", 2. **4.** *GC*, 7. **5.** O pronome *selb*, quando substantivado como *Selbst*, denota aquilo que é próprio a si, como o *self* inglês. Por isso utilizaremos o termo para designar o si.

guro, mais conhecido, nosso mundo interior, torna-se, assim, objeto de suas investigações[6].

Trata-se de questão fundamental para nosso tema, pois as reflexões de Nietzsche sobre a justiça nessa obra voltam-se precisamente para este repensar o si, sua possibilidade de afirmação num quadro de dissolução da moral européia[7].

Ora, este mundo habitual e conhecido a que pretendemos reconduzir tudo o que há de inquietante e estranho constitui a eticidade dos costumes, e é a solidez dos julgamentos de valor a partir dela formados, sem que atentemos à sua pré-história, à pré-história dos impulsos, dos pendores, das repulsas, das experiências e da falta de experiência, que nos faz tomar algo como *justo*, embora tal sentimento pudesse ser expressão e prova de miséria pessoal, de impessoalidade, de teimosia ou incapacidade de conceber novos ideais[8].

Vemos, portanto, desde já, três importantes referências à questão da justiça: primeiro, a justiça ligada a um sentimento, o sentimento do justo; segundo, a relevância da pessoalidade de um tal sentimento – o que, veremos, está ligado à questão do gosto –; e, terceiro, a necessidade de proximidade de si para se chegar a tal sentimento, uma proximidade que revela um maior conhecimento de si, sem que isso implique a imposição de seus julgamentos de valor a terceiros. Temos à frente, portanto, o desafio de um conhecimento de si, de uma maior aproximação a si, sem que isso implique a redução ao que há de tradicional e conhecido.

O SENTIMENTO DO JUSTO: DA HOMOGENEIZAÇÃO AO GOSTO DE SER SI MESMO

Para o autor, o caráter do conjunto do universo é de um caos em razão da ausência de ordem, de articulação, de forma, de beleza, de sabedoria e outras categorias estéticas humanas[9]. No entanto, a humanidade precisou erigir-se sobre um fundo comum que estabelecia coisas duráveis e idênticas, equiparando sua essência à aparência. Daqui surgem os hábitos que darão o sentimento de justo, ligado à verdade. Sua força reside apenas em seu grau de assimilação e em seu caráter de condição de vida, e, por mais errôneo que fosse um tal julgamento, em critério para ditar o verdadeiro e o falso[10] a ponto de seus irrefutáveis erros se converterem em verdade[11]. Pela necessidade de comunicação que se estabelece entre os homens para enfrentamento dos perigos comuns, homogeneiza-se o modo de percepção do mundo, forma-se a consciência em sua ligação com a linguagem, dando-se lugar à natureza comuni-

6. *GC*, 355. **7.** *GC*, 343. **8.** *GC*, 335. **9.** *GC*, 109. **10.** *GC*, 51. **11.** *GC*, 265.

tária e gregária do homem[12]. Temos uma igualdade de valoração do mundo que dita os termos da ação: como sujeitos conscientes, capazes de deliberação e de adequação da vontade aos valores estabelecidos. A moral que se estrutura tem caráter incondicional, prediz algum imperativo categórico[13], supostamente racional, mas cuja força repousa apenas em estar fundada no consenso, no fato de que, por ser esposada pela maioria, já não pode ser refutada[14], assomando à condição de verdade.

Chega, contudo, um momento em que se torna possível discutir o grau de utilidade maior ou menor para a vida de proposições contraditórias, ou ainda de outras que, sem serem úteis, não lhe eram prejudiciais; temos o momento do desenvolvimento mais sutil justamente da probidade e de um ceticismo[15]. Esse momento desponta com a emergência de uma contraditória demanda a que nos vemos expostos com o desenvolvimento da consciência, essa invenção humana, o que leva Nietzsche a voltar a ela seu foco de problematização[16]. De fato, se é nessa oposição contra o que é habitual, nessa busca proba por estabelecer o caráter errôneo de todas as razões, das maneiras de raciocinar e dos valores[17] que a pessoalidade poderá emergir, então é no que caracteriza por essência o pensador, senhor de suas ações, que temos o palco onde se trava tal combate[18].

Esse momento é ditado pela demanda ao homem por uma cada vez maior consciência aguda de si para que possa deliberar, querer e agir. Há, contudo, um obstáculo: se nossos atos são únicos, individuais, ao retraduzi-los para a consciência, eles deixam de parecê-lo, pois temos de reconduzi-los à superficialidade, generalidade e vulgaridade próprias a um mundo gregário que precisa de homogeneização para comunicar-se[19]. O homem se dá conta de ser necessária, sempre, uma apropriação e retradução desse fundo comum, assim como de toda história, tanto por si, enquanto indivíduo, como pela cultura[20]. O perspectivismo consiste justamente nessa retradução na consciência gregária do que é único e individual[21]. É com o advento desse perspectivismo que temos a emergência do ceticismo e da probidade que porão em xeque a moral incondicional, para emergirem morais de esclarecimento e de ceticismo[22], de um ceticismo, deixe-se claro de antemão, voltado à tentativa, cujo limite do sentido de verdade repousa na admissibilidade da experiência[23]. A multiplicidade decorrente dessa percepção coloca em evidência a diversidade de avaliações contra a solidez do pensamento moral até então vigente. É essa diversidade que marca a modernidade, que representa o gosto de ser si mesmo, avaliar a si mesmo de acordo com seus próprios pesos e medidas[24].

12. *GC*, 354. **13.** *GC*, 5. **14.** *GC*, 260. **15.** *GC*, 51. **16.** *GC*, 11. **17.** *GC*, 7. **18.** *GC*, 110. **19.** *GC*, 354. **20.** *GC*, 83 e 34. **21.** *GC*, 354. **22.** *GC*, 5. **23.** *GC*, 51. **24.** *GC*, 117.

Probidade e ceticismo, portanto, são as condições que nos abrem à possibilidade do jogo, de um jogo intelectual, a ponto da luta intelectual se tornar, pouco a pouco, ocupação, e o conhecimento, parte da vida, e, como tal, uma potência crescente sem cessar. Todos os maus instintos, a crença, a convicção, o exame, a negação, a desconfiança são colocados a serviço do conhecimento como sua potência[25], uma potência que se expressa justamente pelo estado de diferenciação múltipla e pela libertação dos grosseiros instintos gregários como também da eticidade dos costumes. Assoma a percepção de que a velha animalidade e todo ser sensível ainda poetava em cada um de nós, tomamos consciência de que apenas sonhávamos e que a aparência é essa realidade agente e viva que, em seu modo de ser irônica, com relação a ela mesma, vai até onde nos faz sentir que não há nada senão aparência[26], e que somos nós, enfim, que criamos o mundo que concerne ao homem, e que tanto o homem como o mundo são uma interpretação nossa, e uma dentre várias, a partir do ângulo em que nos colocamos e da perspectiva que os consideramos. É a probidade que nos abre, portanto, à possibilidade de retomada dessa capacidade inventiva própria ao homem, e, conseqüentemente, à tentativa e à experimentação de um cada vez mais sutil e alargado ceticismo.

A PESSOALIDADE DO JULGAMENTO E A PROBLEMATIZAÇÃO DE SI

Rompida a uniformidade do sentimento de justo, o desafio que se coloca é de pessoalidade dos julgamentos e de interligação entre vida e pensamento[27]. Temos então de nos perguntar se os hábitos de todos os dias, estes que nos são o sentimento de justo, são o produto de inumeráveis pequenas covardias e preguiças que não os expõem à interrogação e ao questionamento, ou se são produto da coragem e da inventiva razão[28], se são herança ainda dessa condição massificada ou se fruto, já, de nossa avaliação.

Se a moral se define com base nas necessidades de uma comunidade e de uma massa gregária, seu critério supremo de valor é o que se mostra proveitoso para essa massa, tornando-se o indivíduo mera função dela e seu instrumento[29]: essa é a exigência da moral incondicional. A moralidade é portanto o instinto gregário no indivíduo[30] e, como tal, impeditiva dessa pessoalidade. O desafio da pessoalidade envolve, portanto, a necessidade de tornar o Si palco de escrutações, *i.e.*, tornar o habitual e a moralidade, naquilo que nos constitui, objeto de problematização, saindo do lugar seguro que nos reserva a boa

25. *GC*, 110. **26.** *GC*, 54. **27.** *GC*, 276. **28.** *GC*, 308. **29.** *GC*, 296. **30.** *GC*, 116.

reputação. É a isso que as morais de esclarecimento e de ceticismo nos abrem, ao conhecimento de si, um conhecimento pessoal e problematizante de si.

Uma história crítica dos julgamentos morais visa, portanto, fazer despontar o caráter errôneo[31] da moral, dissociar a vida da verdade, mostrando o quanto a verdade repousa na moral, numa vontade de verdade que permanece inquestionada por ser, no fundo, expressão de uma longa prudência, de uma cautela e de uma utilidade, que não passam de expressão daquele medo que toma como maior vantagem ser um confiante incondicionado do que um desconfiado incondicionado, que não quer enganar para não ser enganado[32]. Se caem por terra as crenças sobre as quais se sustentam nossos julgamentos sobre nossa capacidade de agir[33], nossa ilusão quanto à causa do modo de agir[34], é preciso investir nessa distância da moral, assumir uma postura de viajante, para ganharmos liberdade com relação a todos os julgamentos de valor imperativos que entraram em nosso sangue, a fim de que nossos pensamentos sobre os preconceitos morais não sejam eles também preconceitos.

A alternativa que se coloca ao homem é, portanto, de manter-se rodeado de espantalhos, pautando sua vida por julgamentos de valor homogeneizados e desvinculados de sua condição de vida, ou procurar afirmar-se, ainda que sob o risco de fragilização por questionar a tradição, saindo do lugar seguro do hábito e, ao abrir-se à solidão da crítica, enfrentar o que é insólito e que contradiz a voz corrente[35]. O desafio é de uma busca por fidelidade a si mesmo[36], ao que temos de autêntico e original em nós mesmos[37]. Assim, só o predestinado ao conhecimento[38], aquele que não se furta ao caráter ambíguo da existência[39], que busca a si, em sua liberdade e inocência, sem temor[40], e que portanto é dotado de coragem, heroísmo e virilidade para guerrear pelo amor do conhecimento e de suas conseqüências, poderá se abrir a tal questionamento de si, à procura da filosofia de sua pessoa (*Philosophie seiner Person*)[41], daquilo que deve ser superado[42].

Superar-se, esse é o desafio, portanto o contrário do conservar-se. O que deve ser superado é o caráter gregário da moral incondicional, da doutrina do homem normal único[43]: elevar-se é sair dessa condição[44], rígida, que nos submete a uma vergonhosa servidão[45], que remete-nos ao fastio[46], o fastio da eticidade dos costumes, acabrunhador do homem, porque mata a promessa e a fome e sede de si mesmo para se encontrar saciedade e abundância[47]. Centrar a existência na conservação da espécie é, portanto, para o autor, um contra-senso,

31. *GC*, 7. **32.** *GC*, 344. **33.** *GC*, 44. **34.** *GC*, 360. **35.** *GC*, 25. **36.** *GC*, "Brincadeiras...", 7. **37.** *GC*, 99. **38.** *GC*, 25. **39.** *GC*, 377. **40.** *GC*, 99. **41.** *GC*, "Prefácio", 2. **42.** *GC*, 283. **43.** *GC*, 143. **44.** *GC*, 128. **45.** *GC*, 99. **46.** *GC*, 292. **47.** *GC*, 300.

pois implica aniquilar-se, implica tomar o que é exceção, a luta pela existência, como regra, quando a vida, pelo contrário, afirma-se ao querer se superar. Contra a estabilidade e o desejo de segurança, sinais de fraqueza[48], Nietzsche louva a vontade que quer abundância, crescimento, expansão, poder, vida[49] e que dá o sinal distintivo da soberania e da força, que se sabe capaz do comando[50], mas também, em razão de seu ceticismo e da pluralidade de morais com que se confronta, de obediência, desde que em jogo esteja nossa própria causa[51]. É preciso, portanto, lançar novamente o apelo da promessa, o apelo à busca e à experimentação.

Para tanto é necessário leveza, desligamento, força para superar sua época em si mesmo, extemporaneidade[52], solidão e imersão nas nuanças para que possamos nos perder de vista, por longo tempo mesmo, para que possamos aprender algo daquilo que não somos, para que possamos nos livrar de uma moral fundada na dominação de si[53], e, assim, situar-nos além da moral, pois só então nossas próprias vivências poderão emergir e se tornar objeto de nossas investigações, com rigor científico. Temos então a probidade reclamada[54], que nos abre a um Sim mais forte escondido[55], uma probidade ligada à liberdade e generosidade meridionais, próprias à antigüidade, e fundada num conhecimento e experiência do homem, como um ser nuançado[56].

Não está em questão apartar o homem da cultura. Nietzsche já nos advertia de que não há outras experiências vividas senão as morais[57]. Trata-se, sim, de pensarmos em que se fundam as interpretações que dão o valor a maneiras de viver. Esse é o foco de preocupação do filósofo, e suas indagações acerca da justiça, e de uma justiça fundada na pessoalidade e no conhecimento problematizante de si, centram-se nessa constatação de ser sempre em torno desses gêneros de vida e desses modos de vida que se luta e que se sacrifica a própria vida[58].

Ora, esses gêneros de vida formam-se, eles também, por um considerar perspectivo da história: centrados no presente, procuramos apropriar-nos do passado em vista do porvir e isso, embora revele que não possamos sair de nosso ângulo, mostra não uma limitação, mas uma capacidade de experimentar a história dos homens como a própria história, em imensa generalização, assumindo o que é antigo e novo, tudo em uma só alma, condensado em um só sentimento, como herdeiros de toda a nobreza de espírito do passado e primogênitos de uma aristocracia nova[59]. Nesse sentido, os indivíduos se apresentam como os portadores das sementes do futuro, como os instigadores da colonização espiritual e da formação de novos órgãos do Estado e da sociedade, uma vez apartados do gregário[60]. O sinal distintivo da superioridade

48. *GC*, 347. **49.** *GC*, 349. **50.** *GC*, 347. **51.** *GC*, 283. **52.** *GC*, 380. **53.** *GC*, 305. **54.** *GC*, 319. **55.** *GC*, 377. **56.** *GC*, 358. **57.** *GC*, 114. **58.** *GC*, 353. **59.** *GC*, 337. **60.** *GC*, 23.

da cultura revela-se, então, pela existência de várias naturezas potentes e ávidas de domínio que só são capazes de exercer uma ação sectária e limitada, tanto no domínio político, como no da arte e do conhecimento[61]. Compreende-se, assim, que a pessoalidade não se volte a um individualismo, mas que expresse, pelo contrário, um sentimento de humanidade do porvir[62].

A sutileza e probidade cética abrem-nos agora uma infinidade de interpretações possíveis com caráter perspectivístico da existência[63]: estamos à frente de um inescrupuloso *politropoi*, dos muitos modos de pensar que regem a vida[64]. Ora, se tudo o que existe não passa de interpretação humana, de criação estética do homem, iluminando de valor uma certa maneira de viver[65], é essa força de criação dessas interpretações que emerge da crítica e que mostra o quanto essa pessoalidade perspectiva, que se expressa enquanto sentimento da humanidade, revela-se pela possibilidade de emergência de tal criação novamente. Portanto, do que se trata é de redescobrir essa força, nossa melhor força[66], a força de criar, em toda sua multiplicidade, uma vez rompida a normatividade cujo peso e força advêm apenas da nomeação e da tradição[67], da antigüidade e assimilação, de seu caráter de condição de vida[68], impondo-nos a normatividade de uma saúde única, de uma saúde em si, normal, pautada pelo dogma da igualdade dos homens[69], de uma interpretação única do mundo, agora considerada como grosseria e idiotismo[70]. É contra isso então que nos apela a pessoalidade e o conhecimento de si: a criação de um modo singular de viver[71].

A PROXIMIDADE DE SI: MULTIPLICIDADE E INTEIREZA

Essa vontade de criar, essa necessidade de força da vontade criadora[72], mais do que uma busca[73], é o que nos falta e nos falta pensar: repugnamos a dor inerente a toda criação, a toda rica experiência de si que marca e diferencia todo homem e toda época[74], uma dor a que nos expomos sempre que ousamos e ponderamos[75], sempre que vivemos, no sentido rico do termo, voltados à busca dessa singularidade que o autor liga à diferenciação múltipla e que marca a superioridade de um povo por romper com a escravidão[76]. Se o fazemos, é porque descobrimos, então, estarmos nós também imersos nesse multifacetamento dissolvente de toda identidade, tornando-nos mais frágeis e quebradiços[77]. Descobrimo-nos um *quantum* de forças, instintos em luta inte-

61. *GC*, 149. **62.** *GC*, 337. **63.** *GC*, 374. **64.** *GC*, 344. **65.** *GC*, 353. **66.** *GC*, 301. **67.** *GC*, 58. **68.** *GC*, 110. **69.** *GC*, 120. **70.** *GC*, 373. **71.** *GC*, 39 e 55. **72.** *GC*, 347. **73.** *GC*, 320. **74.** *GC*, 48. **75.** *GC*, "Brincadeiras...", 20. **76.** *GC*, 149. **77.** *GC*, 154.

rior[78], um *continuum*[79], como expressão da pluralidade maravilhosa da existência que nos é descortinada sempre que nos lançamos ao questionamento, quando ousamos permanecer no seio da incerteza e estremecer de desejo pela pergunta[80].

Se na dor reside o medo de si mesmo, nela está também a marca de nossa liberdade: nossos pensamentos são paridos todos do fundo de nossas dores, uma dor marcada pela distância daquilo que veneramos, mas também uma dor que apela à nossa singularidade, porque faz com que nos voltemos à nossa finalidade, ao nosso horizonte, às nossas forças, impulsos, erros, ideais e fantasmas[81], condição para que possamos provê-los maternalmente de tudo o que há em nós de sangue, coração, desejo, paixão, tormentos, consciência, destino, fatalidade[82]. É a essa experiência transfiguradora da dor que se volta Nietzsche ao dar-se conta de que o que há de grande, novo, surpreendente em nossa cultura é justamente essa liberdade do espírito que sabe agora contradizer, que sabe manter boa consciência na hostilidade a tudo o que é habitual, tradicional, sagrado[83]: sua potencial nobreza está em não temer a si mesmo, não esperar nada de vergonhoso de si – o selo da liberdade[84] – e voar sem escrúpulos para onde nos levam nossos impulsos[85].

A JUSTIÇA COMO JUSTIFICAÇÃO FILOSÓFICA DA MANEIRA DE VIVER E DE PENSAR

Aqui desponta novamente a importância da justiça. Se um tal espírito precisa ser forte e malvado para que inflame as paixões, para que desperte o sentido de comparação e de contradição, para que sinta prazer pelo novo e pelo ousado e que coaja as pessoas a colocarem opinião contra opinião, padrão contra padrão[86], ele também precisa ser potente, inteiro, seguro[87], precisa não apenas inventar, exercer, cultivar cada uma das forças, mas precisa sobretudo de coesão de forças para que nasça o pensamento, precisa que os impulsos aprendam a coexistir em função de um poder organizador[88], precisa desse centramento do ângulo perspectivo, de uma proximidade de si, de um modo de olhar marcado por um distinto egoísmo. Depois de rejeitado pelos instintos gregários como fonte essencial de toda infelicidade[89], esse egoísmo é agora resgatado em boa consciência, visto como possibilidade de alegria, de sensibilidade, de beleza, um egoísmo ligado à lei da perspectiva da percepção que faça o jogo de distância e proximidade[90], sempre de acordo com um eixo de estruturação, de condensação sin-

78. *GC*, 360. **79.** *GC*, 112. **80.** *GC*, 2. **81.** *GC*, 120. **82.** *GC*, "Prefácio", 3. **83.** *GC*, 297. **84.** *GC*, 275. **85.** *GC*, 294. **86.** *GC*, 4. **87.** *GC*, 345. **88.** *GC*, 113. **89.** *GC*, 329. **90.** *GC*, 162.

gular que dê conta da unicidade de nossas vidas sem perder de vista a tradição reapropriada e a visada ao porvir. Essa autenticidade e inteireza, portanto, em nada dizem respeito a uma essência subjetiva idêntica a si mesma ou algo semelhante a uma mônada leibniziana. Pelo contrário, trata-se de uma autenticidade valorizadora da vitalidade dos impulsos e tendências que nos movem e que a tradição renega, tornando-nos injustos para com nossa própria natureza[91]. Pensar a justiça importa, portanto, uma busca de, desdivinizada a natureza, naturalizar novamente o homem, numa nova *physis*, novamente descoberta e liberada[92] que se sabe, nesse sentido de superação de si, vontade de potência, vontade de vida[93], abrindo-o à tentativa, ao questionamento, à procura e experimentação de si, com a implicação de abertura de novos horizontes, de novas possibilidades num constante refinamento, alheio a qualquer noção de progresso[94].

Ora, o *intelligere* probo de si de que resulta esse pensamento está fundado nessas parcialidades, no conflito de parcialidades de impulsos contraditórios e diferentes que são a vontade de ironizar, de deplorar e de aviltar[95], como ainda o impulso dubitativo, o expectador, o taxionômico, o dissolvente[96]: cada um desses impulsos, antes de todo conhecimento, precisou manifestar anteriormente seu parecer parcial sobre o objeto ou o acontecimento[97], embora nós só percebamos o resultado da luta, não a luta em si[98]. Esse resultado é um estado intermediário, uma espécie de concessão mútua que fazem entre si esses impulsos, é uma espécie de justiça e de pacto entre eles, pela qual os impulsos podem se manifestar na existência e manter mutuamente razão. Se iniciamos dizendo o quanto o conhecimento de si estava ligado à questão da justiça e da pessoalidade, mostra-se aqui com mais clareza essa interligação.

O que importa deixar claro é não se tratar de algo conciliador, de justo, de bom, como se fosse a última cena de conciliação – não se trata portanto de um jogo dialético de síntese, muito menos de um compromisso[99]. Trata-se, sim, de um comportamento dos impulsos entre si, que se mantém em sua multiplicidade, que se mantém em luta no interior, revelando um heroísmo escondido, nada divino, nada absoluto[100], em que a dor[101] se mostra ligada à liberdade de poder ver na vida a experimentação do conhecimento[102].

Esse conhecimento, enquanto comportamento de impulsos, enquanto poder organizador da multiplicidade de modo singular e pessoal, remete-nos ao que Nietzsche entende como uma nova justiça: uma justificação filosófica integral da maneira de viver e de pensar que tem o condão de nos elevar e permitir a ação, a despeito da perda

91. *GC*, 294. **92.** *GC*, 109. **93.** *GC*, 349. **94.** *GC*, 377. **95.** *GC*, 333. **96.** *GC*, 113. **97.** *GC*, 333. **98.** *GC*, 111. **99.** *GC*, 32. **100.** *GC*, 333. **101.** *GC*, 318. **102.** *GC*, 324.

das referências absolutas que nos garantia a moral européia até então. Uma tal justificação nos assegura sentido, é como um sol que aquece, que bendiz e que fecunda, que nos torna independentes de louvores e de censuras, permitindo, ao menos por ora, que nos bastemos a nós mesmos, que nos tornemos ricos e generosos em felicidade e benevolência e que tenhamos a virtude de converter sem cessar o mal em bem, de levar nossas forças à maturidade e de extirpar a chaga do desgosto e do despeito[103] – do fastio, poderíamos dizer. É essa integração que garante que cada impulso isoladamente não se torne um veneno[104], mas, mais ainda, com o aprendizado da coexistência dos impulsos, que essa organização fundadora do pensamento possa se abrir para aquilo que revelava o sentimento de humanidade do porvir, a aspiração, no seio de um mesmo indivíduo, de juntar pensamento científico, forças artísticas e sabedoria prática da vida, formando um sistema orgânico superior[105], que justificaria Nietzsche ver nos indivíduos os portadores das sementes do futuro[106]. Trata-se de uma justiça que não se pretende, portanto, única, absoluta, universal: ela reconhece que o mau, o triste e o excepcional também têm direito à própria filosofia, ao próprio direito, que são vários os sóis que hão de iluminar a terra, essa terra ética que é redonda e que portanto tem seus antípodas com igual direito à existência[107].

O GOSTO DA JUSTIÇA, O ESTILO E SEU TEMPO: O AMOR DE SI E O AMOR À ESTRANHEZA

Desmascarado o caráter moral da verdade, à qual a justiça tradicionalmente se via ligada, não se trata de reduzi-la agora a assunto de mera opinião. Ela é mais do que isso, a justiça é um assunto de gosto[108], de avaliação, sem qualquer demérito a ela, pois, para o autor, o gosto é mais importante do que a opinião[109]. Sempre estamos às voltas com maneiras de viver[110] de que os gostos são expressão. Pretende-se impor-nos o modo vigente e universal de viver como um gosto, mas, para Nietzsche, ele não passa de uma máscara popular com pretensão de universalidade[111]: um gosto universal não é gosto, falta-lhe diferenciação, contraste, sutileza. O gosto nos remete à pessoalidade, a um modo singular de viver[112] e, por isso, o que lhe importa é justamente pensarmos a possibilidade de afirmação de um gosto[113].

Um tal gosto pessoal, como expressão da justificação dessa singular maneira de viver[114], implica um estilo capaz de abraçar todas as forças e fraquezas que a natureza oferece e integrá-las em um plano

103. *GC*, 289. **104.** *GC*, 113. **105.** *Idem, ibidem.* **106.** *GC*, 23. **107.** *GC*, 289. **108.** *GC*, 184. **109.** *GC*, 39. **110.** *GC*, 353. **111.** *GC*, 77. **112.** *GC*, 39 e 55. **113.** *GC*, 290. **114.** *GC*, 39.

artístico, segundo o qual cada elemento é considerado como pedaço de arte, a fraqueza também, com a virtude de encantar, de dissimular a feiúra[115], porque a vida só nos é suportável enquanto fenômeno estético, e cumpre que nos transfiguremos em tal fenômeno[116]. Esse plano e estilo são artísticos por sua inquietante diversidade, por sua força criadora[117], a força dessas naturezas ávidas de dominação – dotadas portanto de vontade[118] – que podem saborear a subordinação ao estilo como sua própria lei, sua felicidade mais sutil, a ponto de a paixão de seu violento querer se aliviar com a contemplação de toda natureza estilizada, vencida e tornada servil; é isso que nos faz tomar a *vis* contemplativa apenas como um olhar retrospectivo, era isso que nos impedia de ver que onde críamos meramente contemplar, exercíamos, em verdade, nossa melhor força, nossa *vis* criativa, e nos tornávamos poetas da vida, elaborávamo-na poeticamente, produzindo sem cessar algo que ainda não existe, um mundo eternamente em crescimento, as apreciações, as cores, os pesos, as perspectivas, os graus, as afirmações e as negações. Éramos, então, capazes de ver e ouvir indizivelmente mais, de ver e pensar meditando, nós, seres meditativos-sensíveis[119] e nos privamos dessa capacidade. Por isso, criação e singularidade estão intimamente ligadas: só se cria por ser singular, só se é singular quando se cria, não bastando, portanto, meramente denunciar a origem errônea e ilusória de nossas crenças para aniquilar o mundo essencial. É preciso criar[120], após a crítica, um gosto, um estilo, que nos permita justificar integralmente nossas vidas, a vida, e que nos submetamos a ele como a nossa própria lei.

O gosto, fruto da interpretação, não pode portanto ser um ato puramente intelectual. Trata-se, sim, de uma emergência, tal como um vulcão que espera a hora da erupção, sem que possamos saber quando vem[121], de um acaso, quando nos invade o pensamento de uma providência pessoal, o que não nos permite presumirmos muito de nossa sabedoria[122]. Ele depende, sim, da capacidade e força da crítica que nos abre à multiplicidade da existência, depende do cultivo das várias forças e fraquezas de que somos constituídos, dos vários impulsos que agem em nós, depende da maturidade para que não se torne um perigo[123], de uma paciência própria à gravidez[124] e da coragem para matarmos o que é gerado antes do tempo[125], porque tem, como cada gravidez, seu próprio tempo[126], um tempo concebido como musical, um ritmo, que constrange, que engendra o desejo irresistível a ceder, a se unir, a que a própria alma siga a medida, um ritmo que resgata precisamente a justa tensão, a justa harmonia quando perdida[127]. É uma emergência que ama assim, como semente, a ignorância do porvir, que não

115. *GC*, 290. **116.** *GC*, 107. **117.** *GC*, 369. **118.** *GC*, 347. **119.** *GC*, 301. **120.** *GC*, 58. **121.** *GC*, 9. **122.** *GC*, 277. **123.** *GC*, 11. **124.** *GC*, 72. **125.** *GC*, 73. **126.** *GC*, 369. **127.** *GC*, 84.

quer sucumbir à impaciência e ao saber antecipado das coisas prometidas, pois só então os pensamentos podem nos indicar onde estamos, mas não para onde vamos[128]. Ela implica, portanto, uma relação própria com o tempo e nisso uma fidelidade a nós mesmos, ao nosso tempo.

Ora, é isso que os caracteres fracos detestam, a subordinação ao comprometimento com o estilo[129]. Eles são incapazes de criar[130], por isso acabam apenas por conservar[131], dissimulando-se sob as máscaras da cultura, mantendo-se alheios a toda possibilidade de pessoalidade e de singularidade e, portanto, de justiça para consigo, querendo paradoxalmente sempre se interpretar como natureza livre[132], embora confundam eterna improvisação com liberdade[133]. Para Nietzsche, contudo, onde os critérios de valor mudam muito, não há espaço para a emergência dos homens raros, que são rebentos tardios das civilizações passadas, nas quais justamente se preserva a tradição, por eles apropriadas; daí a necessidade do tempo, próprio à música[134].

Esse tempo nos mostra que essa emergência reclama um amor a si, um amor ao outro que somos e que só nos advém com a crítica[135], um amor e reconhecimento à estranheza, à alteridade e à novidade que demandaram tempo para que pudéssemos aprender a discernir, a distinguir, a isolar, delimitar, um tempo para podermos nos esforçar para suportar a despeito da estranheza, até que nos habituemos a ela e então ela possa exercer sobre nós constrangimento e fascínio como recompensa por nossa boa vontade, por nossa paciência, nossa eqüidade, nossa ternura pela estranheza que se revela com indizível beleza. Essa é a única via para o conhecimento de si[136], uma via que reclama duração e possibilita a estruturação própria à composição rítmica entre as várias notas de nossa melodia. Trata-se de um jogo com a distância imprescindível ao olhar perspectivo, ao olhar pelo recorte de um ângulo e pela parcialidade dissimulada, e que, nessa distância, vemo-nos sendo os poetas de nossas vidas, permite-nos a invenção poética de nós mesmos[137]. Se a sociedade moderna, desprovida de gosto, é marcada por uma insatisfação generalizada[138], será essa invenção poética, essa integração das forças e fraquezas em um plano artístico que nos dará a sensação de satisfação conosco[139], uma sensação de que nada que seja estrangeiro se oferece mais ao olhar, apenas o que há de próprio[140] e que se abre com a crença de que agora estamos à frente da coisa justa, definitivamente justa, pois temos a crença da paixão inflamada, a crença da eternidade[141], do reconhecimento e do amor[142].

128. *GC*, 287. **129.** *GC*, 290. **130.** *GC*, 347. **131.** *GC*, 301. **132.** *GC*, 290. **133.** *GC*, 295. **134.** *GC*, 10. **135.** *GC*, 307. **136.** *GC*, 334. **137.** *GC*, 299. **138.** P. Valadier, *op. cit.*, pp. 20-21. **139.** *GC*, 290. **140.** *GC*, 291. **141.** *GC*, 295. **142.** *GC*, 370.

A JUSTIÇA COMO BOM GOSTO DOS PROBLEMAS

Essa satisfação deve ser pensada ainda em função do tempo. Assim, se, de um lado, o homem precisa de veneração[143], tomando o *páthos* próprio a cada período de vida como o único estado possível, o único razoável, como *êthos*, e não *páthos*[144], só podemos bem compreender esse sentimento de satisfação e essa justificação a que se liga a questão da justiça se tivermos presente um outro lado, o da desconfiança[145], que nos remete à crítica e a essa compreensão de que somos sempre um outro, que nos remete, enfim, à fonte mais profunda desse sentimento de justiça, que é ser fruto da vontade, da vontade de potência, que busca crescimento, expansão, abundância, superação de si e portanto não se volta a um estado final, um estado último. A justiça, como vimos, é, pelo contrário, concessão mútua entre várias parcialidades, é o reconhecimento da multiplicidade e do próprio movimento de ruptura com o hábito para, em processo de maturação, lento, de abertura à estranheza, alcançar a satisfação, a plenitude do sentimento do justo alcançado, quando um fundamento de si satisfaça conceitualmente ao indivíduo, porque é fruto de uma ação do homem[146], dessa ação em busca de si. Contudo, esse sentimento dura até que um dia seu tempo chega, a boa coisa se separa de nós, pacificamente e saciada, como se devêssemos um reconhecimento mútuo e estendêssemos as mãos para que então, já à porta, nos aguarde o novo e nova crença de que, dessa vez, movida pela paixão inflamada, será a coisa justa, definitivamente justa, a ser encontrada[147]. A satisfação em questão está voltada, assim, muito mais à perseverança nessa atividade invisível dos homens que, por uma inclinação superior, procuram nas coisas, e portanto também em si, o que deve ser superado[148], do que ao encontro de um ou outro modo de viver que lhe garanta ocasional satisfação.

A importância da nuança aqui se mostra por inteiro e nos demanda um aprofundamento a mais. Precisamos por certo, de um lado, de hábitos: são eles que nos asseguram a distinção como também a glória da humanidade[149] que, por sua vez, lhes dão legitimidade enquanto indivíduos superiores[150]; são os hábitos que nos dão solidez de pedra para que possamos fazer sacrifícios aos projetos que ousamos erigir como "construtores" e arquitetos[151], no que superamos a nossa pequena individualidade ao sermos capazes de contradizer a natureza[152], de cometermos violência contra ela ao operar sua conquista pelo olhar, incluindo em seu plano tudo o que lhe é oferecido[153].

143. *GC*, 346. **144.** *GC*, 317. **145.** *GC*, 346. **146.** V. Gerhardt, "Selbstbegründung. Nietzsches Moral der Individualität", em *Nietzsche Studien*, pp. 47-48. **147.** *GC*, 295. **148.** *GC*, 283. **149.** *GC*, 356. **150.** *GC*, 40. **151.** *GC*, 356. **152.** *GC*, 80. **153.** *GC*, 291.

Mas esses hábitos hão de ser, de outro lado, curtos, pois são fruto de nosso amor. Ora, amor e cobiça são o mesmo impulso. Se nos saciamos dos hábitos, é porque o bem possuído se deprecia pelo fato da possessão. Esgotar suas possibilidades de vida, estar saturado de uma posse, é estar saturado de si mesmo, é o sofrer do estar pleno, da própria satisfação alcançada e então irrompe o desejo de rejeitar, de partilhar, e isso é também o amor[154], sua outra faceta, um outro modo de amor, como Nietzsche nos mostra no prefácio à obra[155], um amor que considera a vida como mudança constante em luz e chama do que somos e como transformação do que nos toca. Se toda criação tende ao gregário[156], precisamos de nova criação para superá-lo. Daí a necessidade que a liberdade ínsita a essa busca do sentimento justo tenha como pedagoga do espírito a grande dor[157], uma sabedoria na dor[158], que nos leva à grande suspeita, e que portanto rejeite uma satisfação que se pretenda absoluta. Por isso, a vontade que frutifica essa busca do sentimento de justiça é uma vontade de questionar[159], uma procura do que deve ser superado[160] e aí está, para o autor, o caminho da felicidade: admirar a si e viver na rua[161]. Se busco um pensamento que deve me trazer a razão, a garantia, a suavidade de toda vida ulterior e que considere a necessidade nas coisas como o belo em si, um *amor fati*, um pensamento intimamente ligado à vida[162], um pensamento que confirme e chancele toda ação, e que haja de retornar uma infinidade de vezes[163], é esse pensamento que oscila entre saciedade e superação, um pensamento que legitime o eterno retorno da guerra e da paz[164], que nos clama a viver em estado de guerra com nossos semelhantes e conosco mesmos, uma guerra pelo amor do pensamento e de suas conseqüências[165]. Se há, no *amor fati*, um certo fatalismo, como aponta Haar, ele não é cego, mas é, pelo contrário, uma tentativa de dissolver a oposição metafísica maior entre exterior e interior, objeto e sujeito, determinismo e liberdade, escolha pessoal e destino ou acaso. O *amor fati*, assim, é a anulação da oposição entre ego e a própria sorte pelo qual não se ama apenas a sua própria sorte individual, mas o devir no qual se inscreve esse ego a ponto de se aprovar sua abissal necessidade como um *ego fatum*. A necessidade, assim, é o anel que liga todas as coisas, engloba todos os acontecimentos, sentidos, e a liberdade suprema, *i.e.*, a atividade criadora, numa identidade, portanto, entre acaso e atividade criadora, tal como a atitude de um artista para quem o gesto criador assume plenamente o reencontro daquilo que há de mais imprevisto. O si e o mundo são assim indissociáveis, e amar a

154. *GC*, 14. **155.** *GC*, "Prefácio", 3. **156.** *GC*, 58. **157.** *GC*, "Prefácio", 3. **158.** *GC*, 318. **159.** *GC*, "Prefácio", 3. **160.** *GC*, 283. **161.** *GC*, 213. **162.** *GC*, 276. **163.** *GC*, 341. **164.** *GC*, 285. Embora o termo aqui empregado seja *Wiederkunft*, e não *Wiederkehr*, Kaufmann tampouco considera isso relevante para diferenciar as idéias (*op. cit.*, p. 325). **165.** *GC*, 283.

si implica amar identicamente tudo o que ocorre para mim e para o meu mundo, indistintamente, tenha eu ou não o escolhido expressamente[166].

É nessas conseqüências que nos cumpre pensar. Se a justiça tem, para Nietzsche, o papel de justificação integral filosófica de nossa vida, em sua singularidade, e se não se trata de um estado último que nos garanta segurança e certeza, temos de avançar então em sua caracterização. Como vimos de início, do mesmo modo como Nietzsche referia-se a uma moral do agrado em *Aurora*, a questão do gosto e do estilo passa a ser central em *A Gaia Ciência*, e a justiça é vista como um assunto de gosto, um gosto que se estrutura em torno de um plano artístico, que nos coloca, pela ousadia da crítica, como construtores e arquitetos da justificação integral filosófica de nós mesmos, e uma justificação pessoal que procure dialogar com o passado e o porvir, em cada instante de sua afirmação. Essa justificação se expressa por dar um estilo ao caráter[167], com aquela autenticidade e fidelidade próprias a uma nova *physis*. Compreendemos, então, que o gosto de que se trata, capaz dessa força de criar independente de nossa vontade e consciência, é o bom gosto dos problemas[168].

A vida deve, assim, ser considerada como problema[169], é isso que distingue esse estilo, pois o problema, define-o Nietzsche, é a nossa aflição, nosso tormento, nossa volúpia e paixão pessoal[170], vale dizer, é nossa busca e experimentação de si, é o reconhecimento de nossa singularidade, das nossas finas exigências, de nossa *physis*[171] que nos damos pelas novas e próprias tábuas de valores que criamos: sem Deus, tornamo-nos legisladores e criadores de nós mesmos para nos tornarmos aquilo que somos, os novos, os únicos, os incomparáveis[172] e também críticos e guerreiros de nossas próprias leis quando se tornarem fracas e envelhecidas[173], uma vez acabado o movimento próprio ao seu tempo, ao seu tempo no sentido musical do termo. Considerar a vida como meio de conhecimento, e este, como mundo de perigos e vitórias[174] é, portanto, recusar a obrigatoriedade incondicional de qualquer moral, mesmo aquela que nos atribuímos, é recusar a obrigatoriedade da moral pela diversidade de morais, sem que isso implique a rejeição de toda e qualquer moral[175]: é antes uma viagem, um deslocamento no tempo e no espaço, com diversos ritmos que tanto nos dão a intensidade e peso dos grandes movimentos que nos marcam a memória, como das rupturas de cadência e de estrutura que nos abrem a outros horizontes, a outras possibilidades.

166. M. Haar, *Par-delà le nihilisme*, pp. 49-50. **167.** *GC*, 290. **168.** *GC*, 345. **169.** *GC*, "Prefácio", 3. **170.** *GC*, 345. **171.** *GC*, 39. **172.** *GC*, 335. **173.** *GC*, 26. **174.** *GC*, 324. **175.** *GC*, 345.

A justificação de si que caracteriza a nova justiça é portanto um movimento incessante de percorrer as várias tonalidades da alma[176], dessa nossa alma cujo interior está em tensão contínua, alternando mútuas concessões e lutas abertas. Entre veneração e desconfiança de si, entre estruturação de um pensamento justificador de si e seu abandono e derrocamento, a vitalidade dessa justificação depende sempre do exercício da crítica[177], da problematização, de um movimento de descortinamento incessante da alteridade em nós mesmos: cada verdade alcançada é expressão de um modo de vida, e cada nova vida mata a antiga opinião. O que agora consideramos "erros" eram nossas verdades quando éramos outros, e somos sempre outros[178], somos um movimento da vontade (*Wille*) que se assemelha a uma onda (*Welle*)[179].

A justificação filosófica de si é a arte de transfiguração dos vários estados de saúde em filosofia[180] e cada um tem uma saúde própria[181], uma saúde que se expressa pela boa vontade do sábio de poder rejeitar sem medo o que foi sua própria opinião e exprimir desconfiança com relação a tudo que tenda a se solidificar[182], é uma alternância entre plenitude e superação de si, entre saúde e doença e dor, próprias à busca. Por isso, se há algum cerne nessa afirmação, nesse pensamento que nos justifica, chancela e confirma a vida e que a legitima a nossos olhos como justa, é precisamente este: de considerar a vida como problema, de considerar o bom gosto e o estilo que afirmamos como o bom gosto dos problemas[183].

A JUSTIÇA E A SABEDORIA GAIA: A AFIRMAÇÃO DE NOSSA LIBERDADE

A nova felicidade que nos reserva esse gosto de considerar a vida como problema, a felicidade desse estilo singular de vida marcado pela problematização e pela crítica, é o reconhecimento da necessidade da luta[184], de que prazer e desprazer formam um só núcleo e que quem quer ter mais prazer deve sofrer também mais desprazer[185]. Felicidade e infelicidade são almas gêmeas: ou crescem juntas ou permanecem pequenas juntas[186], daí a necessidade de superação, de risco. O crescimento e a superação de si que move esta crítica volta-se, desse modo, à busca de permanecer na própria via[187], uma via que demanda uma constante justificação de si, o encontro de satisfação e portanto de um sentimento de justo que dura enquanto potente e justificador for esse plano artístico em que se integra, mas também é a via da

176. *GC*, 288. **177.** *GC*, 307. **178.** *Idem, ibidem.* **179.** *GC*, 310. **180.** *GC*, "Prefácio", 3. **181.** *GC*, 120. **182.** *GC*, 296. **183.** *GC*, 345. **184.** *GC*, "Brincadeiras...", 41. **185.** *GC*, 12. **186.** *GC*, 338. **187.** *Idem, ibidem.*

ruptura, uma vez alcançada a saciedade, quando nos abrimos ao amor da estranheza, da alteridade, quando nos abrimos à insatisfação, que confronta o ceticismo com a fé em si e que para tanto reclama a genialidade[188] de que dependeu a faculdade européia de perpétua metamorfose[189].

Se perdemos a identidade arraigada na tradição que nos garantia reputação e solidez e nos lançamos agora à pergunta sobre quem somos, uma vez descoberta a falsidade e mentira com que interpretamos longamente o mundo com a morte de Deus e a queda da moralidade européia, deparamo-nos com um duplo chamamento e um duplo risco ao qual, cremos, responde a pergunta pela nova justiça. A justiça, ainda nesse sentido heraclitiano, conjuga o riso e a sabedoria gaia da crítica e problematização com a sublime desrazão trágica que encontra o sentido e justificação para existência sobre as ondas da vontade. O homem, para Nietzsche, vimos, é um animal que tanto venera como desconfia, um ser que vive, portanto, sob uma lei de fluxo e refluxo entre comédia e tragédia da existência, que renega o indivíduo e que pode ver em uma última liberação e irresponsabilidade o quanto o ódio, a alegria de destruir, a sede de rapina e de dominação como tudo o que é considerado mau é também útil à conservação da espécie, e, de outro lado, a necessidade de seriedade, de consideração do indivíduo como algo primeiro, último e imenso, nesse jogo de alternância entre saber porque existe, venerando a si e confiando na vida, para que então possa rir da existência, destruir como só a crítica pode fazê-lo[190].

A nobreza da justiça[191], enquanto justificação problematizante de si, há de dar conta desse caráter nuançado do homem. Atentar ao que há de criativo ou de conservador nessa emergência e gosto pela problematização é atentar às nuanças desse jogo de alternância. O maior exemplo que Nietzsche poderia dar desse exercício, dessa experimentação e dessa busca além das dicotomias é sua indagação acerca do romantismo: há um vaguear por si, que indaga cada desejo, cada anseio, matizando-os, pois o desejo de destruição, de mudança e de devir, se nos é apresentado via de regra como expressão de uma força superabundante, pode ser igualmente manifestação de um ódio do que é disforme, desprovido, mal partilhado; se a vontade de eternização pode ser expressão de um grande sofrimento e de vingança, ligados à fraqueza que busca segurança, pode ser igualmente manifestação de um sentimento de reconhecimento e de amor[192].

A busca de uma filosofia da pessoa é, assim, o experimento do estudo do problema da saúde, desse crescimento, poder e vida que se expressam nesse movimento, um movimento que rechaça a calma, a doçura, o remédio e o reconforto, a paz ou uma ética pautada por uma

188. *GC*, 284. **189.** *GC*, 24. **190.** *GC*, 1. **191.** *GC*, 18. **192.** *GC*, 370.

noção negativa de felicidade[193]. É, pelo contrário, uma saúde marcada pela riqueza e pela força, pelo belo luxo, pela guerra e volúpia de um triunfante reconhecimento[194] que considera esse pensamento de uma vontade de potência como necessidade, como o belo em si, como o pensamento da vida: um *amor fati*[195]. Num mundo servil, a justificação desse pensamento problematizante é a busca contínua de afirmação de nossa liberdade.

A JUSTIÇA E A AMIZADE: O SI E O OUTRO

Essa liberdade, se fundada em si, remete-nos necessariamente à relação com o outro. Se até o momento dedicamo-nos à justificação desse pensamento pessoal de si, ao outro reserva Nietzsche um papel fundamental.

De fato, para Nietzsche, o amor que devotamos à vida enquanto mundo de perigos e vitórias, enquanto problema, remete-nos sempre e sempre à diferença: vimos como o conhecimento de si[196] e o aprendizado do amor[197] nos abre à estranheza. Essa diferença e estranheza que precisamos aprender a amar sempre que nos saciamos de nós mesmos revela a necessidade agora de distância de nós mesmos. Não posso ser meu próprio intérprete. Se me interpreto, minto a mim mesmo[198]. Não sei quem sou e vejo-me às voltas com a questão de encontrar o ponto, o centro a partir do qual possa se fundar o ângulo de minha perspectiva. Não é por intermédio do próximo que isso se dará[199]. Precisamos aprender com os artistas a nos ver de longe, simplificados e transfigurados, colocando-nos em cena, aos nossos próprios olhos[200]. Precisamos nos livrar de nós mesmos em favor da arte que nos permite considerar a distância e descobrir o herói e o bufão que há em nós, para que possamos gozar de nossa loucura – dessa crítica gaia – e novamente de nossa sabedoria; precisamos de um capuz de trapaceiro como remédio contra nós mesmos, espíritos graves, mantendo-nos além da moral, de nossa própria moral também, para sobrevoar e brincar além dela[201], mas sempre envoltos nesse culto ao não verdadeiro que é o propriamente artístico, esse consentimento com a aparência, que rejeita como de mau gosto essa vontade de verdade a qualquer preço[202] que teria como conseqüência o fastio e o suicídio[203]. Novamente se deve saber perder de vista durante longo tempo se se quer aprender algo das realidades que não somos[204].

193. *GC*, "Prefácio", 2. **194.** *Idem, ibidem.* **195.** *GC*, 276. **196.** *GC*, 307. **197.** *GC*, 334. **198.** *GC*, "Brincadeiras...", 23. **199.** *GC*, "Brincadeiras...", 30. **200.** *GC*, 78. **201.** *GC*, 107. **202.** *GC*, "Prefácio", 4. **203.** *GC*, 107. **204.** *GC*, 305.

É, portanto, esse caráter enigmático e imoral[205], superador dessas soluções apaziguadoras, que está em jogo aqui. Esse novo amor e nova felicidade de considerar o problemático na existência nos remete à luta[206], a uma maneira de pensar que não quer a forma de compromisso[207] e que, portanto, reconhece na guerra o pai de todas as coisas, a guerra contra a forma poética[208] que nos atribuímos a nós mesmos[209]. Não podemos pensar por isso o amor como nos dissimulamos ao imaginar a relação entre homem e mulher[210]: essa relação igualmente é imoral e enigmática, é antagônica, de um antagonismo não superado por nenhum contrato social e pela melhor vontade de justiça, se como justiça pensássemos algo de último e de definitivo, de superador e conciliador que preenchesse ilusoriamente o abismo da alteridade absoluta, como aponta Ferraz[211].

Nietzsche prioriza o prolongamento do amor: a amizade. Ora, é o amigo aquele que nos permite alcançar a altura mediana, que oferece o aspecto mais belo[212]. O Meio (*das Mitte*), buscado para que possa enxergar a mim mesmo, situa-se entre o distante em demasia, meu inimigo, e o próximo, meu amigo, de um lado, e eu mesmo, de outro[213], um Meio que garante proximidade, sem permitir que se franqueie a passarela[214]. Uma luta, portanto, que se manifesta por compartilhar sofrimento e esperança: o amigo é fumaça de pólvora[215], porque uma lei paira sobre nós: que nos tornemos estranhos, respeitáveis, para que sigamos nossa rota, que o apelo de nossa missão seja mantido e que para tanto sejamos inimigos na terra, mantendo-nos amigos como astros[216]. Se a amizade, nesse sentido, é um prolongamento do amor, o é como cobiça, agora não mais voltada para o outro, mas, sim, a um ideal que a transcende, o ideal da amizade como liberdade, como independência, como luta por manter-se na via própria[217], porque no momento de sofrimento mais profundo e pessoal, incompreensível a quase todos os outros, só o amigo compreende nossa aflição – vale dizer, a importância do problema e da problematização – porque tem apenas um sofrimento e uma esperança – a própria afirmação desse movimento eterno de guerra e paz – e só ele será capaz de nos tornar mais corajosos, mais duros, mais simples e felizes e compartilhará a felicidade conosco (*Mitfreude*), em contraposição à partilha do sofrimento (*Mitleid*), que é a compaixão[218]. Na amizade, louva-se essa independência da alma, tal como Brutus, que sabe que pode sacrificar o amigo mais caro desde que constitua um perigo para essa liberdade que se ama enquanto liberdade das grandes almas[219]. Por isso, a amiza-

205. *GC*, 363. **206.** *GC*, "Brincadeiras...", 41. **207.** *GC*, 32. **208.** *GC*, 92. **209.** *GC*, 299. **210.** *GC*, 363. **211.** M. C. F. Ferraz, *Nietzsche, O Bufão dos Deuses*, p. 183. **212.** *GC*, "Brincadeiras...", 6. **213.** *GC*, "Brincadeiras...", 25. **214.** *GC*, 16. **215.** *GC*, "Brincadeiras...", 41. **216.** *GC*, 279. **217.** *GC*, 14. **218.** *GC*, 338. **219.** *GC*, 98.

de é manter-se em luta e afirmar-se e distinguir-se, uma distinção alcançada quando lutamos ao lado de nossos adversários, pois é no lutar e estar em relação, e não no isolar-se, que me distingo e que avanço e venço a minha própria luta[220]. Se somos sem pátria, é porque amamos o perigo, a guerra, a aventura, não nos deixamos igualar, apanhar, reconciliar, castrar[221], porque entendemos, como esclarece Leopoldo e Silva, que só é possível nos encontrarmos e encontrar por via da expressão da perda, inclusive do ato que a instaura, daí que, se o resultado da desmistificação dos sistemas de verdade abre espaço para a interpretação infinita, de que fala Foucault, a interpretação nunca abrirá à formação de novos sistemas, mas, sim, ao compartilhar de aporias[222] ao que responde uma imagem como essa, de amizade na aventura e risco, como expressão de uma probidade mais radical.

A MUDANÇA DO GOSTO: O PAPEL DA AÇÃO E A CRÍTICA À INTERPRETAÇÃO HEIDEGGERIANA

Essa luta e independência se mostram em nossa ação no mundo, em nosso modo de agir em face dos outros: é a isso que nossos amigos nos mantêm em nossa via sem imiscuição. Se o autor sonhava poder construir um sistema de pensamento orgânico em que se juntassem pensamento científico – tal como havemos de pensar nossas vivências –, as forças artísticas – tal como estas que nos levam a integrar nossas forças em plano artístico e a sermos poetas de nós mesmos – e sabedoria prática, vemos, então, o quanto este pensamento livre e problematizante, a que a uma nova justiça procura justificar, tende à ação e de que ação, superada a dependência a um intelectualismo, se trata. Sua preocupação concerne a essa mudança de gosto universal.

De fato, se nossa cultura mudou de gosto a ponto de louvarmos essa singularidade de poder ser si mesmo, avaliar a si mesmo, de acordo com os próprios pesos e medidas[223], mas mantivemos irrefletido esse pensamento e nos vemos às voltas com o niilismo por não conseguirmos centrar-nos além do dualismo da veneração de uma moral universal, que não passa de máscara, ou da desconfiança, que nos leva a uma crítica cética ou uma vontade de verdade a qualquer preço, impeditiva de qualquer estruturação e organização do pensamento e da vida e que apenas nos remete ao suicídio; se o pensamento da justiça procura dar conta da possibilidade da afirmação de um tal gosto e deste estilo de vida, cuja luta, em nome da liberdade, é de não se solidificar e tornar-se impessoal, desponta a imensa relevância do pensar essa mudança de gosto e de estilo. Esse é o grande desafio, o desafio

220. *GC*, 323. **221.** *GC*, 327. **222.** F. Leopoldo e Silva, "O Lugar da Interpretação", em *Cadernos Nietzsche*, p. 33. **223.** *GC*, 117.

da ação modificadora e, para Nietzsche, toda mudança de gosto é mais importante que a de opiniões: são essas mudanças que apontam os câmbios dos modos de viver, são elas que apontam a indissociável ligação entre criação, singularidade e gosto. Ora, essa mudança de gosto só é possível com a crítica e problematização de si, com o livramento de si e a possibilidade de nova estruturação de si, justificada por potente pensamento. Para ele, o gosto se modifica quando indivíduos isolados, potentes, influentes, exprimem, sem vergonha – o selo da liberdade[224] – seu próprio "isto é ridículo, isto é absurdo", portanto o julgamento de seus gostos e desgostos, e os impõe de modo tirânico ao afirmá-los por reconhecerem a singularidade de sua maneira de viver, por reconhecerem a sua *physis* e atentarem às suas finas exigências, às sutis notas de seus julgamentos morais e estéticos[225].

O pensamento de uma nova justiça, portanto, fundado nessa livre e problematizante afirmação singular e pessoal de si, remete-nos ao pensamento da cultura e à possibilidade de justificarmos essa vontade que quer abundância, crescimento, expansão, poder, vida, que é vontade de potência, que é vontade de vida[226] e vida como meio de conhecimento, como mundo de perigos e vitórias[227], vida como problema[228].

Ora, é justamente essa imagem que parece nos permitir mostrar o quanto são possíveis outras interpretações nietzschianas da justiça em sua filosofia àquela apresentada por Heidegger. Heidegger deixa claro na *Metafísica de Nietzsche*[229] o quanto sua análise da filosofia nietzschiana deve ser feita a partir da experiência fundamental de *Ser e Tempo*, *i.e.*, da perplexidade quanto ao fato de a verdade do ser, enquanto ser, permanecer não pensada, e que o pensamento ocidental, enquanto metafísica, dissimula o acontecimento dessa recusa de pensamento. É nesse sentido que o pensamento nietzschiano deve ser pensado, para ele, enquanto metafísica.

Para Heidegger, a subjetividade assume em Nietzsche, na experiência da desvalorização dos valores supremos, o princípio de toda instauração de valores, a *ratio* é colocada a serviço da vontade, assumindo, para esta, o asseguramento calculador de todo ente. Precisa, para tanto, ao querer a si mesma, um domínio incondicionado e total sobre a Terra, numa humanização do mundo, do qual possamos nos sentir senhores; precisa corresponder com o ser do ente e como tal é a própria verdade do ente em seu saber-a-si-mesmo. A justificação, nesse sentido, é a própria justiça, entendida como o certificar-se pelo sujeito de seu asseguramento naquilo que o sujeito é sujeito, *i.e.*, de sua qüididade enquanto possibilidade de agir e de instituir valores que conservem e intensifiquem a formação de complexos de vida no interior do devir.

224. *GC*, 275. **225.** *GC*, 39. **226.** *GC*, 349. **227.** *GC*, 324. **228.** *GC*, "Prefácio", 3. **229.** M. Heidegger, *Nietzsche*, pp. 209-210.

Para um tal empreendimento, no entanto, o homem precisa desvalorizar todos os valores supremos e instituir o ente de um modo todo outro numa unidade original antecipadora e unificadora; essa é a experiência niilista que envolve uma maneira afirmativa de liberação, e a transvaloração tem por intuito essa reconversão da noção de ente enquanto tal na totalidade ao estado de valor, *i.e.*, à condição de vontade de potência. Mas porque o valor total do mundo é inestimável e sua procura é impossível, mas tudo é compreendido como valor, é preciso que os valores correspondam à essência da potência, *i.e.*, suas condições de conservação e intensificação num movimento finito, circular e interior de retorno a si após a superação de si e que dita o modo da existência dessa potência: o eterno retorno do mesmo consiste no condicionamento que o exercício da potência comanda a cada vez e cada ente, dando o caráter de seu próprio fato de comando a si mesmo. Nesse sentido, o eterno retorno garante constância ao inconstante, impondo ao devir o caráter de ser. É essa nova verdade sobre o ente, enquanto tal em sua totalidade, que abre a uma nova humanidade considerada como além-do-homem: trata-se de uma humanidade que não tem mais, na percepção do ente, o modo de representar o mundo, mas, sim, na interrogação e na decisão e que declara que só valerá enquanto ente aquilo que no seu representar é colocado ante si mesmo e lhe é desse modo asssegurado. A representação é, assim, legislação e por isso a humanidade se apresenta como *subjectum* em sua relação com o mundo, embora isso não a torne solipsista, porque o representar coloca o que se reencontra e o que se mostra na representatividade, o ente, assim disposto com relação ao que se representa, torna-se objeto, tornando a propriedade do ser tanto subjetiva como objetiva. Daí que a vontade seja pura autolegislação, comando tendendo à sua essência como puro exercício da potência, e a humanidade se volte à dominação como subjetividade incondicionada. O verdadeiro ente, nesses termos, é a razão enquanto espírito criador e ordenador, tornando-se a metafisicamente incondicionada estabilização do que devém em sua totalidade: ao mesmo tempo em que constrói, intensificando-se, elimina, o que é uma forma de conservação e, com isso, eterniza a cada vez uma relação de potência.

A justiça é essa justificação do ser do ente em sua totalidade, essa nova liberdade que exige um fundamento de sua determinação a partir da instituição desses novos valores pela vontade de potência: nesse sentido, a justiça é a essência da verdade do ente enquanto vontade de potência. A justiça é o querer tal vontade e, como tal, suprema representante da vida. Por conseguinte, para Heidegger, Nietzsche experimenta a justiça como a essência velada da certeza de si da subjetividade incondicionada; velada, porque Nietzsche não pensa a justiça enquanto ser a partir do ser mesmo (que, como em toda metafísica, é excluído), mas, sim, a partir da vontade de potência, como sendo a representação, aquilo que deixa aparecer, desvelamento, desvelamento do ente enquanto tal e que, enquanto tal, pertence ao ser mesmo. Por isso que, para Heidegger, nesse nada ter a ver com o ser mesmo, a metafísica nietzschiana é um niilismo próprio, no qual se enreda[230].

Ora, a problematização e a crítica apontam que, mais do que uma justificação da capacidade de dominação da Terra, a justiça volta-se à tentativa de justificação da condição do homem que há de problematizar constantemente a vida para que não sucumba ao permanente risco de alienação. Se essa crítica e problematização lhe permitem ver esse esforço como expressão de liberdade, elas não o tornam capaz de assegurar-se de suas condições de vida, de reconquista da certeza, senão da necessidade de luta, de luta pela própria ambigüidade que encontra em si, pelo duplo caráter do homem, que só pode crescer em sua humanidade a partir do frutífero chão do inumano, como o enfatiza Blondel[231]. Porque afirma essa dissonância pessoal, que é uma dissonância do mundo, pode o homem, a cada passo, encontrar as vias da criação, sempre provisória, porque situada no tempo. E é justamente a essa abertura temporal que Nietzsche se volta em sua próxima obra.

230. Para toda exposição, cf. M. Heidegger, "A Essência do Niilismo", *Nietzsche. Metafísica e Niilismo* e, do mesmo autor, "A Metafísica de Nietzsche", *Nietzsche*. **231.** É. Blondel, *Nietzsche, le corps et la culture*, pp. 63 e ss., especialmente p. 68.

5. Justiça e Transitoriedade: O Desafio do Tempo e a Justificação de Si

O *Zaratustra* é um livro à parte na filosofia nietzschiana, parecendo necessário justificar, antes de tudo, nossa estratégia de análise. Zaratustra, o personagem, recorrentemente se vale em suas falas de metáforas e enigmas, e o próprio subtítulo do livro, "um livro para todos e para ninguém", o denuncia. Devemos compreendê-lo pelas nuanças entre os vários personagens da obra que apresentam semelhanças, mas profundas diferenças: se podem as imagens falar, por um lado, a todos, não dizem a ninguém, pois, no limite do aprofundamento de cada uma delas, cada um haverá de descobrir por si seu próprio ensinamento e, por isso, mesmo quem se coloque como discípulo haverá de renegar a doutrina do mestre, porque tem de criar a sua própria, por um aprendizado de si. O livro, nesse sentido, é um jogo de espelhos, de contrastes, em que, pela diferenciação e pela luta entre personagens, há de emergir a afirmação e superação de si de Zaratustra, sempre em caráter enigmático, com novos enigmas sendo colocados ao longo da obra, em meio às suas ascensões e declínios. Não se trata de uma trajetória linear, mas sempre contraditória, marcada por lutas e diferenciações constantes em meio das quais emergem sentidos que pretende afirmar. Trata-se, portanto, a nosso ver, de levar a ambigüidade apontada nas obras anteriores ao paroxismo do enigma.

Uma tal leitura funda-se no fato de que, segundo Montinari, com base nas alusões a Zaratustra antes de a obra ser elaborada, Nietzsche teria renunciado a um projeto épico como também a uma construção arquitetônico-sinfônica da obra[1]. Colli, em igual sentido, esclarece que o livro é um conglomerado de pequenas partículas, reordenadas, modificadas, acrescidas de algumas novas e separadas de antigas, até, ao tempo de sua inspiração, fundir essa multiplicidade de sentenças na magia de um conto contínuo, mergulhando no mel do mito de Zaratustra para que seja iluminado por seu *páthos*[2]. Seguir portanto a linearidade da obra não seria portanto uma imposição do próprio texto.

A partir de um tal pano de fundo, e ciente de interpretações contrastantes, como a de Roberto Machado, para quem a obra é uma narração dramática do aprendizado da personagem que o leva de sua forma apolínea a outra, dionisíaca[3], ou a de Héber-Suffrin, que toma o prólogo como recenseamento dos problemas e conceitos que surgirão ao longo da obra[4], podemos trabalhar nossa análise, como as demais, procurando relacionar os diversos conceitos e idéias que surgem no texto entre si, a partir do problema central tratado neste ensaio: o do sofrimento ligado à questão do tempo e em como a justificação do caráter temporal da existência é o que marca a força e a liberdade do homem.

O papel da justiça liga-se, nesse contexto, a como a vida é avaliada quando considerada a partir da transitoriedade. Como veremos, se o último homem, o homem comum, vinga-se da existência – e sua justiça está ligada à vingança –, renegando a vida terrena em nome de um trasmundo ou do Estado em resposta ao sofrimento que a transitoriedade lhe causa, pensar uma nova justiça implica a possibilidade de afirmação dessa mesma condição terrena do homem como ponte e transição.

A TRANSITORIEDADE E A VINGANÇA DO HOMEM CONTRA O TEMPO

A transitoriedade, assim – e com ela o perecimento e o sofrimento desse decorrente –, é o que demanda justificação: melhores imagens devem ser ditas do tempo e do devir, louvar e justificar a transitoriedade[5], é o que diz Nietzsche. O mundo para o homem sofredor é encarado por sua imperfeição, como imagem da contradição[6], provocando-lhe uma sensação de impotência por não poder partir o tempo, este tempo que se encadeia em um passado inalterável que determina o futuro[7].

A transitoriedade mina sobretudo a crença no poder da vontade humana e, por conseguinte, em sua própria liberdade e possibilidade de felicidade. Corroída sua vontade pelo passado imutável, vê-se o homem mergulhado no sem-sentido da existência: percebe-se, então,

1. M. Montinari, *Nietzsche lesen*, p. 90. **2.** G. Colli, *Distanz und Pathos*, pp. 91-95. **3.** R. Machado, *Zaratustra, Tragédia Nietzschiana*, pp. 26-29. **4.** P. Héber-Suffrin, *Le Zarathoustra de Nietzsche*, pp. 6 e 100. **5.** *ZA*, "A Criança com o Espelho". **6.** *ZA*, "Dos Trasmundanos". **7.** *ZA*, "Da Redenção".

apenas como fragmento no tempo, como enigma cujo sentido não apreende, como acaso, alheio a toda possibilidade de mudança[8]. Por mais que tente escapar, sente-se o homem duplamente prisioneiro do tempo: dividido entre a afirmação da necessidade ou da liberdade, esbarra sempre na impossibilidade de enfrentamento do modo como se deu o passado, o "foi assim" de toda vida, esse pedaço de tempo cristalizado e enrijecido[9], tanto como fatos quanto como interpretações passadas que mantêm preso o querer[10]. Como destino, nada está em suas mãos. Como liberdade, sente-se impotente por não poder querer para trás. Tudo parece ao homem, de modo niilista passivo, em vão, em vão a ponto de suscitar verdadeira aversão da vontade e de voltar-se contra o tempo em si e todo "foi assim". De fato, diz-se, se tudo perece, então tudo deve perecer: a vida terrena é experimentada como castigo e condenação, a vida se lhe apresenta como a ordenação das coisas pela moral segundo uma lógica de direito e castigo e, mais ainda, por um direito eterno como o tempo, tornando impossível a redenção, já que eternos são também todos os castigos e, assim, eternamente a existência deve se tornar ato e culpa. Sua única possibilidade de redenção do tempo, imagina, seria abolir o querer, torná-lo não querer, pois já não haveria sofrimento no querer que se sabe fadado a morrer. Ora, um não querer demanda que se desvie o olhar de si, olvide o si (*das Selbst*), tudo aquilo que lhe é próprio, tornando-se desinteressado (*selbstlos*) para fugir do sofrimento decorrente da impotência de viver em um mundo em que não pode querer para trás[11]. É isso que faz o homem renegar, em razão do sofrimento, a terra. Louvando um trasmundo ou o Estado[12], renega a transitoriedade, vinga-se do tempo e torna mentira o próprio tempo, crendo, com isso, ser capaz de aboli-lo[13]. Cria para si o Uno, o perfeito, o imóvel, o imperecível, um verdadeiro trasmundo que valoriza em detrimento deste, terreno, esquecendo-se de que aquele, como as demais imagens, é todo poético, mau e anti-humano, digno de um mentiroso poeta[14], e mesmo seu Deus é obra humana, demasiado humana[15]. Com ele, contudo, consegue uniformizar os valores, conferindo às coisas um valor unímodo[16] para, com isso, dar sentido à vida do homem, não mais como homem singular, individual, histórico, não mais atentando às diferenças de valores entre povos, mas, sim, como homem absoluto[17]. A vida torna-se, assim, uma mentira[18], uma mentira sem acreditar em si, porque renega sua singularidade existencial e histórica; por isso Nietzsche diz que a

8. *ZA*, "Das Velhas e Novas Tábuas", 3. **9.** J. Stambaugh, "Thoughts on Pity and Revenge", em *Nietzsche Studien*, vol. 1, p. 33. **10.** F. Kaulbach, *op. cit.*, p. 44. **11.** *ZA*, "Da Redenção". **12.** *ZA*, "Do Novo Ídolo", mas também em "Dos Grandes Acontecimentos". **13.** *ZA*, "Nas Ilhas Bem-Aventuradas". **14.** *ZA*, "Nas Ilhas Bem-Aventuradas". **15.** *ZA*, "Dos Trasmundanos". **16.** *ZA*, "Do Novo Ídolo". **17.** *ZA*, "Das Moscas da Feira", e, quanto ao absoluto, "Do Homem Superior", 16 e 19. **18.** *ZA*, "Nas Ilhas Bem-Aventuradas.

vontade de Estado, como a de Deus, é a vontade de morte[19], porque, negando a transitoriedade, o homem aniquila sua própria vontade. *Por não poder de outro modo*[20] suportar a existência, converte-se asceticamente em um espírito de suportação, tal qual um camelo que carrega pesados fardos, submetendo-se a um outro querer, alheio ao seu próprio[21]. Esse outro querer são os deveres que lhe são uniformemente impostos, representados pelo dragão[22], seja na figura de Deus seja na de Estado.

A crença em tal mentira, todavia, depende de seu prevalecimento igualitário, uniforme e homogeneizante entre os homens: impõe-se, assim, uma demanda de igualdade[23] e de uniformidade para que a mentira coletiva possa prevalecer de modo imutável, o que faz com que esses homens achem que sabem e possuem o bem e o justo[24] ao respeitarem a regra da obediência à custa de si; daí a necessidade de pregarem o desinteresse (*Selbstlosigkeit*) ou, mais propriamente, a perda de si[25]. A justiça desponta para os bons e justos, portanto, como a justificativa, não apenas da renegação da transitoriedade e de si, como ainda da fundamentação da vida ascética e de suportação pela vingança, vingança contra o tempo e o "foi assim"[26].

Essa criação vingativa, todavia, numa manifestação de vontade doente e antítese da vontade de potência[27], tem cunho eminentemente reativo: é o desejo de vingança contra todos aqueles que, diferentes de si, detêm poder na terra, contra todos aqueles que não sofrem como eles, *i.e.*, os solitários[28] e que têm um gosto singular[29]. São esses homens que denunciam que não há um fito único à humanidade, que ao homem são reservados vários caminhos possíveis[30], desde que se tenha força e poder criador. São esses homens, portanto, que põem em xeque a mentira dos fracos e impotentes, denunciando a miragem do mundo transcendente. São ainda esses homens que apontam o quanto o romper com o "tu deves", representado pelo dragão, equivaleria a dispor-se ao enfrentamento da quimera e arbítrio com que se depara todo homem além de suas criações, o quanto implicaria perceber que sobre a humanidade inteira reinava o absurdo, o que não tem sentido, o acaso[31], e que o homem é esse horrendo acaso[32], é enigma, fragmento, membros avulsos de seres humanos, esparso como num campo de batalha ou matadouro[33], cuja fraqueza reclama, impreterivelmente, que se renegue para se salvar.

19. *ZA*, "Do Novo Ídolo". **20.** *ZA*, "Dos Renegados". **21.** *ZA*, "Das Três Metamorfoses". **22.** *ZA*, "Das Três Metamorfoses". **23.** *ZA*, "Das Tarântulas". **24.** *ZA*, "Das Velhas e Novas Tábuas", 26. **25.** *ZA*, "Dos Virtuosos". **26.** *ZA*, "Da Redenção". **27.** J. Stambaugh, *op. cit.*, p. 33. **28.** *ZA*, "Do Caminho do Criador". **29.** *ZA*, "Da Prudência Humana". **30.** *ZA*, "Dos Mil e um Fitos". **31.** *ZA*, "Da Virtude Dadivosa", 2. **32.** *ZA*, "Da Redenção". **33.** *ZA*, "Da Redenção".

O SENTIDO TERRENO DA VIDA: O CAMINHO DE SI E A JUSTIÇA COMO DIFERENÇA

É essa condição trágica que reclama a justificação da transitoriedade[34] e do sentido da existência na terra[35]. Se o homem é tentativa[36], isso se deve à valorização dessa condição enigmática que marca a existência humana assim como o desafio, sempre recolocado, de tentar desvendar esse enigma em meio às constantes mentiras do espírito a respeito da alma, mentiras que tornam difícil a tarefa de descobrir o homem, de descobrir a si mesmo[37].

Nesse caminho, não se bate o autor pela contraposição a essa mentira, pretendendo-se detentor da verdade. Nietzsche diz que Zaratustra também é poeta[38], e poetas sempre mentem[39]. O que está em jogo é a avaliação que se faz da transitoriedade, do sofrimento, da terra, da vida, e o homem é um ser que avalia. A avaliação não se sujeita a um juízo de verdade ou mentira, ela reconhece e afirma seu caráter interpretativo, rompendo a automistificação poética que se pretende revelação direta da verdade[40], para se pautar, pelo contrário, por um juízo de força[41] e de liberdade[42], ao poder afirmar a existência com a máxima vontade a despeito do sofrimento decorrente da transitoriedade, enfrentando a diferença e a multiplicidade sem partir para a vingança e voltando-se à contínua superação de si. O desafio primeiro que o autor se coloca é portanto mudar o olhar sobre o homem, porque, mudando-o, transformar-se-á a própria relação com a vida. Esse desafio passa, desse modo, pelo aprendizado do amor a si, a arte mais sutil, mais astuciosa, última e paciente a seu ver[43]. E, para Deleuze, o Zaratustra representa isto, uma nova maneira de sentir, de pensar, de avaliar[44]; uma nova subjetividade, como aponta Machado[45].

Uma primeira manifestação desse amor de si e, portanto, da força do homem em sua tentativa é apontada na necessidade de metamorfose do espírito, uma transformação do homem de camelo em leão, pois precisa de força para reverter o quadro de aniquilamento do homem e procurar a si[46]. Essa procura reclama distância e apartamento. O homem deve perder-se no deserto, alheio ao rebanho, para, então, poder aspirar a se achar[47]. Para tanto, é preciso se dispor ao desprezo daquilo que ama, os valores transcendentes que marcaram sua vida até então; é preciso destruí-los e desprezá-los para poder almejar a criar[48].

34. *ZA*, "A Criança com o Espelho". **35.** *ZA*, "Prólogo", 3. **36.** *ZA*, "Das Velhas e Novas Tábuas", 25. **37.** *ZA*, "Do Espírito de Gravidade", 2. **38.** *ZA*, "Dos Poetas". **39.** *ZA*, "Dos Poetas" e "Nas Ilhas Bem-Aventuradas". **40.** M. Haar, "La critique nietzschéene de la subjectivité", em *Nietzsche Studien*, vol. 12, p. 85. **41.** *ZA*, "Da Bem-Aventurança a Contragosto". **42.** *ZA*, "Do Caminho do Criador" e "Da Árvore no Monte". **43.** *ZA*, "Do Espírito de Gravidade". **44.** G. Deleuze, *op. cit.*, p. 188. **45.** R. Machado, *op. cit.*, p. 46. **46.** *ZA*, "Das Três Metamorfoses". **47.** *ZA*, "Da Virtude Dadivosa", 3. **48.** *ZA*, "Da Superação de Si".

Trata-se de uma força que já se direciona a si, pois passa pela experimentação da contradição negada pelos trasmundanos[49], por todo o idealismo. Ora, um dos primeiros presentes de *Zaratustra* foi a afirmação dos contrários[50]. Realçar a contradição, a oposição e a luta implica pontuar as diferenças entre os homens, seja ao marcar sua singularidade existencial, seja contrastando povos e culturas; implica, ainda, realçar a diversidade de caminhos e de possibilidades de estruturação do homem, sempre de modo singular. A questão da justiça mostra-se, desse modo, desde já colocada. Se a justificação da existência pelos bons e justos e sua concepção de justiça ligada à vingança fundavam-se no olvido e perda de si, pensar a justiça em outro sentido, um sentido positivo e afirmativo, está intimamente ligado a pensar a afirmação da diferença no homem e entre os homens e que os homens não são iguais, nem devem se tornar iguais[51]: é nessa proposição que Nietzsche define a justiça, a não-igualdade entre os homens. Estamos, assim, à frente de um pensamento da justiça que seja amor ao além do homem como justificação do sentido da terra através de várias pontes para abrir vários caminhos em direção ao porvir, com guerras e desigualdades[52].

Daí, insiste-se, a necessidade da destruição para que haja ressurreição[53], uma destruição que remeta as coisas novamente ao devir, colocando-as em fluxo[54] e destituindo todo senhor que, como dragão, pretenda nos impor deveres[55]: só então terá novamente diante de si o mar a descobrir, este mar ao qual Nietzsche identifica o desafio do homem[56].

É ainda com essa força de leão que o homem procurará aprender a afirmar a sua vontade, a criar a liberdade de novas criações. A liberdade que se lhe apresenta não é, contudo, de algo, como se estivesse limitada aos deveres postos, mas para algo[57], vale dizer, a superação de toda essa estruturação da vida tal qual se dá com o último homem, negra nuvem que paira sobre o homem. Só então será o homem capaz de dar sentido a seu ser[58], anunciando o mistério de antes do meio dia[59], esse instante criador e valorador ao qual se segue o longo trovão da ação[60]. Aí, teremos uma nova justiça em ação, um novo modo de valorar a vida.

Por isso, além de tentativa[61], o homem é e há de ter ousadia para acreditar em si[62], dirá Nietzsche. Seu grande desafio é a procura dessa força e liberdade, uma procura que há de voltar-se, como dito, a si. É em si, na singularidade de cada homem, que haverá de ser buscado o

49. *ZA*, "Dos Trasmundanos". **50.** *ZA*, "Prólogo", 1. **51.** *ZA*, "Das Tarântulas". **52.** *Idem, ibidem*. **53.** *ZA*, "O Canto do Túmulo". **54.** *ZA*, "Das Velhas e Novas Tábuas", 8. **55.** *ZA*, "Das Três Metamorfoses". **56.** *ZA*, "Do País da Cultura". **57.** *ZA*, "Do Caminho do Criador". **58.** *ZA*, "Prólogo", 7. **59.** *ZA*, "Da Virtude Amesquinhadora", 3. **60.** *ZA*, "Os Sete Selos", 3. **61.** *ZA*, "Da Virtude Dadivosa", 2. **62.** *ZA*, "Do Imaculado Conhecimento".

caminho[63], que haverá de se lutar para *poder caminhar* e *poder acontecer*. Esse caminho não há de passar, portanto, por um projeto coletivo unificador, mas sempre múltiplo: daí a importância da amizade no pensamento nietzschiano[64].

O APRENDIZADO DE SI

Mas, o que amar nos homens, se tudo neles é perecimento, sofrimento, enigma, horrendo acaso? A própria resposta é uma conquista. Se os trasmundanos crêem saber e já possuir o bem e o justo, Nietzsche afirma que havemos de *aprender* a amar o estar em perigo por estar a caminho, por estar a transpor o abismo e correr o risco de olhar e parar[65]. A grandeza do homem, para Zaratustra, é ser ponte[66], e não finalidade e acabamento. O estar a caminho é, assim, um aprendizado[67], não é um saber que o homem detenha e que possa oferecer. Por isso, desde o início, aponta-se que o homem não sabe, mas vive para o conhecimento[68], vive para o desvendamento do enigma que sempre se coloca e que sempre se renova, inclusive nas próprias respostas a que o homem se oferece. O aprendizado é tentativa e ousadia, tal qual o homem em sua busca de superação, pois não há um caminho único. Não por outra razão vemos na trajetória de Zaratustra a alternância entre ascensão e declínio, ouvimos dele a necessidade de voltar a ser homem e portanto querer o ocaso (*Untergang*)[69]; de aprender a morrer, de descer das alturas de suas novas verdades, abrindo-se, mais uma vez, ao sofrimento ínsito à contradição, ínsito ao ocaso, que é transbordo e esvaziamento[70] daquele que alcança a plenitude e quer distribuir para que, não mais pela perfeição de uma mentira que renega a existência, mas pelo paradoxo da própria existência situada no tem-

63. *ZA*, "O Viandante". **64.** *ZA*, "Do Amigo" e "Do Amor ao Próximo". **65.** *ZA*, "Prólogo", 4. **66.** *Idem, ibidem*. **67.** O aprendizado marca a trajetória de Zaratustra, uma trajetória que podemos definir como caminho. Aprende, assim: que o sangue é espírito ("Do Ler e Escrever"), a ser educado e a jogar ("Das Mulheres"); a amar e amar além de si ("Do Casamento"); a morrer e amar a terra ("Da Morte Voluntária"); a alegrar-se e não ter sofrimento em comum ("Dos Compassivos"); a aprender com os néscios, que não sabem o que é virtude e afirmar a si ("Dos Virtuosos"); a acercar-se da fonte do prazer ("Da Canalha"); a construir ("Dos Famosos Sábios"); o riso e a beleza ("Dos Seres Sublimes"); com o povo ("Da Redenção"); a ter fé em si mesmo ("Da Prudência Humana"); a desviar o olhar de si ("Do Viandante"); a solidão ("Da Bem-Aventurança a Contragosto"); a maldizer ("Antes que o Sol Desponte"); o silêncio ("Da Virtude Amesquinhadora"); a ocultar-se ("Do Regresso"); a amar a si, a ter bela aparência, a esperar por si, a dizer Eu, Sim, Não, a caminhar, condição para voar, a interrogar-se e responder ("Do espírito de Gravidade", 2); a criar e a voar ("Das Velhas e Novas Tábuas", 16 e 22), a cantar ("Do Convalescente"); a astuciar ("Outro Canto da Dança"); a rir de si e a dançar ("Do Homem Superior", 15 e 20), finalizando ao dizer que só agindo se aprende ("O Mais Feio dos Homens"). **68.** *ZA*, "Prólogo", 4. **69.** *ZA*, "Prólogo", 1. **70.** *Idem, ibidem*.

po, possa o homem voltar a ser homem e receber o presente além do homem[71], vale dizer, a superação de si em meio à própria transitoriedade. Presentear o homem com o além do homem[72], *i.e.*, com a criação de algo acima de si, é dar-se sentido como sendo o próprio lançar da flecha[73], mais do que um alvo em si ou um acabamento. Diferentemente do santo, que prega a imperfeição do homem para que amemos a Deus, Zaratustra prega, com a volta do homem a ser homem, a superação do homem com a criação de algo além de si mesmo. O sentido da terra – que há de ser afirmado – é o além do homem[74], não uma esperança ultramundana. É essa felicidade terrena que remete o homem à sua condição e ao desafio da superação que deveria justificar sua existência[75].

Eis, assim, o desafio que, veremos, marca a justiça: pensar, em meio à transitoriedade e ao sofrimento, a justificativa da existência, como felicidade terrena, movendo o homem não apenas ao reconhecimento e valorização de sua condição, mas, ainda, ao desafio de superação de si. Pensar, portanto, um amor a si, considerando-se não como meta, mas, sim, como flecha, como lançar-se criador de novos valores em novas tábuas[76], com toda a altivez própria à águia para a ação, mas que busca alcançar, em sua impossibilidade, a conjugação com a prudência da serpente[77], que, em seu movimento circular, remete a ação ao seu sentido, justifica-a em meio ao movimento.

O CORPO DANÇARINO COMO VIRTUDE DA TERRA E A SINGULARIDADE DO HOMEM

Esse desafio é colocado ao homem em sua singularidade[78], pois é na singularidade do instante da avaliação da existência que temos de enfrentá-lo. A confusão e contradição a que alude Nietzsche é, por conseguinte e antes de tudo, experimentada no "eu"[79], e, como tal, é ele a própria fala do sentido da terra, ligado à transitoriedade; isso, afirma, devemos honestamente reconhecer. Pressuposto para isso, de

71. Em alemão: *Übermensch*. Utilizamos a expressão recomendada por Rubens Rodrigues Torres Filho no lugar do tradicional "super-homem", pois parece-nos que "além" indica melhor a imagem de travessia, de passagem que marca o prefixo *über*, não só para indicar essa transposição dos limites do humano (F. Nietzsche, *Obras Incompletas*, p. 228, nota 1), mas também por remeter a passagem ao sentido do caminho terreno a se justificar a que Nietzsche liga essa figura. Temos, contudo, presente a crítica de Paulo César de Souza quanto aos aspectos formais de uma tal tradução (F. Nietzsche, *Ecce Homo, Como Alguém se Torna o que é*, p. 124, nota 31) e de Roberto Machado não só quanto à eufonia, mas, também, para marcar esse processo de autosuperação que o prefixo "sobre", também aplicável a *über*, denota (*Zaratustra, Tragédia Nietzschiana*, p. 45, nota 22). **72.** *ZA*, "Prólogo", 3. **73.** *ZA*, "Prólogo", 5. **74.** *ZA*, "Prólogo", 3. **75.** *ZA*, "Prólogo", 3 e 1. **76.** *ZA*, "Prólogo", 9. **77.** *ZA*, "Prólogo", 10. **78.** *ZA*, "Da Alegria e das Paixões". **79.** *ZA*, "Dos Trasmundanos".

fato, é a honestidade, que, segundo Giacoia Júnior, nos remete à pergunta pelo valor dos valores morais ao qual ela própria deve sua origem e vigor, e é justamente essa pergunta que se lhe torna emancipatória, porque não apenas problematiza a vontade de verdade, quebrando o tabu que a envolve ao perguntar-se o porquê de uma tal necessidade incondicional, mas sobretudo por constranger a moral a viver a experiência limite de reconhecer a inverdade e improbidade de toda e qualquer valoração[80]. Na possibilidade de afirmar-se, essa honestidade, na esteira do que se deu com os moralistas franceses, mostra-se como um gosto[81], um primeiro a se manifestar e reconhecer. O primeiro passo implica, então, na revalorização desse "eu", pois é ele que cria, que quer, que estabelece os valores e é a medida e valor de todas as coisas, ensinado por nova altivez, uma cabeça livre e terrena[82].

Trata-se, todavia, apenas de um primeiro passo, pois não é nesse "eu" que se funda o pensamento nietzschiano. O "eu" é feito pelo corpo[83] e, quando Nietzsche diz o quanto a questão que se nos coloca é de ousar e de acreditar em si, esse si são as vísceras[84], *i.e.*, o corpo. Mas que é o corpo? Nietzsche alude a ele por uma série de metáforas, sempre paradoxais, a demonstrar não haver univocidade, tal qual se apresenta no homem de rebanho com sua certeza de si: ele é uma multiplicidade com único sentido, um rebanho e um pastor e uma guerra e uma paz[85]. Anuncia-se desde logo uma idéia de alternância entre guerra e paz de um sentido ou uma direção – o pastor –, de um lado, e a multiplicidade e rebanho, de outro, e esse todo é o corpo. Ora, o corpo é a fala do sentido da terra[86] que se contrapõe à alma e às alturas divinas. O corpo é o Si (*das Selbst*), é ele que domina e é dominador do "eu" e que, como tal, permanece atrás dos pensamentos e dos sentimentos, sendo, assim, caracterizado como uma grande razão, diversa daquela pequena a que estamos acostumados e que não passa de instrumento e brinquedo do corpo[87]. A consciência e o eu, assim, são como ensina Deleuze, apenas sintomas de um si do qual não somos conscientes e ao qual nos subordinamos[88]. Por isso, para Nietzsche, é o corpo que pensa, e o pensamento e o corpo têm essa natureza múltipla, de uma pluralidade intra-subjetiva, como aponta Haar, que tem de ser interpretada e à qual só temos acesso às mudanças e conflitos[89]. Essas mudanças são percebidas pelo modo de mando do corpo sobre o eu, pela dor e prazer sentidos, e que nos demandam uma reinterpretação do processo de conflito, tornando o sofrimento a ele inerente instrumento da própria afirmação de si. O próprio espírito é, desse

80. O. Giacoia Júnior, *op. cit.*, pp. 139 e ss. **81.** Cf. A. Von Der Lühe, verbete "Redlichkeit" e F. Schalk, verbete "Honnête homme", de J. Ritter e K. Gründer, *op. cit.* **82.** *ZA*, "Dos Trasmundanos". **83.** *ZA*, "Dos Desprezadores do Corpo". **84.** *ZA*, "Do Imaculado Conhecimento". **85.** *ZA*, "Dos Desprezadores do Corpo". **86.** *ZA*, "Dos Trasmundanos". **87.** *ZA*, "Dos Desprezadores do Corpo". **88.** G. Deleuze, *op. cit.*, pp. 44-45. **89.** M. Haar, *op. cit.*, pp. 86-92.

modo, criado por mão da *vontade do corpo* – não intelectual, portanto – ao criar o apreço e o desprezo e, quando não mais o faz, quando não mais consegue criar além de si, então quer morrer (*untergehen*), tornando-se desprezador do corpo[90].

Um corpo que consegue criar além de si é, para Nietzsche, um corpo flexível, convincente, dançarino, corpo que é imagem da alma contente de si e, portanto, criador do espírito e, em seu contentamento, *a própria virtude*[91]. Trata-se, é certo, não mais da virtude ligada à justiça e à vingança, como pretendem os bons e justos, uma virtude que se pretenda conhecedora do bem e do mal: eles nada sabem da virtude[92]. A virtude não deve ser algo estranho, uma epiderme ou um envoltório[93], como o seria se fosse considerada como lei de Deus ou norma humana[94]. Pelo contrário, o desafio é considerar a virtude como virtude da terra[95], ou seja, como sentido da terra e, por conseguinte, como a significação do que seja a superação do homem, expressa pela idéia do além do homem. Ora, a virtude da terra é a afirmação da diferença e da singularidade entre os homens que só poderá advir na medida em que rompam com a igualdade e uniformização imposta pelos últimos homens, pelos bons e justos e pelos trasmundanos. Essa diferença, e singularidade, nada mais é do que a imagem defendida por Nietzsche de justiça[96]. O corpo há de assinalar, portanto, a diferença, em si, na multiplicidade de que o homem é constituído, e diante do outro, marcando as singularidades de cada um.

Nesse sentido, a virtude somos nós mesmos, ela deve provir de nossas vísceras, *i.e.*, do corpo, e, em razão dessa proveniência, a virtude não é comum a ninguém e pode-se dizer até mesmo inexprimível[97]: ela é expressão de um anseio por si (*Selbstsucht*)[98], sem portanto a rigidez que a norma divina ou estatal impõe, desvinculada das condições de vida do homem singular. Se a virtude de que tratamos não é uma lei de Deus ou uma norma humana, é, enquanto tentativa, tal qual o caráter do homem que haveremos de considerá-la, uma tentativa que se manifesta por luta e pela criação. O espírito, para Nietzsche, atravessa a história tornando-se outro e lutando; ele é, ao mesmo tempo, arauto, companheiro e eco de suas lutas e vitórias[99], e, por isso, fala por símbolos e não de modo único, como se a virtude pudesse ser compartilhada por terceiros.

De que luta se trata? Com origem no corpo, as virtudes nascem das paixões e colocam no centro o mais alto objetivo dessas paixões, tornando-se assim, virtudes e alegrias. São contudo várias as virtudes no homem, e é necessário, por isso, o mal da guerra e da batalha entre

90. *ZA*, "Dos Desprezadores do Corpo". **91.** *ZA*, "Dos Três Males", 2. **92.** *ZA*, "Dos Virtuosos". **93.** *Idem, ibidem*. **94.** *ZA*, "Da Alegria e das Paixões". **95.** *Idem, ibidem*. **96.** *ZA*, "Das Tarântulas". **97.** *ZA*, "Da Alegria e das Paixões". **98.** *ZA*, "Dos Três Males", 2. **99.** *ZA*, "Da Virtude Dadivosa", 1.

elas: cada virtude, de fato, almeja ao que há de mais elevado e quer ser arauto de todo o espírito, quer toda sua força em ira, ódio e amor. O homem é multiplicidade e diferença, sendo-lhe estranha qualquer pretensão de identidade. Se essa multiplicidade se resolve, com a ascensão de uma virtude e de um pensamento como dominantes, arautos do espírito a dominar o eu e ciumentos de todas as demais virtudes[100], ela segue sendo uma virtude de dançarino[101], como dançarino era o corpo, porque transitória e mutável como o passo leve da dança. Só assim mantém-se fiel à terra[102]. O desafio da justiça é conseqüentemente pensar essa estruturação cambiante pela afirmação da diferença em si.

A VIRTUDE COMO LEI E A REDENÇÃO DO HOMEM: O CAMINHO DO CRIADOR

A virtude e o pensamento dominantes são, em verdade, frutos da avaliação, do valor que o homem, avaliando, confere às coisas para conservar-se e, assim, atribuir-lhes um sentido humano; é nesse grande valor, fruto da avaliação, que consiste a criação, e sem essa criação, pela avaliação, vazia seria a voz da existência[103]. Porque o homem está situado no devir, essa virtude não é a virtude amesquinhadora dos bons e justos[104], de cunho transcendente. Ela é uma avaliação com o fogo do amor e da cólera dos criadores[105], resultado da luta e batalha de paixões, apegada à terra. Essa avaliação é uma criação humana, esse é o sentido fundamental: inventa-se a própria virtude[106], e ela se impõe como uma lei ao criador, como um modo e estilo de vida que representa sua vontade suspensa sobre si e da qual deve-se tornar juiz e vingador dela própria[107], mas também vítima[108].

Que sentido há nessa contraposição entre juiz, vingador e vítima da lei? – pergunta-se o próprio Nietzsche. Vimos o quanto a necessidade de redenção do tempo dita-se ao homem porque todo "foi assim", esse passado determinante, fragmenta-o em momentos desconectados, seu passado, seu presente, seu porvir; tira-lhe o sentido da existência, não permitindo que passe de enigma, além de furtar-lhe a força e o poder de afirmação de sua vontade para que deixe de ser acaso e possa afirmar a si, afirmar um sentido terreno para sua existência. É disso que precisa ser redimido[109], e a lei é essa tentativa de redenção do sofrimento e de dação de sentido, mas, porque terrena, afirmadora de seu caráter interpretativo, estrutura-se como um poetar. Seu desafio é condensar e ajuntar em unidade aquilo que, no homem,

100. *ZA*, "Da Alegria e das Paixões". **101.** *ZA*, "Os Sete Selos", 6. **102.** *ZA*, "Da Virtude Dadivosa", 1. **103.** *ZA*, "Dos 1001 Fitos". **104.** *ZA*, "Da Virtude Amesquinhadora". **105.** *ZA*, "Dos 1001 Fitos". **106.** *ZA*, "Do Caminho do Criador". **107.** *Idem, ibidem*. **108.** *ZA*, "Da Superação de Si". **109.** *ZA*, "Da Redenção".

é fragmento e enigma e terrificante acaso[110]. É preciso, portanto, compor em unidade o que é fragmento, decifrar o enigma homem e redimi-lo do acaso, permitindo a afirmação de si. Quando disso é capaz, a vontade é criadora, "o que foi" pode se dizer quisto[111], o que se apresentava como acaso mostra-se agora *próprio* a quem o quer[112] e pode querer, afirmando a si e aí vê-se, então, o fito do acaso, fazer nascer do mal – que é a vontade de afirmar o *Selbst*[113] e que é renegada pelos bons e justos – o bem[114], vale dizer, o próprio Si, a experiência de Si, a única que se vive[115]. O homem pode reivindicar, então, o valorar como sua obra, como o produto de uma atividade tácita que precede toda racionalização objetiva[116]. Se essa experiência de si nos mostra não haver vontade eterna[117], tanto assim que encontramos a quimera, o arbítrio e o absurdo uma vez vencido o dragão dever, afirmar a lei como um poetar envolve, como já apontamos, não um superar a mentira por uma verdade, mas, sim, a capacidade de afirmação de um *poder de outro modo* que se afirme enquanto transitoriedade, conquanto com a força de imprimir à nossa vida a imagem da eternidade[118]. Por isso, pergunta-se Zaratustra como suportaria ser homem se não fosse também poeta e decifrador de enigmas e redentor do acaso. A mentira poética, mas forte ao ponto de converter-se em lei, é o sinal distintivo do homem, é a justificadora da existência e afirmadora de uma nova justiça terrena.

A força poética está então em sermos capazes de afirmar a lei, sujeitando-nos a ela sob um triplo enfrentamento, ao sermos dela juízes, vingadores e vítimas. Nietzsche vale-se de uma série de metáforas trinas que nos auxiliarão nessa compreensão. A criação da lei é, enquanto fruto de uma avaliação, expressão da afirmação de um gosto que marca a singularidade do avaliar e, portanto, a diferença. Ela se divide, no entanto, tal como a lei que se coloca, em peso, vale dizer, a medida que afirma o próprio gosto; em balança, *i.e.*, a necessidade do confronto para que o gosto e a medida valham enquanto tal, rompendo o absoluto; e pesador, quer dizer, a pessoalidade da avaliação, quem toma a iniciativa de contrapor o que se avalia a uma medida[119]. Como diz Giacoia Júnior, "a própria idéia de valoração ou de juízo de valor pressupõe uma relação estabelecida entre a instância que valora (quem valora), algo valorizado e um critério de medida ou estimativa de valor"[120]. Por isso, se o único que se vive é a experiência de si[121], a vida inteira é uma discussão de gostos e sabores[122], *i.e.*, de valores distintos e múltiplos que são afirmados, de leis e virtudes contrapostas e, assim

110. *ZA*, "Das Velhas e Novas Tábuas", 3. **111.** *ZA*, "Da Redenção". **112.** *ZA*, "O Viandante". **113.** *ZA*, "Do Pálido Criminoso". **114.** *ZA*, "Do Amor ao Próximo". **115.** *ZA*, "O Viandante". **116.** J. Granier, *op. cit.*, pp. 286-290. **117.** *ZA*, "Antes que o Sol Desponte". **118.** *FP*, primavera – outono 1881, 11 [159]. **119.** *ZA*, "Dos Seres Sublimes". **120.** O. Giacoia Júnior, *op. cit.*, p. 133. **121.** *ZA*, "O Viandante". **122.** *ZA*, "Dos Seres Sublimes".

o sendo, diz-se justa, no sentido novo nietzschiano, porque põe a avaliação em seu movimento de afirmação, enquanto interpretação do mundo, reveladora de um valor e de uma lei que se expressa pelo homem.

Por isso, a criação reclama a capacidade de superar aquele mínimo vital que é a obediência, comum a todo vivente. É preciso ser capaz de mando para a afirmação de si e manda-se naquele que não sabe obedecer a si mesmo, que não pode prescrever-se sua lei. Mandar é uma tarefa mais difícil que obedecer, pois é em todo mando que se encontra propriamente a tentativa e a ousadia que caracteriza o homem[123], pois aí o vivente coloca-se em risco, expressa seu gosto e sua avaliação, um modo de vida como justo, embora saiba que o chão quimera e arbítrio treme abaixo de seu poetar. Mas se é nesse mando que se expressa sua lei, é também esse mando que o homem deve expiar, praticando a obediência ainda quando manda, vale dizer, não está à frente de uma situação de arbítrio, mas, sim, de obediência à própria lei, de cumprimento do mando que se autoprescreve[124].

Por isso, o homem há de ser juiz dessa lei, deve, para decidir, avaliar, mas, ao mesmo tempo, cobrar-se seu cumprimento, sendo dela vingador, mas por ela perecer, dela se tornando vítima, lançando-se ao ocaso para que, em nova ousada tentativa, possa voltar a se estruturar, superando a si mesmo[125] para que não nos tornemos reféns do dogmatismo próprio, num constante processo de distanciamento de nossas próprias posições assumidas, ironizando as nossas convicções[126]. Isso torna o além do homem, mais do que uma realidade, uma exigência[127] que se apresenta em uma imagem circular, e circular porque, ao mesmo tempo em que anuncia uma nova possibilidade de vida como arauto do porvir, está situado no instante criador como companheiro da luta que está a travar e da vitória que almeja alcançar, embora saiba que, esgotada sua força, não passará de eco daquilo que se viveu, eco dessas mesmas lutas e vitórias que ora se apresentam como a maior expressão da vontade de potência[128]. Por isso, a criação é indissociável da dor que nos remete à transitoriedade: se há criação, houve a necessidade de uma parturiente, de toda uma gestação marcada pelo tempo, e esta foi fruto da dor dessa mesma parturiente[129]. Não se pode, nesse processo, defender a vida sem ser intercessor da dor, e a única condição de fazê-lo é como assertor do círculo[130] de vida e morte, abrindo-se à repetição de superação e ocaso como condição para a criação. Não se pode, portanto, julgar a vida, pô-la na balança, sem o comprometimento de assumir-se a condição singular de ser o pesador e, mais ainda, de escolher o peso com o qual medirá[131]. Não se pode dissociar,

123. *ZA*, "Da Superação de Si". **124.** *Idem*. **125.** *Idem*. **126.** O. Giacoia Júnior, *op. cit.*, p. 137. **127.** R. Machado, *op. cit.*, p. 49. **128.** *ZA*, "Da Virtude Dadivosa", 1. **129.** *ZA*, "Da Criança com o Espelho". **130.** *ZA*, "O Convalescente", 1. **131.** *ZA*, "Dos Seres Sublimes".

assim, o momento criador, de sua inserção histórica, tanto para o que tem de inaugural, de abertura, como de finito, na eternidade cíclica de seu movimento de criação e exaurimento.

Em todas essas imagens, vê-se o quanto é preciso ter força e direito, ser uma nova força e direito para pôr-se a caminho de si que é o caminho do criador[132], um caminho de superação incessante[133] que, por criar, redima o sofrimento e possa ver a morte não mais exclusivamente como motivo de dor, mas também de festa, porque sabe o homem criador que a morte aperfeiçoa, torna-se, para o vivo, um aguilhão e uma promessa e sabe que, de sua morte, morre o homem realizador de si mesmo, vitorioso, rodeado de gente esperançosa a fazer auspiciosas promessas: só assim pode ansiar voltar à terra e, com a morte, fulgir o espírito e a virtude[134]. É a marca da transitoriedade em toda lei e criação que impele a superação, uma superação sempre crescente, como a de um arco que almeja uma seta, uma seta que almeja uma estrela, uma estrela pronta e madura em seu meio-dia, incandescente, traspassada, feliz das destruidoras setas do sol. Ela mesma, a estrela, um sol, inexorável vontade solar, pronta para destruir na vitória[135].

Só o homem vitorioso de si mesmo, um homem vencedor de si mesmo, um homem leonino, que se expõe à luta para a sua própria afirmação e justificação de si, pode desejar a criação porque pode amar a vida tal como é, imersa em perigos e causadora de sofrimentos, só ele pode aspirar ao direito de desejar uma criança e criar além de si, sendo senhor de suas virtudes, pois um tal homem é capaz de afirmar a virtude dominante e a lei que a expressa e, podendo ter se construído, poderá construir um monumento vivo a essa libertação do querer prisioneiro do tempo[136]. É por isso que Zaratustra presenteia o homem com o chicote para lidar com a vida[137]: ser senhor de suas virtudes é dominar os sentidos, as paixões, estruturando-as, e é a vida que é estruturada, é a vida a mais superficial e que precisa da forma dada pela profundidade do homem, da força capaz de unir superficialidade e profundidade, como cume e abismo precisam se unir. De fato, a virtude, como expressão da avaliação, tem um sentido humano, é presenteada pelo homem à vida-mulher; esta, que não é virtuosa, mas, pelo contrário, mutável e selvagem[138], cobra-lhe esse sentido, fazendo com que o jogo se reinicie, *i.e.*, que se dê pela mulher a descoberta e emergência da criança que o homem tem em si, essa possibilidade de reencontrar, de reconquistar o território da experimentação de si próprio à infância[139],

132. *ZA*, "Do Caminho do Criador". **133.** E. Fink, *op. cit.*, p. 82. **134.** *ZA*, "Da Morte Voluntária". **135.** *ZA*, "Das Velhas e Novas Tábuas", 30. **136.** *ZA*, "Do Casamento e dos Filhos". **137.** *ZA*, "Das Mulheres, Velhas e Jovens". **138.** *ZA*, "O Canto da Dança". **139.** M. C. F. Ferraz, "Teatro e Máscara no Pensamento de Nietzsche", em C. Feitosa e M. A. Barrenechea (orgs.), *Assim Falou Nietzsche II, Memória, Tragédia e Cultura*, p. 45.

para que então ele possa brincar com seu mais perigoso brinquedo, a própria vida, unindo sua vontade de criação à vontade vital da mulher[140], unindo sua vontade de moldar à vontade de imersão na multiplicidade da vida, querendo seu ocaso. A transitoriedade que se justifica e se valoriza com o retorno à terra implica considerar a própria virtude dominante do homem, nesse contexto de superação, como dançarina, flexível, mas ao mesmo tempo, por sua força, convincente[141].

Essa condensação em unidade própria à afirmação da lei e ao poetar passa, portanto, por uma dupla vontade: uma vontade voltada para o alto, para o além-do-homem, e outra para o baixo, para o perigo, para o ocaso. Cume e abismo são uma só coisa, são a junção das três vertentes presentes em toda lei, em toda criação, mas o cume implica reconhecer o destino, nada que não seja próprio, ao passo que o abismo volta-se à dor; ao sofrimento da morte[142], inevitável a toda criação, a todo parto. A grandeza da justificação da vida terrena consiste justamente em reunir cume e abismo, vale dizer, a flecha do anseio e a vontade de ocaso[143], ser sempre dadivoso e não querer conservar-se[144], um caminho, portanto, por cem almas, por berços, dores de parto, uma vontade de procriar[145], uma vontade de leão, de espírito livre[146]. Só assim o querer liberta[147] a própria vontade, essa vontade que está em cativeiro, impotente com o que já está feito e que provoca a aversão pelo tempo por meio da vingança. Libertando a vontade, justificando a transitoriedade, o medo da morte se converte em flecha do anseio e pode se unir à vontade de ocaso. A máxima afirmação da vontade, esse querer com toda vontade, expressa-se no harmonizar amar e morrer, de justificar, com isso, a transitoriedade, e de se dispor para a morte porque o próprio sofrimento torna-se capaz de matar a morte e dizer: "outra vez!". É daí que advém sua inocência e desejo de criar[148], é nisso em que consiste a beleza[149], por ser mais que reconciliação, mas sim arauto e alegria[150], risco da vontade e seu desafio. Por isso, a vida não há de deixar de ser suficientemente enigma para afugentar o amor humano, nem suficientemente solução para adormecer a humana sabedoria[151]: a criação e a justificação de que tratamos não pode, de todo, afastar o enigma, pois o enigma incita a sabedoria e a solução, o amor. Eis, novamente, a imagem do herói trágico.

140. *ZA*, "Das Mulheres, Velhas e Jovens". **141.** *ZA*, "Dos Três Males", 2. **142.** *ZA*, "O Viandante". **143.** *ZA*, "Prólogo", 5. **144.** *ZA*, "Prólogo", 4. **145.** *ZA*, "Nas Ilhas Bem-Aventuradas". **146.** *ZA*, "Dos Famosos Sábios". **147.** *ZA*, "Nas Ilhas Bem-Aventuradas". **148.** *ZA*, "Do Imaculado Conhecimento". **149.** *Idem, ibidem*. **150.** *ZA*, "Da Redenção". **151.** *ZA*, "Dos Três Males", 1.

O MOMENTO DA AVALIAÇÃO E O GLÁDIO DA JUSTIÇA

As leis e criações são, portanto, tentativas que demandam, ousadamente, superação. Por isso, se a justiça vem sempre capengando atrás da criação[152], se é sempre difícil a conjugação da altivez da águia com a prudência da serpente[153] – virtudes anticristãs em contraste intencional com a humildade e com aquela "pobreza de espírito", diante das quais a sabedoria desse mundo se transforma em loucura[154], e que superam o dualismo da luz e escuridão, do bem e mal, simbolizando uma nova época[155] –, compreendemos que o desafio da avaliação da ação coloca-se a todo instante. Sempre o homem está à frente de três problemas a que tem de se voltar[156]: o porvir, a superação de si e o ocaso, um movimento, tanto para a frente como para o alto e para o baixo. É o momento de avaliação supremo em que se tem de juntar os caminhos do passado e do porvir nesse instante de julgamento para avaliar se é o momento da estruturação, do resultado da criação e de sua plenitude ou se é chegado o momento do ocaso, se atingimos ou não o ápice de afirmação da lei e se estamos já à frente do anúncio de um novo ciclo. É a essa decisão que a vida nos chama a cada passo e que eternamente volta a se colocar como enigma, vendo-nos ameaçados a nos considerar novamente como meros fragmentos e puro acaso. É essa decisão que nos coloca o peso da avaliação de nossa força e de nossa liberdade para enfrentamento do sofrimento próprio à transitoriedade e de sermos capazes de justificar a existência.

É o momento em que temos de nos perguntar por qual ponte vai o hoje a caminho do porvir, mas também que força obriga o alto, esse ápice, a descer até o baixo, se há, ainda, aquilo que manda o mais alto crescer ainda mais. São perguntas que dizem respeito à inocência e à liberdade, ao agradecimento de todo porvir ao presente e que incitam nossa volúpia – a primeira resposta – para avançarmos; dizem ainda respeito ao ponto de interrogação que nos leva a experimentar, além das prematuras respostas e que, por isso, escarnecem de virtudes incertas que podem se pretender absolutas, mantendo-nos na ambição de domínio daquela que há de ser a predominante e estruturante de nossa avaliação fundadora de um mundo próprio e que, portanto, precisa, quando no alto, agradar-se de procurar o poder embaixo, sem que nisso haja algo de mórbido, mas, sim, de dançarino e flexível, de grato à vida. Em todas essas respostas, temos o anseio por si (*Selbstsucht*), o

152. *ZA*, "Do Caminho do Criador". **153.** *ZA*, "Prólogo", 10. **154.** E. Fink, *op. cit.*, p. 76. **155.** L. Lampert, *Nietzsche's Teaching. An Interpretation of "Thus Spoke Zarathustra"*, p. 29. Há outras interpretações deste simbolismo, tomando-o como a representação animal do eterno retorno, como é o caso de Deleuze (*Nietzsche*, p. 43), R. Machado (*Zaratustra*, p. 141) e S. Rosen (*The Mask of Enlightenment. Nietzsche's Zarathustra*, pp. 26 e 74-77). Não é esse o nosso entendimento, porque pressupõe uma leitura evolutiva da obra, contrária à nossa premissa inicial. **156.** *ZA*, "Dos Três Males".

egoísmo, que nos manda crescer mais alto, que nos dá o contentamento poético que garante a unidade e nos lança à ação, rompendo a passividade niilista negativa[157].

É momento de decisão, de decisão própria ao homem em que intervém o gládio da justiça, essa mesma justiça que capenga atrás da altivez da ação e que, em sua impossibilidade, une-se a ela; o gládio da metamorfose[158], esse mesmo gládio que corta na carne viva e marca a dor da decisão. Só nesse instante encontra-se o homem no grande meio-dia, na metade da trajetória entre o animal e o além do homem, porque está à procura de si e pode, assim, festejar o caminho para a morte como a mais alta esperança porque o sabe caminho para uma nova manhã[159]: é a manifestação da mais alta esperança como sentido da terra[160], vale dizer, que o além do homem possa nascer[161], de que o homem possa ser superado porque ama a vida[162], vida pela qual se luta para se redimir da vingança e para alcançar a justiça, vale dizer, sua justificação em sua própria superação e, superando-se, a afirmação da diferença entre os homens[163] e em si. É a manifestação desse grande amor de si que revela desde já sinal dessa gravidez[164] própria ao criador e que desse modo não toma a transitoriedade e o devir como perecimento e renegação da vontade, mas, sim, como a suprema afirmação da superação de si, além de toda covardia do espírito de gravidade, desprovido de olhar para si (*selbstlos*). O que se expressa nesse movimento, portanto, é a necessidade do ciclo de maturação de uma avaliação que se apresenta como lei ou virtude estruturante de um modo de vida. Tudo o que não amadureceu quer viver, mas, tão logo tenha alcançado a maturidade, tenha se tornado perfeito, quer morrer[165], e então anseia a videira pela tesoura do vindimador[166] para almejar algo mais longínquo, mais elevado, mais claro.

A intervenção do gládio da justiça é por isso o momento de avaliação do gosto, de uma estrutura de vida marcada por uma hierarquia de virtudes fundadas em paixões e que se expressam singularmente em um pensamento dominante como uma lei para o homem, uma lei que marca sua condição no mundo que se cria, justificando sua existência a cada passo de seu caminho. É por esse instante, a que se liga a idéia de eterno retorno, que se suprime a oposição maior entre virtude e felicidade, entre ser e dever-ser, entre o real e o ideal, entre vida imediata e beatitude, podendo-se, como aponta Haar, afirmar a perfeição do aqui e agora, e não de um além, de uma perfeição fatual, não moral[167].

157. *Idem, ibidem*. **158.** *Idem, ibidem*. **159.** *ZA*, "Da Virtude Dadivosa", 3. **160.** *ZA*, "Prólogo", 5, em conjugação com 3. **161.** *ZA*, "Das Mulheres, Velhas e Jovens". **162.** *ZA*, "Da Guerra e dos Guerreiros". **163.** *ZA*, "As Tarântulas". **164.** *ZA*, "Da Bem-Aventurança a Contragosto". **165.** *ZA*, "O Canto Ébrio", 10. **166.** *ZA*, "Do Grande Anseio". **167.** M. Haar, *Par-delà le nihilisme*, pp. 56-58.

O CRIVO DA FORÇA: O PODER DE OUTRO MODO COMO O PODER EXPERIMENTAR

O crivo da força e da liberdade em tal decisão e resposta às graves perguntas que se coloca o homem, o crivo da afirmação e anseio por si é o poder querer com a máxima vontade: o poder afirmar que todas as coisas estão encadeadas, entrelaçadas, enlaçadas pelo amor, por esse amor dadivoso à vida que faz distinguir essa busca da procura pelo absoluto. Esse encadeamento ético e trágico[168] significa não apenas afirmar-se que todo o prazer quer eternidade, que é prazer pela vida, prazer que impele a vela por mundos por descobrir, prazer de navegante[169], prazer da descoberta e do alcançar a perfeição[170] – que é também o prazer da felicidade, que quer tudo de volta[171] –, mas significa também que a condição para se querer de volta tudo, tudo de novo, encadeado, a condição para se dizer que ama o mundo[172], vale dizer, que o quer com toda a vontade, é poder afirmar este pensamento abissal, de que, por querer amor, quer também sofrimento, inferno, ódio, opróbrio, aleijão, mundo[173], que compreende estarem encadeados o dizer sim ao prazer e o dizer sim ao sofrimento e que dor é prazer, maldição, bênção, noite, sol, sábio, louco[174], portanto contradição e oposição de contrários, giro como de todo anel. Um prazer, por isso, que quer profunda, vale dizer, também sofrida, eternidade[175] e que, por conseguinte, mais do que a própria obra, sua lei ou sua virtude, mais do que seus herdeiros ou seus filhos, o prazer quer a si mesmo – quer eternidade[176], quer retorno, quer tudo eternamente igual a si mesmo, nesse movimento cíclico de ascensões e declínios nos quais se dá a superação de si. Mais do que a expressão da afirmação de uma ou outra estrutura, o crivo da força e da liberdade reside na afirmação da eterna transitoriedade como condição para a criação superadora de si nesse movimento cíclico.

A imanência desse crivo se revela pelo fato de depender o querer afirmativo do poder. Não posso porque quero, mas quero porque posso[177], porque posso querer a vida em sua inteireza, em toda a sua profundidade, como me revela o pensamento abissal: aí está a distinção com o espírito de gravidade e toda a necessidade de aprendizado do aprender a criar, do aprender a se amar, a que se propõe o *Zaratustra*. Se os renegados *pudessem de outro modo*, então haveriam de querer de outro modo, não mais seriam os meios-termos que estragam todo o inteiro. Essa força de suportar o pensamento abismal, de que tudo volta em uma idêntica vida[178], cujo sentido há de ser afirmado e que-

168. R. Machado, *op. cit.*, pp. 108 e 133-143. **169.** *ZA*, "Dos Sete Selos", 4. **170.** *ZA*, "Do Canto Ébrio", 10. **171.** *ZA*, "Do Canto Ébrio", 9. **172.** *ZA*, "Do Canto Ébrio", 10. **173.** *ZA*, "Do Canto Ébrio", 11. **174.** *ZA*, "Do Canto Ébrio", 10. **175.** *ZA*, "O Outro Canto da Dança". **176.** *ZA*, "O Outro Canto da Dança", 3. **177.** *ZA*, "Dos Renegados". **178.** *ZA*, "O Convalescente".

rido, é o que distingue Zaratustra do anão, é o indicativo de seu poder, de *poder* (*kann*) caminhar, de *poder* (*kann*) acontecer[179] para que, poetando, possa tomar isso como passível de ter acontecido, como junção dos caminhos do passado e do porvir tal como se juntam os caminhos do cume e do abismo numa só coisa, numa só afirmação. Ora, esse caminhar é experimentar e interrogar[180], é poder ousar, desconfiar, negar, cortar na carne viva[181], como corta o gládio da justiça, é portanto a própria afirmação da transitoriedade criadora. Se o saber sufoca o adivinho[182], o conhecer é, enquanto este experimentar, nascente de prazer para Zaratustra, para todo aquele que tem vontade de leão, ou seja, para aquele que não toma tudo como igual, como não valendo a pena, de modo servil, sem querer[183]. É o conhecer e experimentar que ditam a esperança de criar o mundo pelo conhecimento sem o qual a vida não seria suportável[184], mas um mero radicar-se no inconcebível e no contrário à razão. É, enfim, um prazer de tornar-se[185], de mergulhar no devir e procriar e, por isso, mister se faz ser um guerreiro do conhecimento[186].

Essa superação que se dá como criação move-nos, portanto, rumo à finalidade – este sentido único –, ao mais elevado, ao mais distante, mas também ao mais multíplice, e tudo, para Nietzsche é uma só coisa, um só segredo. Por isso a vida há de ser luta e devir, a transitoriedade que nos cumpre justificar, deve ser finalidade, mas também contradição das finalidades[187], e a vontade deve percorrer caminhos tortuosos de ascensões e declínios. Se alma plena é a de maior âmbito, que mais espaço encontra em si[188], nessa estruturação que nela se dá, deve, por força da justificação da transitoriedade, evitar a ventura e oferecer toda desventura para sua derradeira prova e conhecimento de si[189], é preciso que o desafio da superação, de ir além, volte a se colocar; aí está a máxima afirmação da vontade de potência, do poder do querer, que não teme sequer o perecimento de sua criação. Nietzsche aponta de fato que, o que quer que eu crie, de que modo quer que o ame, em breve terei de ser seu adversário, bem como de seu amor, pois assim quer minha vontade: mesmo o além do homem haverá de criar um além dragão para enfrentar[190], não se tratando, como pretende Fink, de um ser completo e intacto[191]. Não existem, então, bem e mal imperecíveis, nem mesmo esse singular por mim criado, e cumpre-lhe sempre superar a si mesmo. Essa é a idéia da vontade de potência que não pode se separar da idéia de morte, de sofrimento, ínsita à transitorie-

179. *ZA*, "Da Visão e do Enigma", 2. **180.** *ZA*, "Do Espírito de Gravidade", 2. **181.** *ZA*, "Das Velhas e Novas Tábuas", 7. **182.** *ZA*, "O Convalescente", 2. **183.** *ZA*, "Velhas e Novas Tábuas", 16. **184.** *ZA*, "Nas Ilhas Bem-Aventuradas". **185.** *ZA*, "A Criança com o Espelho". **186.** *ZA*, "Da Guerra e dos Guerreiros". **187.** *ZA*, "Da Superação de Si". **188.** *ZA*, "Das Velhas e Novas Tábuas", 19. **189.** *ZA*, "Da Bem-Aventurança a Contragosto". **190.** *ZA*, "Da Prudência Humana". **191.** E. Fink, *op. cit.*, p. 75.

dade, como também da de ocaso como transbordo e esvaziamento daquele que alcança a plenitude e quer distribuir para que não venha a perecer por não poder mais criar.

Por isso é preciso ter caos dentro de si, manter as nuanças, contradições e ambigüidades que nos remetem à multiplicidade e riqueza perspectiva que permitem a criação e superação, preservando o inefável que a vontade de verdade luta por suprimir[192] preservando sua multiplicidade, para poder dar à luz a estrela dançante[193] e romper com as doutrinas invernais, que tudo mantêm parado numa manifestação de esterilidade[194]. Se a tentativa alcançou bom termo para se atingir a plenitude, o homem é ainda ousadia e deve, então, mergulhar no devir. É nessa amplitude de espaço que encontra em si que pode a alma correr e perder-se no caminho, vaguear incerta e ser premida pela necessidade[195], que pode sentir o solo fugir ao pé, o mundo girar e ter de atirar-se à altura do céu, mas, ao mesmo tempo, lançar-nos à profundidade sem nuvens medianeiras e, podendo abençoar esse duplo movimento[196], porque, fugindo de si, daquela lei que havia se ditado tão logo esgote sua força, volta a alcançar-se no extremo círculo: só assim expressa esse amor a si, manifestando, em todas as coisas, suas correntes e contracorrentes, sua preamar e baixa-mar[197], ao passar pela escada e escala do cume e abismo, perdendo-se e encontrando-se circularmente nos caminhos tortuosos das tentativas e ousadias e poder afirmar seu ser no devir, repetidamente, alheia à vingança e redimida da escravidão e da finalidade[198].

Compreendemos, assim, ao que responde a singularidade da virtude, essa virtude da terra, sentido da terra e da justificação da existência em meio à transitoriedade: enquanto lei, há de ser capaz de poder afirmar o ciclo próprio à vida, o ciclo transitório de criação e perecimento, sem que, com isso, haja de renegar-se. É por seu modo de avaliar, procurando conservar-se e superar-se, que haverá de expressar essa força e liberdade ao lidar com a vida de modo singular e múltiplo.

A condição para esta justificação é a afirmação de si como essa alternância de uma paz alcançada pelo completamento, mas uma paz que se manifesta como intervalo apenas para novas guerras e lutas, passando pelo ocaso: só isso impede a conversão em um absoluto, a remissão a um trasmundo e, pelo contrário, a criação de uma multiplicidade de mundos, mundo ao qual tantas coisas más se atribuem e que por essa conjugação de perspectivas se torna coisa boa e humana[199], terrena e, enfim, pode-se dizer que essa necessidade da vida e do mundo se transmuta, por força da vontade, em minha necessidade[200], no indis-

192. P. Valadier, *op. cit.*, p. 33. **193.** *ZA*, "Prólogo", 5. **194.** *ZA*, "Das Velhas e Novas Tábuas", 8. **195.** *ZA*, "Das Velhas e Novas Tábuas", 19. **196.** *ZA*, "Antes que o Sol Desponte". **197.** *ZA*, "Das Velhas e Novas Tábuas", 19. **198.** *ZA*, "Antes que o Sol Desponte". **199.** *ZA*, "Dos Três Males", 1. **200.** *ZA*, "Das Velhas e Novas Tábuas", 30.

pensável, um novo bem e mal[201], origem de toda virtude e de toda justiça, estabelecendo-se, assim, o sentido da terra por meio de valores não mais impostos, mas postos e criados por nós[202], um sentido que não renega o sofrimento, mas o vê ligado intimamente ao contentamento daquele que alcança a felicidade por justificar a existência[203], podendo dizer: outra vez!

201. *ZA*, "Da Virtude Dadivosa", 1. **202.** *ZA*, "Da Virtude Dadivosa", 2. **203.** *ZA*, "Prólogo", 1.

6. A Justiça como Superior Espiritualidade

A MORAL, A METAFÍSICA E A PSICOLOGIA

Em *Além de Bem e Mal*, o desafio que se coloca a Nietzsche é de alterar o modo de pensar. A metafísica, a seu ver, caracteriza-se por um pensamento dicotômico, fundado na oposição de valores[1], de cunho maniqueísta, daí a contraposição de bem e mal. Trata-se, segundo Ferraz, da consolidação da lógica da contradição, pela qual os termos contrários passam a funcionar em uma relação de total exterioridade, tomando-se o que é oposto como negativo e fazendo da negatividade o verdadeiro motor do pensamento para que, então, se possa buscar a identidade fundada numa vontade de verdade[2].

É contra o simplismo de tais respostas, ligadas à moralidade da utilidade, que o filósofo se volta: justifica-se por ela tudo o que seja inofensivo, de boa índole, fácil de enganar[3] para atender sua necessidade de garantia de segurança contra os perigos[4], falando em oposições[5], em quê só há degrau, sutil gama de gradações[6]. A verdadeira cara da moral mostra-se, então, como uma reação ao perigo[7] e, portanto, uma busca de conservação, construindo, a partir dessa reação, todo um modo de conceber o homem, o mundo e a vida e, nessa mesma resposta ao perigo, nessa reação moral, encontramos, para Nietzsche, o germe da filosofia[8].

1. *BM*, 2. **2.** M. C. F. Ferraz, *op. cit.* **3.** *BM*, 260. **4.** *BM*, 268. **5.** *BM*, 24. **6.** *BM*, 24. **7.** *BM*, 262. **8.** *BM*, 6.

O desafio é romper com a vontade de simplificação que tende à identidade e afasta o que é estranho[9], porque este engendra ódio[10], demandando, assim, mecanismos de defesa como a interpretação moral do mundo. Se o homem precisa apropriar-se do que é estranho, assimilar o novo ao antigo, encerrar-se voluntariamente em estado defensivo, com uma vontade de se deixar iludir e de iludir os outros, a questão é poder afirmar uma vontade oposta, que veja, no estímulo a valorizações contrastantes, expressão de vida e que seja capaz de justificá-la em torno de uma tal estrutura, rompendo com a pretensão e necessidade de igualdade[11] que o leva, pelo sacrifício dos seus instintos mais fortes, a desvalorizar a vida[12], caindo na fase atual niilista[13].

Torna-se imperativo, assim, romper com as dicotomias no próprio homem, no modo como o pensamos, valendo-nos para isso do dever de desconfiança ínsito à filosofia[14], mas não praticado pelos filósofos[15], nem pelos psicólogos, que iguamente se colocaram sob o domínio da moral, acreditando na oposição moral dos valores e jogando, lendo, interpretando essas oposições no texto e no dado[16]. Será, então, lançando-se às nuanças das alturas da alma, a melhor aquisição da vida[17], à hierarquia da alma, e não à igualdade de vivências[18], que um novo papel se apresenta ao filósofo-psicólogo: analisar a alma humana e suas fronteiras, as experiências humanas interiores, suas alturas, profundezas e distâncias, assim como a história da alma até o momento e suas possibilidades inexauridas[19], deixando emergir a diferença e a possibilidade de avaliação das forças em luta.

Uma tal empreitada nos levaria inexoravelmente à crítica da crença na unidade da alma, à qual Nietzsche vincula a possibilidade de afirmação de juízos verdadeiros ou falsos[20]. É porque o homem luta prolongadamente com condições desfavoráveis essencialmente iguais que se vê na dependência uns dos outros e se coloca uma exigência moral cogente de disciplina, sob pena de correr o risco de extermínio[21]: a linguagem[22] e a consciência são os instrumentos de tal luta, procurando dar uniformidade à multiplicidade da natureza e, tornando esse resultado unificador expressão de uma necessidade coletiva, sua comprovação como verdade.

Essa disciplina homogeneizadora, a moral e quase tudo a que chamamos cultura superior são, portanto, baseadas na espiritualização da crueldade[23] para conosco, para forjarmos essa unidade, moderando sua potência[24]. A tarefa que Nietzsche se propõe é de recolocar essa crueldade naquilo que marca a diferença, num nobre sentido e num modo distinto de espiritualizar-se. A isso chamará de justiça[25].

9. *BM*, 230. **10.** *BM*, 263. **11.** *BM*, 202 e 201. **12.** *BM*, 63. **13.** *BM*, 55. **14.** *BM*, 34. **15.** *BM*, 5. **16.** *BM*, 47. **17.** *BM*, 31. **18.** *BM*, 30. **19.** *BM*, 45. **20.** *BM*, 16. **21.** *BM*, 262. **22.** *BM*, 54. **23.** *BM*, 229. **24.** P. Wotling, *op. cit.*, p. 29. **25.** *BM*, 219.

A INDIVIDUALIDADE E A TAREFA CRÍTICA

Essa tarefa é reflexo do momento histórico em que se encontra o homem, um ponto de sua história em que aquela enorme tensão da luta pelas condições de sobrevivência não se faz mais necessária, podendo-se romper o laço e a coação da antiga disciplina para se dar lugar à variação e ao aparecimento do indivíduo que se atreve a ser indivíduo e se coloca em evidência[26]. A evolução da cultura deu lugar à nuança, sem que tenha havido, contudo, um acompanhamento pelo pensamento, o que se expressa pelo próprio conceito de individualidade, na medida em que, como aponta Hamacher, concede sua pretensão à singularidade imediata ao poder da linguagem geral e de compreensão generalizada, e sua particularidade não pode ser compreendida por meio de convenções lingüísticas convencionais para que se fale em indivíduos como uma totalidade[27]. Falta-nos diante disso, em contraposição à ciência moral, uma nova sensibilidade moral, um olhar à multiplicidade e uma consideração do que é sutil[28]. O perigo, agora, desloca-se para o próprio indivíduo e é nele que se trava a batalha entre criador e criatura no homem[29], nele há coincidência fatal entre outono e primavera[30], recolocando-se por inteiro sua incomensurabilidade trágica. Pode-se, então, afirmar o rompimento da dicotomia colocada no próprio homem – dicotomia tão presente na história da filosofia entre alma e corpo, inteligível e sensível –, para se afirmar a nuançada multiplicidade, cuja estruturação hierárquica será o desafio da justiça enquanto justificação de si.

Rompida a necessidade da unidade da alma para se garantir a incondicionalidade da moral e a sobrevivência da espécie, e superada a oposição rígida entre pensamento consciente e atividades instintivas, são as valorações que emergem, *i.e.*, as exigências fisiológicas para preservação de uma determinada espécie de vida[31], evidenciando a possibilidade de muitas outras morais, e mais elevadas[32], do que a incondicional vigente. A fisiologia, termo que, para Kaulbach, deve ser compreendido pelo seu empréstimo do antigo sentido pré-socrático de um saber da natureza, agora entendido como emergência e construção do cosmos enquanto corpo[33], tem como papel nesta fase justamente o de marcar a ruptura com a ficção da unidade, colocando o primado da multiplicidade infraconsciente sobre a consciência e afirmar o trabalho coletivo de impulsos, pulsões, afetos e inclinações que, para Nietzsche, segundo Wotling, são interpretações. A primazia do corpo volta-se, assim, a romper com a esperança de encontrar um ponto fixo suscetível de desempenhar um papel de fundamento do conhecimento no sentido tradicional do conceito, tornando-se, desse modo, a forma

26. *BM*, 262. **27.** W. Hamacher, *op. cit.*, pp. 307-308. **28.** *BM*,186 e 227. **29.** *BM*, 226. **30.** *BM*, 262. **31.** *BM*, 3. **32.** *BM*, 202. **33.** F. Kaulbach, *op. cit.*, p. 22.

especificamente humana de interpretação. A psicologia converte-se, com isso, em uma teoria do processo orgânico de perpétuo interpretar, e a fisiologia, a ela intimamente implicada, em uma filologia[34].

A tarefa crítica, de que faz parte o trabalho do psicólogo, consiste então em distinguir essas várias possibilidades de exigências fisiológicas que ditam a formação de morais e que, por conseguinte, colocam a questão da verdade ou da falsidade à parte do que importa realmente para a avaliação[35], mostrando que o valor decisivo de uma ação não reside no que é intencional[36], como se passou a crer ao se superar o período pré-moral, fundado nessa pretensão de verdade, pois sempre é necessário, primeiro, uma interpretação[37], uma avaliação, marcada pela luta de impulsos que se hierarquizam e que põem na vontade, como aponta Gerhardt, a expressão da experiência do poder num acontecimento, a interpretação de um sentimento de poder[38]. Por isso, essa multiplicidade reencontrada no próprio homem e que nos permite pensar a hipótese de uma alma mortal, de uma alma como pluralidade de sujeito, há de ser vista como uma estrutura social de impulsos e afetos[39], como, ao final, afirmará[40], porque aqui revela-se esse poder experimentado na estruturação de sentidos interpretativos a modos de vida.

É a isso que nos aponta a modernidade, radicalizada por Nietzsche. O surgimento do indivíduo está condicionado à existência não só dessa diferença em si, mas sobretudo de um longo processo histórico marcado por uma escala de hierarquias e diferenças de valor entre um e outro homem numa sociedade, dependendo, portanto, da diferença de classes e dessa distância do olhar entre elas que se converte em um *páthos* da distância próprio à crítica e à diferença, que, superando as normas estabelecidas dando margem à criação, tem, a ver de Haar, íntima relação com a justiça[41], justamente porque, segundo Gerhardt, volta-se à soberania do homem, a essa capacidade artística de fundar sentido para a existência humana e, por sua força organizadora, de garantir uma maior possibilidade de ação[42]. Só com esse *páthos* da distância tem-se lugar, agora na modernidade, para a emergência de um outro *páthos*, o do desejo de sempre aumentar a distância no interior da própria alma, o desejo de elaboração de estados sempre mais elevados, mais raros, mais remotos, mais amplos e abrangentes, em suma, a elevação do tipo homem, a contínua "auto-superação" do homem, marcada pela afirmação da diferença e da problematização de si: aí está a preponderância de sua força psíquica[43], necessária a uma nova justificação da condição do homem que acompanha a emergên-

34. Patrick Wotling, *op. cit.* **35.** *BM*, 4. **36.** *BM*, 32. **37.** *BM*, 32. **38.** V. Gerhardt, *Vom Willen zur Macht. Anthropologie und Metaphysik der Macht am exemplarischen Fall Friedrich Nietzsches*, pp. 244 e 307. **39.** *BM*, 12. **40.** *BM*, 19. **41.** M. Haar, *op. cit.*, pp. 23-28. **42.** V. Gerhardt, *Pathos und Distanz, Studien zur Philosophie Friedrich Nietzsches*, pp. 5-71. **43.** *BM*, 257.

cia do indivíduo soberano. Uma tal força não sente a oposição em si de criador e criatura como paralisia da vontade, como se dá com os fracos[44]; pelo contrário, ela leva o homem nobre a um temerário ceticismo, um ceticismo crítico e viril[45], próprio à experimentação[46], e estreitamente aparentado ao espírito de guerra e conquista cuja mestria há de possuir para lidar com a contradição em si, dando ao espírito perigosa liberdade, mas mantendo sob controle o coração[47], que é a prova de independência e do mando[48], de uma nova disciplina[49]. Estamos, portanto, mais uma vez ante a influência heraclitiana da tensão fundada na oposição, na interdependência entre dor e prazer, do jogo de construção e destruição e da fórmula de arranjo que era o logos na regularidade da mudança, nessa mestria de si, na justiça, tal como no pré-socrático[50]. Como tal, a própria obscuridade heraclitiana se mostra agora como um espírito fatalista, irônico, mefistofélico[51] que lidará com a verdade não para que lhe agrade, eleve-o ou entusiasme[52], mas, sim, com a firme vontade de empreender perigosas viagens de descobrimento e espiritualizadas expedições[53], valendo-se das máscaras que se cria para que, nas palavras de Ferraz, possa navegar o devir sem se dilacerar, permitindo-se o outramento sem a dissolução patológica[54] e, com isso, garantir-nos um domínio em que ainda podemos ser originais com o ultrapassamento do modelo identitário[55]. E essas aventuras têm como palco o próprio indivíduo e a moral.

AUTO-SUPRESSÃO DA MORAL E A MORAL COMO EXPERIÊNCIA INTERPRETATIVA: A FORÇA PSÍQUICA DO HOMEM E A HIERARQUIA

A condição para a crítica e para a experimentação é que se proceda à comparação de muitas morais para que se prepare uma tipologia da moral que fosse marcada pelas delicadas diferenças e sentimentos de valor que vivem, crescem, procriam e morrem[56], ou seja, marcada por tudo o que, até o momento, vimos ser causador de sofrimento: a diferença, a transitoriedade, a luta pelo crescimento que, em uma palavra, é vontade de potência que é vida[57]. Então, sim, haverá integridade na filosofia, considerada como impulso tirânico e a mais espiritual vontade de potência[58], uma força que cumpre, como tarefa do fisiólogo, ser compreendida em seu extravasamento[59], alheia às generalizações

44. *BM*, 208. **45.** *BM*, 209. **46.** *BM*, 210. **47.** *BM*, 209. **48.** *BM*, 41 e 29. **49.** *BM*, 230. **50.** Cf. J. Hershbell & S. Nimis, "Nietzsche and Heraclitus", em *Nietzsche Studien*, vol. 8. **51.** *BM*, 209. **52.** *BM*, 210. **53.** *BM*, 209. **54.** M. C. F. Ferraz, *Teatro e Máscara no Pensamento de Nietzsche*. **55.** M. C. F. Ferraz, "Nietzsche: Filosofia e Paródia", em O. J. Pimenta Neto e M. A. Barrenechea (orgs.), *Assim Falou Nietzsche*, pp. 29-30. **56.** *BM*, 186. **57.** *BM*, 259. **58.** *BM*, 9, 44 e 227. **59.** *BM*, 13.

procedidas pelas morais de rebanho[60]. A moral deixaria de ser um instrumento de alienação em nome da sobrevivência massificadora para poder ser considerada como a teoria das relações de dominação sob as quais se origina o fenômeno vida, intimamente ligada à relação de impulsos, como se vê no fenômeno multíplice que é o querer[61] e a alma. A moral, mais ainda, pode e deve ser considerada agora como interpretação: não há, para o autor, fenômenos morais, mas apenas interpretação dos fenômenos morais[62], de acordo com aquela semiótica dos afetos[63], que leva à sua fundamentação[64] hierárquica e que consiste propriamente na justificação da vida. Estamos, de fato, num período extramoral, de superação das condições ditadas pela moral tradicional, em que, desvelada a origem da moral na parcialidade, na perspectiva, na injustiça, na crueldade, apreendemos o caráter problemático da própria moral, que é colocada, então, sob suspeita, tirando sua legitimidade e obrigatoriedade[65] implicando a própria auto-supressão da moral[66] com a possibilidade de seu esfacelamento numa multiplicidade de modos possíveis de existência, fundados em interpretações antagônicas, em que falsidade não se opõe mais à verdade como o nada ao ser[67]. Novos "para quê" e "com quê" são colocados: o indivíduo vê-se obrigado à legislação própria, artes e astúcias próprias de autopreservação, auto-elevação, auto-redenção lhe são exigidas, sem nenhuma fórmula em comum mais a presidir sua ação[68], cabendo ao homem a tarefa e o desafio de suportar essa multiplicidade sem prejuízo de sua inteireza, e de valorar as condições de vida que se lhe apresentam.

Ora, para isso é necessário, a ver de Nietzsche, não apenas força psíquica mas também justiça. A força psíquica está ligada à experiência da hierarquia e mostra-se, assim, pelo grau de sofrimento a que um homem pode chegar[69]. Se no caso do homem fraco, a luta dos impulsos entre si, como a contradição das escalas de valor[70], leva a uma percepção de anarquia e de abalo do fundamento dos afetos a que chamamos vida[71], essa mesma contradição, e guerra, é sentida pelo forte como uma atração e estímulo de vida a mais[72], como a possibilidade de afirmação de sentido e de justificativa da vida[73], vale dizer, da hierarquia dos impulsos e afetos, por todo aquele que tenha mestria e sutileza na guerra consigo, ou seja, no autodomínio e engano de si, dando azo ao surgimento de homens incompreensíveis, inimagináveis e enigmas predestinados à vitória e à sedução[74]. Para Nietzsche, tudo o que foi dado ao homem de mistério, de profundidade, de espírito, máscara, astúcia, grandeza deu-se em meio ao sofrimento, sob a disciplina do grande sofrimento, pois no homem, em sua condição finita –

60. *BM*, 198. **61.** *BM*, 19 e 117. **62.** *BM*, 108. **63.** *BM*, 187. **64.** *BM*, 258. **65.** O. Giacoia Júnior, *op. cit.*, pp. 142 e ss. **66.** *BM*, 32. **67.** J. Granier, *op. cit.*, p. 490. **68.** *BM*, 262. **69.** *BM*, 270. **70.** *BM*, 200. **71.** *BM*, 258. **72.** *BM*, 200. **73.** *BM*, 258. **74.** *BM*, 200.

e transitória –, unidos estão criador e criatura, ele é mesmo essa oposição[75]. Por isso, se a compaixão dos fracos busca abolir o sofrimento[76] e o leva, por seu pessimismo incurável, a uma interpretação religiosa do existir[77], é porque o homem não é forte, duro e artista o suficiente para ter a verdade, sendo preciso inverter a verdade, ter uma vontade de inverdade a todo preço[78]. No fundo, há apenas vontades fortes e fracas[79]: é isso o que nos aponta a psicologia e fisiologia nietzschianas que se voltam, sobretudo, a uma semiótica dos afetos[80].

A JUSTIÇA COMO NOBRE ESPIRITUALIZAÇÃO DA CRUELDADE

A fortaleza de um espírito se mede, então, pelo quanto dessa "verdade" marcada pela luta e pela dominação ele suporta, pelo grau em que esse espírito necessita vê-la diluída, edulcorada, encoberta, amortecida, falseada[81]. Daí o sentido da hierarquia e diferença entre homens pelo quanto podem agüentar de sofrimento[82]. É preciso violentar o espírito, obrigá-lo contra os desejos de seu coração, que deseja aprovar, amar e adorar as aparências, máscaras e superficiais mantos que se criam, para tomar as coisas de modo radical e profundo: aqui está a maior expressão da transfiguração nobre da crueldade[83], como experiência básica do trágico[84], que se expressa como uma superior espiritualidade que, para Nietzsche, é a espiritualização da justiça[85].

Contra a superficialidade das respostas simplistas e apaziguadoras, a multiplicidade e radicalidade da crítica[86], dessa crueldade consigo mesmo, infligindo-se sofrimento para se livrar das tentações da prisão da máscara, para que nova retradução de si possa se dar. As máscaras que nos criamos tendem, portanto, a cristalizar-se, essa é a tendência da espécie. A resposta do espírito é a necessidade da crueldade e do sofrimento para rompê-las, a fim de que não as idealizemos. É nesse movimento que encontramos a justiça, intimamente ligada, portanto, de um lado, à grandeza, compreendida como disposição para grandes responsabilidades e força para suportar a diluição de suas "verdades", e, de outro, à amplidão da vontade[87], que se abre à pluralidade e diferença em si, lançando-se novamente ao processo de outramento. Trata-se, portanto, de um processo de emancipação do homem que reclama de si a capacidade de ser tanto múltiplo, com o afloramento da luta entre impulsos vários em si e que procuram, todos, apresentar-se como finalidade última da existência e legítimo senhor dos demais impulsos[88], mas

75. *BM*, 226. **76.** *Idem, ibidem.* **77.** *BM*, 59. **78.** *Idem, ibidem.* **79.** *BM*, 21. **80.** *BM*, 187. **81.** *BM*, 39. **82.** *BM*, 270. **83.** *BM*, 229. **84.** M. C. F. Ferraz, *Nietzsche. O Bufão dos Deuses*, p. 126. **85.** *BM*, 219. **86.** *BM*, 229. **87.** *BM*, 213. **88.** *BM*, 6.

também inteiro, por sua força para disciplinar a prodigalidade e indiferença dessa mesma natureza[89], impondo a sua forma própria, justificando-se a si mesmo numa estrutura hierárquica de seus afetos[90], determinando o valor e o grau conforme quanto e quantas coisas pode agüentar e aceitar[91]. Trata-se, em suma, da capacidade de suportar a incomensurabilidade trágica e justificar-se a si mesmo no movimento próprio à vida e ao tempo. Ao fazê-lo e afirmar sua necessidade de si, quando nada mais realiza de arbitrário, como se dá com os artistas em seu ato criador, o homem atinge o apogeu de sua sensação de liberdade, sutileza e pleno poder, poder de colocar, dispor e modelar criativamente[92] – portanto, conforme até onde possa estender sua responsabilidade, transfigurando e remodelando os papéis históricos que formam o caráter e que lhe dão uma função social exterior, para que, como parodista da história universal, possa, nas palavras de Haar, condensar todas as experiências humanas como próprias, absorvendo a história para percebê-la do ponto de vista das possibilidades que nela descobre e, com isso, encontrar sua "identidade" própria, numa livre invenção de si[93].

A FORÇA E OS LIMITES DA JUSTIÇA: A NATUREZA E O OUTRO

A força para disciplinar essa amplidão, que é a justiça, retraduz o homem de volta à natureza[94] – tal como o filósofo já defendera na "Justa em Homero"–, não aquela natural dos bárbaros[95], mas uma natureza espiritualizada, o que, para Kaufmann, nessa continuidade entre natureza e cultura, expressa a idéia de vontade de potência[96]. Essa justiça é marcadamente egoísta, num sentido elevado, porque fundada na diferença entre os homens e na hierarquia entre eles[97]: viver, afinal, é querer ser diferente, querer ser outro, é ser limitado[98], é querer superar-se, mas também ter de deter-se ante o ilimitado e desmedido que é a natureza. Ora, esse desmedido é a própria incomensurabilidade trágica, cuja força para suportá-la e que marca essa espiritualização da crueldade em justiça nos tira toda e qualquer possibilidade de domínio autárquico do mundo. Pelo contrário, ela nos lança ao desafio quase heróico de poder desfrutar da abundância de sutil prazer na repentina contenção e petrificação, no permanecer e firmar-se num chão que ainda treme[99].

Essa contenção dá-se perante o outro que reconhecemos de igual poder. Aqui novamente vemos a expressão da justiça. Na hesitação de

89. *BM*, 188. **90.** *BM*, 6. **91.** *BM*, 212. **92.** *BM*, 213. **93.** M. Haar, "La critique nietzschéene de la subjectivité", em *Nietzsche Studien*, vol. 12, pp. 93-103. **94.** *BM*, 230. **95.** *BM*, 257. **96.** W. Kaufmann, *op. cit.*, p. 193. **97.** *BM*, 265. **98.** *BM*, 9. **99.** *BM*, 224.

sua força, no deparar-se com seus limites ante o incomensurável, ela reconhece que há outros com direitos iguais e isso é já a expressão da hierarquia. Voltar os olhos adiante, na horizontalidade de forças mais ou menos iguais, é também o reconhecimento da hierarquia, mas também de seu egoísmo: reconhecer o direito do outro é honrar a si próprio nele, no direito que lhe concede e que recebe em troca, num sentido de retribuição no qual o termo graça não tem sentido nem aroma[100], porque implicaria reconhecer um poder superior que a concedesse. Essa auto-restrição retoma, portanto, a idéia de equilíbrio de poderes mais ou menos iguais que é expressão da justiça.

Em ambos os domínios, da justificação de si e da restrição ante o outro, estamos à frente de um processo e da interpretação de um processo[101], inimigo da lógica e da linha reta, mas cobiçoso do que é estranho, exótico, torto e contraditório[102]. Trata-se de um processo de sempre ir além dos ideais alcançados[103], pois neste ir além está o prazer e exercício da grande justiça[104], sua virtude[105], sua grandeza[106], sua maturidade de poder brincar com a seriedade da criança[107], como aí está seu caráter[108], que é o poder afirmar a si, espetáculo que deseja que sempre retorne[109], e, afirmando-se a si, saber que o certo ou justo para si não há de ser também para outro[110], porque não se pode pensar em direitos onde haja só igualdade[111], o que não nos impede, contudo, de reconhecer o direito alheio como decorrência da hierarquia, sempre que se esteja frente a um igual[112], nem que não haja "compaixão" ante o mais fraco, quando se executa uma decisão, se é fiel a um pensamento, a quem os fracos, aflitos e sofredores se achegam com gosto e a que pertencem por natureza. Uma compaixão, portanto, diversa da dos fracos, que têm doentia sensibilidade para a dor[113].

Conseguir afirmar esse jogo de interpretações, conferindo-lhe sentido pelas hierarquias que se sucedem, é a grande responsabilidade e expressão de força de suportar o sofrimento da existência e transfigurá-lo em criação, modelando inventivamente a vida: eis o sentido da justiça, o de justificação da vida em toda sua plenitude e contradição num novo modo de pensar, não dicotômico.

)0. *BM*, 265. **101.** *BM*, 17. **102.** *BM*, 256. **103.** *BM*, 73. **104.** *BM*, ?. **105.** *BM*, 214. **106.** *BM*, 212. **107.** *BM*, 94. **108.** *BM*, 107. **109.** *BM*, 70. **110.** *M*, 43. **111.** *BM*, 202 e, na mesma linha, 215, 221, 228 e 272. **112.** *BM*, 265. **113.** *BM*, 293.

7. Genealogias da Cultura e da Justiça

DOS PRECONCEITOS MORAIS EM TORNO DA JUSTIÇA À ARTE DE INTERPRETÁ-LA: O DESAFIO GENEALÓGICO

As considerações de Nietzsche sobre a justiça em *Genealogia da Moral* buscam despi-la dos preconceitos morais que encobrem todos pensamentos sobre a origem dos valores morais[1], sobretudo a magnificação da gênese, tão própria ao pensamento metafísico, e que tornam o homem incapaz de dar sentido ao seu sofrimento diante do enigma da vida, desvalorizando não apenas a si mesmo mas também a própria existência[2].

Embora nos pretendamos homens do conhecimento, não nos conhecemos: esse é o seu diagnóstico inicial. Tanto em nossas "vivências" como em nossas experiências presentes estamos "ausentes", mantendo-nos estranhos a nós mesmos[3], porque seguimos buscando as origens por trás do mundo[4], em vez de procurarmos na inteireza de nossa vida presente, em vez de deixarmos brotar nossos conhecimentos de *uma* vontade fundamental, de *um* terreno, percebendo a ligação inexorável de nossas idéias com nossos valores, com todos nossos sins e nãos, nossos ses e quês[5], tal como uma árvore faz com seus frutos. Só uma tal perspectiva, a seu ver, permitirá ao homem real-

1. *GM*, "Prólogo", 2. **2.** *GM*, II, 7 (os números romanos referem-se às dissertações; os arábicos, aos parágrafos). **3.** *GM*, "Prólogo", 1. **4.** *GM*, "Prólogo", 3. **5.** *GM*, "Prólogo", 2.

mente indagar-se as condições de invenção de seus juízos de valor, do valor mesmo de tais juízos e se eles promoveram até agora o crescimento, a força, a coragem, a certeza e o futuro ou a miséria e o empobrecimento do homem, da vida[6]. A obra, por isso, é não apenas um momento de sistematização de suas idéias, mas também de balanço[7], no qual, ao mesmo tempo em que procura superar aqueles preconceitos, tenta fazer o pensamento acompanhar a evolução da cultura, repensando o novo lugar do indivíduo em seu seio[8] e, com ele, de uma nova justiça.

A justiça é, de fato, um tema paradigmático dessa investigação, como Nietzsche anuncia desde logo no prólogo[9], e que nos servirá para delinear este chão e terreno próprios a partir dos quais poderemos entrelaçar as idéias e valores com as condições próprias de existência do homem. De fato, é em contraposição basicamente aos genealogistas ingleses de um lado, a Schopenhauer e Dühring, de outro, mas ainda aos contratualistas que teremos os pilares para compreensão da justiça no pensamento nietzschiano neste momento. Como veremos, se os primeiros fundam sua análise na busca de um elemento normativo na caracterização da justiça, Schopenhauer a relaciona ao não-egoísmo e à compaixão, e Dühring, à vingança. Para Nietzsche, todas essas visões estão relacionadas e são peças fundamentais da metafísica platônica e judaico-cristã que, tal como o contratualismo, procura superação do confronto no encontro de respostas únicas para a condição humana. Em todas elas, o filósofo vê a expressão de um não dirigido à vida e a si mesmo e de um perigo à humanidade que leva ao cansaço da vida e ao niilismo que marca a civilização[10] e que reclamam não apenas a necessidade de sua parte de questionar o valor desses valores morais, tal como nós os recebemos da tradição, indagando-nos sobre as condições e circunstâncias nas quais nasceram, sob as quais se desenvolveram e se modificaram, para que, não mais os vendo como dado, como efetivo, além de questionamento[11], mas, pelo contrário, traçando uma história da moral[12], reaprendamos a *arte* de interpretar[13] e a justiça como embate de interpretações.

A PROCEDÊNCIA DA JUSTIÇA ENTRE AÇÃO E REAÇÃO

A análise nietzschiana procura apartar-se desde logo dos genealogistas ingleses que buscam a definição da moral, e para o que nos interessa, da justiça no utilitarismo, nas ações não-egoístas, *i.e.*, na afirmação de um elemento normativo, que, para Nietzsche, é todo con-

6. *GM*, "Prólogo", 3. **7.** *GM*, "Prólogo", 2. **8.** *BM*, 186. **9.** *GM*, "Prólogo", 4. **10.** *GM*, "Prólogo", 5. **11.** *GM*, "Prólogo", 6. **12.** *GM*, "Prólogo", 7. **13.** *GM*, "Prólogo", 8.

trário ao espírito histórico[14] e reflexo não apenas de um desejo de verdade, com cunho anti-sensualista[15], mas também expressão de um preconceito moral que leva ao apequenamento do homem[16].

A valorização incondicional do não-egoísmo desvincula, para Nietzsche, o valor dos sentidos e da ação, tão própria ao devir, porque, numa genealogia propriamente histórica e alheia à normatividade moral, levaria à emergência da diferença nos modos de valoração pelo homem de si, do outro, da vida, por ele caracterizados em tipos, em certos caracteres, para analisar a proveniência dos juízos morais: o nobre, de um lado, o escravo, de outro.

O nobre, diz o filósofo, é aquele que não separa a felicidade da ação[17], que expressa um traço típico de caráter[18], pelo qual sente e estabelece a si e seus atos como bons, *i.e.*, de primeira ordem[19]: é por um sentimento, por um *páthos* distintivo de nobreza, mas também de distância com relação aos que se situam fora ou abaixo que se dá a criação de valores[20], que se justifica uma dada condição de vida, tomada como veraz e boa, e que, por justificar-se[21], permite ao homem audácia em suas empresas, com um caráter incalculável e improvável, indiferente à segurança e ao bem-estar, porque é nessa exteriorização que encontra sua jovialidade e a intensidade do prazer de destruir e nas volúpias da vitória[22]. É essa indissociável ligação entre felicidade e ação[23] que é mascarada pelo não-egoísmo e pelo utilitarismo prevalecentes na tradição, porque a relação que se estabelece entre tais homens, mais do que pelo costume, rege-se pelo respeito, pelo uso ou gratidão: é sobretudo em torno da vigilância mútua, do ciúme *inter pares*, da consideração, autocontrole, delicadeza, lealdade, orgulho e amizade que encontramos os termos dessa relação que ditam a justiça. De fato, para Nietzsche, desde o prólogo da obra, é uma mesma consideração da origem da justiça, tratada já em *Humano Demasiado Humano*, n'*O Andarilho e sua Sombra* e em *Aurora*, que entra em questão: um acerto entre poderosos mais ou menos iguais (o equilíbrio como pressuposto de todo contrato, portanto, de todo direito)[24]. Trata-se de um modo de valoração que se centra, assim, na relação e no confronto e movimento próprios a ela, para o estabelecimento dos equilíbrios, não num resultado esperado ou calculado das ações.

Ao considerar a justiça como um acerto entre poderosos, Nietzsche reclama uma vontade de compreensão do opositor colocado em relação e uma avaliação sóbria das situações de conflito. O próprio juízo hierárquico nela envolvido é, portanto, um modo de considerar o outro que não o faz perder tal qualidade, pois tem presente os distintos modos de valoração que cada qual tem de si, de seus atos, da vida. A

14. *GM*, I, 2. **15.** *GM*, I, 6. **16.** *GM*, I, 1. **17.** *GM*, I, 10. **18.** *GM*, I, 5. **19.** *GM*, I, 2. **20.** *Idem, ibidem*. **21.** *GM*, I, 12. **22.** *GM*, I, 11. **23.** *GM*, I, 10. **24.** *GM*, "Prólogo", 4.

hierarquia que se segue a toda avaliação modela e modera a ação, porque distingue os modos de agir conforme se trate de um par de igual poder ou inferior, daí sua fundamental importância para a justiça[25]. Por isso, ainda, a justiça é sempre uma atitude positiva para o filósofo e há de ser considerada pelos afetos ativos, muito mais plenos de valor[26].

O modo escravo de valoração apaga a relação, apaga o outro, porque, antes de tudo, tem de apagar a si mesmo e, por isso, valoriza, acima de tudo, o não-egoísmo das ações, que, mais do que uma elevação, é a mais cabal expressão de sujeição do homem, alienado dessa sua força de criar valores, de valorar o que vive, de avaliar agindo e agir avaliando. É com os sacerdotes que vemos os valores se sobreporem aos homens, criando um abismo entre eles[27], e é essa mesma luta típica ainda não decidida[28], e expressão do próprio processo civilizatório humano[29], para Nietzsche, que o filosófo procura travar ao contrapor-se a essas outras correntes.

Os sacerdotes e toda uma rica tradição de pensamento, de fato, em sua hostilidade à ação[30], falseiam o modo de estabelecimento dos compromissos e dos valores para que possam reagir aos homens nobres e ativos. Precisam, para tanto, negar tudo aquilo que aponta sua incapacidade de agir: o devir, a relação, a própria ação e é esse "não" ressentido que se torna, agora, criador[31]. Sua criação é, então, uma realidade irremovível, um ser e um sujeito, algo que por si pudesse ser afirmado de modo incondicional e, como tal, permitisse-lhes tomar sua condição fraca como algo desejado, escolhido, um mérito enfim[32], para que pudessem se opor aos nobres e bons, dizendo-se agora os justos[33] e altruístas. É, de fato, com a palavra justiça na boca que se permitem lançar-se à vingança[34] e, por se sentirem ofendidos em sua impotência, considerarem maus todos aqueles que são distintos de si, buscam, com isso, desde logo, uma homogeneização valorativa que expressam em termos de pureza e impureza, e apagam não apenas a si[35], como ainda ao outro, que só pode existir na condição de "próximo"[36], reduzindo-o a uma mesma medida.

Não é, portanto, apenas como filósofo que Nietzsche empreende sua crítica. É também como psicólogo que agora questiona não apenas a normatização própria aos genealogistas, mas igualmente a Dühring, que considera a justiça como desforra (*Vergeltung*), como expressão de um desejo de vingança por um dano sofrido e, com isso, o direito é interpretado por ele como ressentimento, massacrando todo opositor,

25. *GM*, I, 17. **26.** Cf. U. Marti, "Der grosse Pöbel – und Sklavenaufstand", *Nietzsches Auseinandersetzung mit Revolution und Demokratie*, pp. 170-173. **27.** *GM*, I, 6. **28.** *GM*, I, 16. **29.** *Idem, ibidem*. **30.** *GM*, I, 6. **31.** *GM*, I, 10. **32.** *GM*, I, 13. **33.** *GM*, I, 14. **34.** *GM*, I, 7. **35.** W. Stegmaier, *op. cit.*, pp. 17-19. **36.** *NW*, "No que Faço Objeções", p. 420, l. 18.

e a justiça, como sublimação da vingança redimida pelo amor, conhecimento e compaixão: é a fala dos pregadores da igualdade[37]. O procedimento de falseamento em questão é nitidamente vingativo e ressentido. É uma tal concepção que leva Nietzsche a repensar essa relação de confronto e a origem da justiça sob um outro ângulo, do sentimento[38], em meio ao processo civilizatório.

A JUSTIÇA E O PROCESSO CIVILIZATÓRIO: COMPROMISSOS E RUPTURAS, MEMÓRIA E ESQUECIMENTO, RESPONSABILIDADE E LIBERDADE

A justiça liga-se, para Nietzsche, a uma relação de confronto[39] entre homens que lhes reclama a capacidade de avaliação e de medição de uma pessoa e outra. Essa relação primeira aparece entre comprador e vendedor, entre credor e devedor. Aí é o primeiro momento em que uma pessoa defronta-se com a outra, precisando medir, estabelecer preços, medir valores, imaginar equivalências, e todo esse procedimento constituiu o que hoje chamamos pensamento. Daí porque, para Nietzsche, talvez a própria palavra "homem" designasse o ser que mede valores, o animal avaliador, expressando um sentimento de si do homem. É com base nessa forma mais rudimentar de direito pessoal, da troca, que, transposto posteriormente a complexos sociais, chega-se à grande generalização de que cada coisa tem seu preço, de que tudo deve ser pago, estabelecendo-se o mais velho cânone da justiça como a boa vontade entre homens de poder aproximadamente igual de entender-se entre si mediante um compromisso e, quanto aos de menor poder, forçá-los a um compromisso entre si[40]. Tira-se, portanto, a primazia do direito penal como fonte de justiça, como pretendia Dühring, para atribuí-la ao direito das obrigações[41]. Mais ainda, tira-se um objetivo ao confronto, o de recondução à paz, ao restabelecimento de uma situação original tomada sem crítica como de maior valor, para abri-lo à construção de possibilidades negociadas de existência.

É essa vinculação do caráter negocial do pensamento, à vista daquilo que se vive, que faz despontar a Nietzsche como tão importante, quando não mais, quanto estabelecer preços e equivalências, o lidar com o descumprimento dos compromissos para a consideração do surgimento do sentimento de justiça: daí sua ênfase na análise do castigo[42]. Nietzsche, de fato, não é um contratualista. O estabelecimento

37. A. Venturelli, "Asketismus und Wille zur Macht. Nietzsches Auseinandersetzung mit Eugen Dühring", em *Nietzsche Studien*, vol. 15. **38.** *GM*, II, 4. **39.** M. Brusotti, "Die 'Selbstverkleinerung des Menschen' in der Moderne. Studien zu Nietzsches 'Zur Genealogie der Moral'", pp. 95 e 98. **40.** *GM*, II, 8. **41.** M. Brusotti, *op. cit.*, p. 95. **42.** *GM*, II, 4.

de um compromisso não é um ato racional, de caráter utilitário para o enfrentamento dos obstáculos prejudiciais à sua conservação no estado de natureza que faça os homens, para não perecer, buscarem o encontro de "uma forma de associação que defenda e proteja a pessoa e os bens de cada associado com toda a força comum, e pela qual cada um, unindo-se a todos, só obedece contudo a si mesmo, permanecendo tão livre quanto antes". Uma tal forma não comporta modificação de quaisquer das cláusulas, pois torná-las-ia vãs e de nenhum efeito[43]. Nietzsche trabalha, pelo contrário, sempre, com o estabelecimento de compromissos e com sua ruptura, e é nessa ruptura e descumprimento que vemos um dos grandes fatores determinantes do processo civilizatório.

Esses dois pólos, de estabelecimento do compromisso e das equivalências, de um lado, e da ruptura e descumprimento, de outro, são expressão de duas forças básicas no homem: a capacidade de fazer promessas, ligada à força da memória, e a faculdade do esquecimento, básica e animal. Ambas são positivas e ativas, fundamentais à possibilidade de o homem responder por si como porvir. O esquecimento é uma força inibidora ativa, positiva, graças à qual o que é por nós experimentado, vivenciado e acolhido não penetra mais em nossa consciência, mantendo-nos imperturbados pelo barulho e luta de nosso submundo e, com isso, garantindo-nos a possibilidade do novo. Sem o esquecimento, não poderia haver lugar para a felicidade, a jovialidade, a esperança, o orgulho, o *presente*. No entanto, para poder responder por si, para poder dispor do futuro, precisou o homem da memória, de um ativo não-mais-querer-livrar-se, um prosseguir-querendo o já querido[44]. Aí reside a origem da responsabilidade e da capacidade de fazer promessas, tornando o homem até certo ponto uniforme, igual entre iguais, constante e, portanto, confiável, apto a se comprometer e que, ao cabo desse imenso processo, dá-nos o fruto mais maduro de sua árvore, o indivíduo soberano, igual apenas a si mesmo, novamente liberado da eticidade dos costumes, autônomo e supramoral, com uma orgulhosa e verdadeira consciência de poder e liberdade, capaz de ter domínio de si. É nessa vontade adquirida e conquistada que o homem encontra a sua medida de valor: é por ser forte o suficiente para poder vencer a força do esquecimento e manter a palavra contra o que for adverso e mesmo contra o destino, é por ser, enfim, confiável, que se distingue. É essa consciência da liberdade da responsabilidade, desse poder sobre si mesmo e sobre o destino, que se tornou o instinto dominante do homem, sua consciência (*Gewissen*[45]), que é sua medida de valor[46].

43. J.-J. Rousseau, *Do Contrato Social*, pp. 69-70. **44.** *GM*, II, 1. **45.** *GM*, II, 2. *Gewissen* é a consciência moral, a faculdade de fazer distinções morais, ao passo que *Bewusstsein*, outro termo alemão para consciência, designa o estar consciente, remetendo à percepção de um estado. **46.** *GM*, II,1.

JUSTIÇA ENTRE ALIENAÇÃO E EMANCIPAÇÃO

O valor da consciência constrói-se, contudo, em um processo alternado de estabelecimento de compromissos, do afrontamento e da recondução a eles. Por isso que, embora com tendência à uniformização, a diferença e a singularidade podem se afirmar ao cabo do processo no indivíduo autônomo e soberano.

De fato, se a consciência é fruto da capacidade de fazer promessas e, portanto, da memória, pois só com a memória se chega à razão, ao domínio de afetos e à seriedade, algo só se grava na memória pela crueldade e dor[47], vale dizer, em resposta ao descumprimento daquilo que foi prometido; é, conseqüentemente, sempre na oposição que essa memória surge[48]. Todo o processo civilizatório, na descrição nietzschiana, é marcado por esse jogo de adaptação e resistência, e é esse confronto que pode tender à emancipação ou à alienação do homem: esse é o desafio humano, entre o além-humano (*Übermensch*) e o inumano (*Unmensch*)[49].

O exercício da crueldade, neste quadro, é expressão dessa busca de equivalência com o dano causado pelo descumprimento do contrato, da promessa empenhada. Não se castiga para se responsabilizar o delinqüente por seu ato, mas, sim, por raiva pelo dano sofrido. O sentimento de justiça liga-se, portanto, à busca de um equivalente ao dano, encontrado na dor[50]. Ainda aqui, não é no direito penal, contrariamente a Dühring, que Nietzsche vê o surgimento da justiça. Não se trata de uma mera vingança, pois essa não explica como o fazer sofrer leva a uma satisfação. Faz parte do contrato essa busca de satisfação interna pelo dano sofrido. A conquista da confiança na palavra se faz por meio de um empenho de algo que o devedor possui, sobre o qual ainda tem poder (seu corpo, sua mulher, sua liberdade ou mesmo sua vida) e, uma vez rompida sua palavra, dá direito ao credor de fazer mal pelo prazer de ultrajar, com o que este participa de um direito dos senhores, a sensação exaltada de poder desprezar e maltratar alguém como "inferior"[51]. A compensação se dá, assim, por meio de um convite ao exercício do direito de crueldade do credor para com o devedor: se o dano causado foi praticado por um extravasamento de forças sem limites, próprio à animalidade e à força básica do esquecimento, o primeiro passo do processo civilizatório transita pela garantia dessa mesma possibilidade de extravasamento, mas agora contida em certos limites. Não se afasta, portanto, a crueldade, vista como atributo normal do homem, como um grande prazer festivo da humanidade, tal como o castigo[52], do que a humanidade não se envergonhava porque era expressão de seus instintos. Pelo contrário, ela era um chamariz à vida, à

47. *GM*, II, 3. **48.** *GM*, II, 4. **49.** *GM*, I, 16. **50.** *GM*, II, 4. **51.** *GM*, II, 5. **52.** *GM*, II, 6.

resistência e à inflexão, contrariamente ao que se dá hoje, quando o sofrimento se torna um argumento contra a existência[53].

É essa mudança de perspectiva ligada à crueldade que interessa ao Nietzsche genealogista. Nesse processo de contenção da crueldade, por uma série de transposições dessas relações primitivas a complexos mais genéricos e abstratos, procurou-se não apenas sublimar essa crueldade, voltando-a contra o próprio homem, como ainda deslegitimar tudo o que se encerrava pela força ativa do esquecimento causador dos descumprimentos das promessas, dos contratos. Apagaram-se os instintos para se manter a fria convenção como lei. Os sentimentos que reclamavam o confronto de valor tornam-se regras e deveres abstratos, desvinculados da vida que se esvazia, perdendo sentido. Se esse caminho privilegiou, como veremos, uma maioria fraca, o nivelamento de atraso e ocaso do homem, Nietzsche tem em seu horizonte um outro ideal, de síntese do inumano e além-humano[54], de uma nova possibilidade de jogo entre essas forças ativas do homem, do esquecimento e da memória num modelo dinâmico[55], da emergência da novidade e da responsabilidade por si como porvir que vemos, na justiça, sua expressão. Para compreensão disso, temos de acompanhar essas transposições ao longo do processo civilizatório.

Na análise nietzschiana, há um paralelismo entre esse processo de sublimação da crueldade e de uma necessidade de entorpecimento do sofrimento com o rechaço dos instintos e o prevalecimento da memória sobre o esquecimento para a afirmação do imperativo da lei. Com a lei e seu caráter impessoal tendente à uniformização pelas religiões, sobretudo as monoteístas, operam-se novos falseamentos que Nietzsche toma como próprios ao ascetismo, legitimando a internalização daquela força oposta, fazendo os instintos se voltarem contra si: é o que se dá com o pecado e a culpa.

O processo civilizatório é um "prodígio de crueldade empregado pela humanidade contra si mesma, como um terrível processo de domesticação" do animal-homem num lento e penoso processo de costumes[56]. Nele, vemos transposições para uma maior generalização do modelo das relações primitivas de um lado e, de outro, um processo de internalização da crueldade, fazendo o homem sofrer consigo mesmo[57].

Assim, transpõe-se primeiramente da relação de credor a devedor às formas primitivas de direito das gentes para, em seguida, uma vez estruturada a forma de organização social, emergir o direito penal como padrão regente das relações entre indivíduo e sociedade[58]. A

53. *Idem, ibidem.* 54. *GM*, I, 16. 55. M. Brusotti, *op. cit.*, p. 91. 56. O. Giacoia Júnior, "O Grande Experimento: Sobre a Oposição entre Eticidade (*Sittlichkeit*) e Autonomia em Nietzsche", em *Trans/form/ação. Revista de Filosofia*, vol. 12, pp. 103-104. 57. *GM*, II, 16. 58. M. Brusotti, *op. cit.*, p. 95.

medida da pré-história, a expressão da agressividade sob a forma do conflito e da guerra, sempre está presente para Nietzsche[59]. Se o indivíduo tem assegurada pela comunidade a proteção ao manter sua palavra e compromisso de respeito dos deveres instituídos, sob pena de ser dela expulso, devolvido ao estado selvagem e fora-da-lei[60], *i.e.*, à condição de indivíduo, à sua singularidade, exposto a abusos e hostilidades[61]; Nietzsche deixa claro que não é por uma necessidade estrita de cumprimento do dever que essa palavra é cobrada, mas por um cálculo comparativo das forças em embate e do quanto são ameaçadas ou não pela ruptura da estrutura instituída. Tanto é assim que, crescendo o poder e a consciência de si da comunidade, o direito penal, secundário e decorrente do direito das obrigações, suaviza-se e, no limite da aceitação de que toda infração seja resgatável e no isolamento do ato da vida do criminoso, tende à auto-supressão, convertendo-se em graça[62], o que, diversamente do que pretende Venturelli, não implica a auto-supressão da justiça, nos termos em que pensada por Nietzsche, por se dar com ela um tal incremento da auto-consciência da comunidade que se chega a uma condição de além do direito[63]. A graça, pelo contrário, como nos mostra Nietzsche, em *Além de Bem e Mal*, depende, para ser concedida, de um poder superior que a outorgue[64]. Ora, Nietzsche procura pensar o caráter fundamental do indivíduo no seio da nova comunidade como inoculador da novidade, daí que, se pensamos na auto-supressão da justiça, devemos considerá-la como referente à justiça vingativa e isso responde à ambigüidade que vimos considerando nos termos nietzschianos, que lhe permite afirmar, em paralelismo, a supressão da vontade[65], ligada à teoria da liberdade e da responsabilidade, e, ao mesmo tempo, afirmar o imperativo da vontade de potência.

Isso nos mostra que o fundamental nessa análise de transposições é que o justo, percebido pelo confronto inicial das medidas entre comprador e vendedor, torna-se impessoal com a instituição da lei e é um instrumento de educação da avaliação para uma humanidade[66] que, ao se sedentarizar e ter de viver nos limites da sociedade da paz, não mais pode agir instintivamente[67]. Por isso, essa impessoalidade da avaliação precisa ser acompanhada de um processo de internalização da agressividade para que se mantenha a uniformidade de critério e, por conseguinte, a possibilidade de sujeição e de paz, e é essa uniformização que se expressa paulatinamente como consciência, pois, tendo de viver em sociedade, o homem é obrigado a depender de sua consciência, tornando latente um certo *quantum* de liberdade e obrigando os instintos a se voltarem para dentro[68]. Um tal retorno para si não é

59. *GM*, II, 9. **60.** *Idem, ibidem.* **61.** *Idem, ibidem.* **62.** *GM*, II, 10. **63.** A. Venturelli, *op. cit.*, pp. 133-134. **64.** Cf. *BM*, 265. **65.** *FP*, verão – outono 1884, 27 [1]. **66.** *GM*, II, 11. **67.** *GM*, II, 16. **68.** M. Brusotti, *op. cit.*, p. 101.

ainda uma reação, mas uma necessidade interna da força ativa original que deve se descarregar de algum modo e, com isso, internaliza-se a vontade de potência como crueldade, passando o homem da má consciência a se torturar por prazer em fazer sofrer. O ressentimento, por isso, apesar de não ser um fenômeno consciente, diz-nos Brusotti, só existe em função da consciência e de sua proteção, com a sujeição do esquecimento original e, por tal razão, a primitiva forma da má consciência aparece sem relação essencial com a representação da culpa[69].

As fases desse direcionamento para dentro passam, assim, pelo embate físico entre senhores e súditos, fazendo com que os instintos destes, impossibilitados de extravasarem-se, voltem-se para dentro. A má consciência nasce, portanto, do fazer mal a si na medida em que não se tem mais uma saída natural para o fazer mal aos outros, em que não se pode mais extravasar os instintos[70], sendo o homem reduzido a pensar, inferir, calcular, reduzido à sua consciência (*Bewusstsein*)[71]. A ideologia da má consciência é a perseguição desses instintos voltados para fora e está na origem do ressentimento: se o ressentimento é uma reação contra a atividade, a má consciência é uma reação em vão, porque o sofrimento é mantido, e nenhuma reação pode afastá-lo duradouramente da consciência. A figura do padre ascético tem por função dar uma interpretação moral-religiosa na qual o sofrimento físico é interpretado como dor moral, tendo como causa o pecado, criando, assim, uma situação sem saída[72]: é esse falseamento que caracteriza o ascetismo, tornando a culpa ideologia da má consciência e justificando a perseguição moral dos instintos voltados para fora[73].

Esse processo de impessoalização da avaliação por uma regra de justiça, se tem um lado positivo de educação, torna-se universal e por demais desvinculado das condições de vida, com uma progressiva perda por parte do homem de sua capacidade de julgar o que lhe convém: o fraco passa a tudo amaldiçoar, inclusive o próprio Deus credor que macula-o com o pecado original, mas também a natureza, que vê como princípio do mal, e a própria existência, agora desprovida de valor. Afasta-se assim da vida[74], porque a contradição é experimentada como anarquia e autodissolução[75], sendo o homem incapaz de justificar a si. É essa a falta de sentido para o sofrer que mais o revolta e horroriza na existência[76], por provocar uma sensação de vácuo da vontade e por demandar um objetivo[77], aqui expresso como um desejo de vingança contra tudo e contra todos. O homem perde-se, então, a si mesmo e, para se manter uma tal possibilidade de avaliação impessoal, a perda de si demanda uma reciprocidade fundada no altruísmo e na compaixão[78], que contribuem para o entorpecimento do sofrimento.

69. *Idem*, pp. 102-103. **70.** *Idem*, pp. 101-104. **71.** *GM*, II, 16 e 3. **72.** M. Brusotti, *op. cit.*, pp. 109-110. **73.** *Idem*, p. 106. **74.** *GM*, II, 21. **75.** *GM*, III, 15. **76.** *GM*, II, 7. **77.** *GM*, III, 1. **78.** W. Stegmaier, *op. cit.*, pp. 17 e ss.

É essa perda de si em reciprocidade, marcada sobretudo pela adaptação, resignação e desencanto, que leva à alienação contra a qual Nietzsche se opõe[79]. De fato, com essa perda e com o falseamento pela impessoalização crescente, apagam-se as relações de poder que determinam a situação do homem, levando-o a um situação de alienação, renegadora de tudo o que há de pujante na vida, inclusive de si mesmo. Aí está a ligação da impessoalidade com a internalização da agressividade: não se percebe mais o quanto a compreensão de si, por ser mediada pela interpretação ascético-religiosa, é determinada por uma relação de poder e de que seja ela mesma uma interpretação, um determinado modo de avaliação e que compete ao homem resgatar a si para poder ter outra relação com a vida.

Ora, a estratégia ascética é de convencer o homem de que sofre por ter pecado e, com isso, ao criar uma nova forma de o homem se relacionar consigo mesmo e, mais, ao criar uma nova alma, exige que o homem volte seu olhar a si, procurando conhecer a si. A auto-análise não é apenas uma procura pelos próprios pecados para poder interpretar as próprias dores como pena para lhes dar sentido e fundamento; não é apenas uma fase preparatória que permite o descarregamento de um afeto imediato e o entorpecimento do sofrimento. Ao voltar para trás a direção do ressentimento, internalizando-o, supera-se a diferença entre a fase da procura de si e a do descarregamento dos instintos, pois tanto a procura como a vivisecção de si constituem-se, desde logo, como formas de domínio de si e expressão da crueldade[80]. Tal compreensão não é portanto imediata. A renegação dos sentidos implica uma busca de objetividade que implica a própria renegação do conhecimento, porque renega o exercício de poder e a atribuição de sentido presente em toda interpretação, sob a suposição de que um conhecimento livre de interpretação tenha um valor superior àquele primeiro. Ou seja, essa busca de verdade interna e de sentido se pauta pela confiança platônica na identidade entre verdade e valor. Se Deus é verdade e a verdade é divina, então a vontade incondicional de verdade é a própria expressão do ideal ascético[81].

Com isso, não se põe em questão as determinantes da avaliação e o valor desse valor, nessa tarefa propriamente genealógica a que se volta Nietzsche. A busca de verdade, tal como colocada pelo ascetismo, pressupõe a renegação dessa tarefa e das relações de poder ínsitas ao jogo de luta de interpretações presente no trato inicial entre credor e devedor, comprador e vendedor, para o estabelecimento do valor que permitiria a equivalência propícia ao compromisso. Por isso, ainda, que, para o apagamento de si para o falseamento do caráter interpretativo da condição humana, é preciso apagar, com as interpretações,

79. H. Ottman, *op. cit.*, pp. 28 e ss. **80.** M. Brusotti, *op. cit.*, p. 112. **81.** *Idem*, pp. 113-115.

também os instintos, cuja importância se via desde logo na medição pré-histórica. Há de se apagar, também, o próprio confronto, ainda que ao preço da incapacidade de justificar a condição humana, levando o homem ao cansaço e ao niilismo[82], porque precisa negar a força, que equivale ao impulso, à vontade, à atividade[83], ou seja, todas as condições de ação e, por conseguinte, de felicidade do homem: a vitória ascética dá-se pelo estiolamento da confiança do homem na vida, fazendo com que se envergonhe de sua felicidade e de sua capacidade de agir, introduzindo a marca da miséria em sua consciência[84], porque vê em si o responsável pelo seu sofrimento[85], e, em sua ferida, o que o faz continuar a viver[86]. É nessa vertente anti-sensualista e metafísica, desligada das condições terrenas do homem, de sua origem animal, renegada, que se expressa o falseamento do homem, a mentira que leva à fabricação de ideais[87]. Por tal razão, para Nietzsche, esses ideais, que dirá ascéticos, ligam-se ao desejo normativo de verdade e ao niilismo, e a renúncia à interpretação implicará a renúncia a dar sentido e ao exercício do poder[88], reforçando a alienação. Daí que a identidade da verdade ao valor implique a expressão de uma vontade de nada pelo esvaziamento do próprio valor e do sentido que o homem se dá pela impessoalidade e pela internalização que se opera nesse processo[89].

A estratégia nietzschiana procura resgatar a pessoalidade da avaliação, por sua singularização e multiplicação pelo confronto, por meio da afirmação da interpretação, pois era essa singularização que permitia a avaliação pelo homem nobre das condições de vida em que se via inserido, e é essa singularização que diferencia a justiça nobre da fraca. Se esta demanda um caráter absoluto e por isso se funda pretensamente na verdade, a justiça forte, porque pautada pelo confronto, esteia-se apenas na veracidade, fazendo com que a moral reconheça-se como algo criado, e não uma ordem moral universal, relativizando-a e arrancando-a, ao mesmo tempo, à metafísica[90], justamente porque precisa de independência e capacidade de distanciamento da própria moral para que possa considerar a rede de condições em que está o homem inserido, rede esta que é a própria vida[91]. Se a fé no próprio ideal, a fé em um valor metafísico, o valor em si da verdade, que leva à incondicional vontade de verdade, permaneceu, enquanto valor, inquestionado, embora seja o que fundamenta a moral, a filosofia, a religião, é essa vontade de verdade que demanda uma crítica, devendo ser experimentalmente posta em questão[92]. A isso responde a justiça no pensamento nietzschiano: se a derrocada dos valores transcendentes coloca

82. *GM*, I, 12. **83.** *GM*, I, 13. **84.** *GM*, III, 14. **85.** *GM*, III, 15. **86.** *GM*, III, 13. **87.** *GM*, I, 14. **88.** M. Brusotti, *op. cit.*, pp. 113-116. **89.** W. Stegmaier, *op. cit.*, pp. 169-171. **90.** M. C. F. Ferraz, *Nietzsche, O Bufão dos Deuses*, p. 91. **91.** W. Stegmaier, *op. cit.*, pp. 17-23. **92.** *GM*, III, 24.

o homem à frente com o sem-sentido, com o niilismo[93], ele tem o desafio de justificar-se um sentido[94], sempre, como aponta Maurer, numa luta que se apresenta como resistência a monopolizações e absolutizações em nome da verdade ou da moral[95], buscando, ainda, alcançar sua segunda inocência, prometida por seu ateísmo[96] e pela morte de Deus.

Podemos conjugar, então, a visão nietzschiana da importância da infração contratual, enquanto expressão da faculdade ativa do esquecimento, ligada aos instintos e afetos, com a possibilidade de ruptura da impessoalidade da avaliação e sua tendência universalizante, mas, ao mesmo tempo, internalizadora e alienante. Nietzsche diz que uma ordem de direito geral e soberana como meio contra a luta, *i.e.*, contra a ação inovadora que apenas o esquecimento permite instaurar, é hostil à vida e, por isso, os estados de direito são um estado de exceção[97]. Os compromissos estabelecidos, se enrijecidos e desvinculados das condições de vida, apagam e falseiam as determinantes de poder que o ditam, perdendo, com isso, seu caráter mesmo de compromisso: a justiça vingativa e ressentida, por pautar-se por um excesso de sentimento, não tem limite e procura impor-se como única medida, tornando-se, por tal razão, imprestável para se estabelecer equivalências, para se atingir o justo[98]. Daí a importância da luta, porque evidencia as relações de poder em jogo e reclama a singularização da avaliação, procurando romper com a alienação do homem e, nesse contexto, o direito se mostra como instrumento de uma luta contra os sentimentos reativos, um freio ao insensato influxo do ressentimento[99] e um instrumento de emancipação. Nesse quadro, para Stegmaier, a própria relação entre Estado e indivíduo deve ser repensada como se fossem indivíduos soberanos. Se o ressentimento fixa o direito para todos os tempos, procurando deixá-lo intocável, a justiça no sentido de Nietzsche pressupõe o direito como meio, de modo que o Estado será considerado soberano quando deixar valer o indivíduo. Devemos compreender o Estado pelo indivíduo, pois só o indivíduo pode ser justo, não o Estado ou o Direito[100].

INTERPRETAÇÃO E PODER: OS DESAFIOS DA JUSTIÇA

O desafio nietzschiano em sua crítica à cultura, indicado desde o prólogo dessa obra, é de superação da alienação pela recuperação da

93. *GM*, III, 27. **94.** *GM*, III, 28. **95.** R. Maurer, "O Outro Nietzsche: Justiça contra Utopia Moral", *Trans/form/ação. Revista de Filosofia*, vol. 18, p. 172. **96.** *GM*, II, 20. **97.** *GM*, II, 11. **98.** M. Brusotti, *op. cit.*, p. 98. **99.** *GM*, II, 11. **100.** W. Stegmaier, *op. cit.*, pp. 148-149.

personalidade multifária[101] através do reaprendizado da arte de interpretação[102]. É à análise da arte da interpretação que Nietzsche se dedica ao longo da obra contra o elemento normativo, seja dos genealogistas ingleses, seja da metafísica e do contratualismo. Daí a necessidade do espírito histórico e da crítica genealógica e problematizante. É essa crítica histórica que permite evidenciar as determinantes de poder presentes a todo acontecimento, como Nietzsche revela ao tratar do castigo: sempre há um subjugar e um assenhorear-se pelo qual se afirma uma nova interpretação, um novo ajuste, no qual a "finalidade" e o "sentido" anteriores são necessariamente obscurecidos ou obliterados. Por isso, todos os fins e todas as utilidades são, para ele, apenas indícios de que uma vontade de potência se assenhoreou de algo menos poderoso e lhe imprimiu o sentido de uma função, formando-se uma cadeia ininterrupta de signos, de novas interpretações e ajustes. Por tal razão que o desenvolvimento de uma coisa, um uso, um órgão é tudo menos seu *progressus* em direção a uma meta, menos ainda um progresso lógico e rápido[103].

É nesse contexto que se há de entender a ruptura dos compromissos: como a perda de sentido e a morte de uma determinada interpretação. Quando ela não dá mais conta das condições de vida em que se vêem entrelaçadas as forças, impõe-se a necessidade de esquecimento do compromisso em nome da criação de novas formas, interpretações e direções. Ela é expressão do distanciamento próprio à crítica e à resistência. Por isso que a essência da vida se apresenta para Nietzsche como vontade de potência, como atividade, contra a idiossincrasia democrática que tudo domina e tudo quer dominar, retirando-lhe a noção fundamental de atividade e conformação que pressupõe o esquecimento e a ruptura[104]. Os compromissos, nesse quadro, hão de ser lidos tal como Nietzsche nos apresenta o castigo: eles adquirem uma forma, que se apresenta como costume, como um drama e uma certa seqüência rigorosa de procedimentos e que têm um caráter mais duradouro. Contudo, seu sentido, seu fim, a expectativa ligada à realização desses procedimentos é toda fluida, ele apresenta uma síntese de sentidos, insuscetível de definição justamente porque tem história e só é definível, para Nietzsche, aquilo que não tem história[105]. Uma ordem jurídica formal, esvaziada de sentido em sua generalização e abstração, sobretudo quando se pretende ligada, enquanto valor, à verdade, mascara a luta subjacente de interpretações em busca de predomínio. A luta, em razão disso, é constante, é sempre uma luta de interpretações e a mudança das formas que as abarcam todas é apenas a expressão do esgotamento total de uma estruturação que não reflete mais o combate interno dessas interpretações, demandando uma avaliação contínua.

101. H. Ottman, *op. cit.*, pp. 22-29. **102.** *GM*, "Prólogo", 7 e 8. **103.** *GM*, II, 12. **104.** *Idem, ibidem.* **105.** *GM*, II, 13.

O desafio que se coloca, portanto, envolve o jogo de distanciamento próprio à crítica, mas também da proximidade que permite a afirmação de sentido aos modos possíveis de vida que se abrem ao homem, reclamando, para tanto, um conhecimento de si. Esse conhecimento não é aceito sem mais, e a modernidade caracteriza-se, como aponta Brusotti[106], pela desconfiança de sua possibilidade. Não se trata, por isso, de uma retomada da experiência grega[107], por mais que ela expressasse uma outra possibilidade de existência, marcada pela liberdade da alma, e não pela violação e autocrucifixão do homem[108], mas, pelo contrário, trata-se do aprofundamento da experiência moderna que nos revela a história da formação da má consciência, em seu caráter ativo[109], de tomada de consciência da contradição em si, da mais sinistra doença do homem com o homem, porque esta mesma experiência nos revela o quanto essa história é também expressão de uma tensão, de uma esperança, como se algo se anunciasse, algo se preparasse, como se o homem não fosse uma meta, mas um caminho, um episódio, uma ponte, uma grande promessa[110]. Porque o homem tem a necessidade de justificação de si em meio à ambigüidade, à contradição e à transitoriedade, porque tendo de afastar-se da transcendência e de toda insignificância, salvando-se do ideal vigente e da vontade de nada, do niilismo, será apenas por meio de sua grande decisão[111] que será capaz de devolver à terra sua finalidade e ao homem, sua esperança: aí, vimos em *Zaratustra*, incide o gládio da justiça e, aqui, compreendemos o quanto essa experiência, essa luta e esse desafio são a manifestação profusa de beleza na vida do homem e que permite esse jogo de distanciamento e proximidade com o reconhecimento da pluralidade de forças presentes em si.

Esse é o caráter trágico da vontade de potência[112], pelo qual, ao mesmo tempo em que nega o livre-arbítrio e o voluntarismo para afirmar a inocência do devir, vê o homem como *fatum*, como co-responsável por seu destino[113]. A afirmação dessa contradição passa por todos os termos em que se coloca a questão nietzschiana em torno da recuperação da singularização da valoração, demandando uma outra espécie de espírito e uma grande saúde[114], que possa reunir o inumano e o além-humano[115]: trata-se da pergunta sobre a possibilidade do filósofo nos dias de hoje, *i.e.*, da conjugação da vontade de responsabilidade, própria à memória, com a liberdade da vontade, com coragem e ousadia[116], própria ao esquecimento. Do mesmo modo que *um certo* ascetismo é condição à mais elevada sensualidade[117], enquanto poder e consciência do poder, o homem é *hybris* e impiedade ao pautar sua existência pelos experimen-

106. M. Brusotti, *op. cit.*, pp. 119 e ss. **107.** *GM*, II, 23. **108.** *Idem, ibidem*. **109.** *GM*, II, 18. **110.** *GM*, II, 16. **111.** *GM*, II, 24 e 25. **112.** H. Ottman, *op. cit.*, p. 237. **113.** *Idem*, p. 153. **114.** *GM*, II, 24. **115.** *GM*, I, 16. **116.** *GM*, III, 10. **117.** *GM*, III, 9.

tos consigo, pela vivisecção da alma[118] e pelo apoderamento de uma interpretação por outra. É dessa contradição do ascetismo, da contradição implicada na vida ascética[119] que o ser moderno toma consciência e que é levado a filosofar: se via antes o erro onde o autêntico instinto de vida situa a verdade, *i.e.*, na corporalidade, na dor, na multiplicidade, no eu e nos sentidos e que a eliminação da vontade e a suspensão dos afetos implicava verdadeira castração do intelecto[120], seu desafio é de conciliar a possibilidade de um certo ascetismo que implique a elevação da sensualidade, sem desvalorá-la, sem renegá-la por um desejo de ser outro, mas, pelo contrário, reverenciar a pujança da alma e do corpo[121].

É o *páthos* da distância grego que permite evitar o rebaixamento do homem a instrumento do ressentimento, a instrumento da justiça enquanto vingança e representação, como pretendem os fracos[122]: uma tal distância preserva a possibilidade do gosto e da medida[123], do apreço que o homem teve por si[124], e que foi pervertido pela modernidade[125]. Se a vivisecção da alma e o conhecimento de si habilitam o homem a um maior aprofundamento, indicam, de outro lado, o quanto os sentidos que se atribui são basicamente interpretações de si. Para Nietzsche, quando o homem for capaz de afirmar o caráter interpretativo da existência, santificando a vontade de ilusão que tem a seu favor a boa consciência[126], será capaz de afirmar a singularidade e, nisso, expressar o caráter artístico da interpretação, afirmando seu gosto e sua medida[127], que só aquele que justifica a si mesmo e afirma seu sentido, com toda sua singularidade, pode fazer. É esse caráter artístico[128] que, tal como se dava com o modo de avaliação aristocrático, permite ligar criação com interesse e, por conseguinte, com felicidade: é pela experiência do criador, não do terceiro, espectador[129], que Nietzsche vê a possibilidade de afirmar um contra-ideal e uma contrapartida[130] aos excessos de idealismo[131], à desmesurada vontade de verdade com sua veneração ao que é tranqüilo, frio, passado[132] e com irritação contra a sensualidade[133] e o hoje[134]. Só com a afirmação do interesse nas ações, a interpretação rompe a dependência da arte à filosofia, à religião e à moral[135], que, por crerem na verdade, negam e cancelam o si (*das Selbst*)[136]. Essa ação, contudo, não se restringe à mera subjetividade do artista, do intérprete. É apenas enquanto ação conformadora do mundo, enquanto obra[137], que lhe dá um caráter co-

118. *GM*, II, 9. **119.** *GM*, III, 11. **120.** *GM*, III, 12. **121.** *GM*, III, 14. **122.** *Idem, ibidem*. **123.** *GM*, III, 22. **124.** *GM*, III, 25. **125.** *GM*, II, 24. **126.** *GM*, III, 25. **127.** *GM*, III, 22. **128.** *GM*, "Prólogo", 8. **129.** *GM*, III, 6. **130.** *GM*, III, 23. **131.** *GM*, III, 19-20. **132.** *GM*, III, 8. **133.** *GM*, III, 7. **134.** *GM*, III, 8. **135.** *GM*, III, 5. **136.** *GM*, III, 3. **137.** Divergimos de Stegmaier, que considera o ideal ascético do ponto de vista do artista apenas à vista de Wagner e toma as considerações sobre Stendhal como uma análise filosófica (*op. cit.*, pp. 173-177). Parece-nos que a análise da filosofia inicia-se propriamente no sétimo capítulo, posterior ao sexto, em que se cuida ainda da

municativo e relacional. Por isso, ao mesmo tempo em que a interpretação expressa um poder pessoal de dominação de si pela estruturação das forças, ela se insere no devir, no embate de interpretações, movendo-se constantemente para uma superação de si.

Ora, estes são os caracteres da justiça: a responsabilidade que demanda domínio de si, um compromisso e uma medição de forças superadora da individualidade que envolve o elemento comunicativo e relacional. O embate de valores é, portanto, um embate de interpretações: afasta-se qualquer pretensão de tomá-lo como expressão da imposição da força física, como também aponta a impossibilidade de expressar uma vontade de aniquilação ou de totalidade, sob pena de contradizer as próprias condições de sua afirmação. Aí se expressa sua força, em poder tomar-se como interpretação, pois isso implica tolerância para com o opositor[138]. Ao sentido crítico da vontade de potência, soma-se, assim, um sentido ético com a exigência de que cada qual coloque o seu sentido e que é apenas nesse embate entre sentidos e poderes, sem um sentido, médio[139], que se dá o jogo da justiça, na inocência de seu devir, como surgimento e perecimento, numa visão cósmica aos moldes de Heráclito[140]. Contra o perigo que a moral representa, fundada na crença no incondicionado[141], por se tomar a justiça como justificação por intermédio da crença e da graça, Nietzsche propõe se considerar a justiça como um contraconceito contra toda filosofia e teologia fundadas na culpa da existência[142]. É pela condicionalidade do jogo que o homem torna-se novamente cauteloso, pautando sua conduta não mais por uma ética de fundamentação, mas, sim, por uma ética de reflexão da própria moral ante outras morais[143], *i.e.*, por outras interpretações. Daí a necessidade de nobreza, de liberdade e de poder para que cada um consiga manter-se sob controle e ter domínio sobre si para poder perceber as pretensões dos outros, torná-las suas tanto quanto possam ser estranhas, renunciando ao julgamento para liberar o indivíduo à alteridade e a refletir sobre a sua própria moral: trata-se de uma ética da individualidade[144]. A justiça para Nietzsche, segundo Stegmaier, é a capacidade de compreender a perspectivação da moral e deixar valer suas diferenças, uma capacidade de deixar normas e valores concretos se formarem de acordo com as condições de existência e serem perspectivados por suas condições de existência para permitir a justiça[145].

questão estética, contrapondo-se a visão do artista, ainda que pensador, com a do filósofo, no caso Kant. **138.** H. Ottman, *op. cit.*, p. 223. **139.** W. Stegmaier, *op. cit.*, pp. 86-87. **140.** H. Ottman, *op. cit.*, p. 391. **141.** W. Stegmaier, *op. cit.*, pp. 1 e ss. **142.** H. Ottman, *op. cit.*, p. 390. **143.** W. Stegmaier, *op. cit.*, p. 2. **144.** *Idem*, pp. 3 e ss. **145.** *Idem*, p. 25.

8. A Justiça, a Responsabilidade e o Desafio da Liberdade

Chegamos a um momento de concisão em que podemos observar, dentro da empreitada maior de transvaloração, *i.e.*, da mudança do elemento do qual deriva o valor dos valores, com a reversão dos valores conhecidos numa crítica radical e absoluta, na lição de Deleuze[1], como isso se dá com a justiça. Em *O Caso Wagner* e *O Crepúsculo dos Ídolos*, vemos Nietzsche procurar revalorizar o que foi negado pela tradição, tudo o que foi marcado pela diferença e pela singularidade, e disso tornar o homem capaz novamente de criar, de colocar-se um ideal de vida, assumindo a responsabilidade por ele ao mesmo tempo em que se vê como um fragmento do todo em devir. Uma tal força trágica e artística de justificar-se a si mesmo, *i.e.*, de justiça, Nietzsche a concebe como liberdade e, ainda, nas palavras de Adorno, uma liberdade pensada como liberação, pela luta contra a alienação, da mentira e da ideologia[2].

Apenas no aforismo 48 das "Divagações Extemporâneas" de *O Crepúsculo dos Ídolos*, encontramos uma referência explícita à justiça. Das idéias nele expostas, todavia, com base na trajetória realizada, temos condições de acompanhar essa específica inversão de valor para o que devemos ter presente que, se na primeira parte da obra, do prefácio ao capítulo sobre "O que Falta aos Alemães", há uma crítica da

1. G. Deleuze, *Nietzsche et la philosophie*, pp. 197-201. **2.** T. Adorno, M. Hokheimer e H.-G. Gadamer, "Über Nietzsche und uns", em M. Horkheimer, *Gesammelte Schriften*, vol. 13, pp. 114 e 119.

décadence no sistema moral, é propriamente nas "Divagações"[3] que, rompendo com o sistema, abrimo-nos à possibilidade de entrever outras possibilidades de valoração de um modo geral.

São três as grandes idéias expostas no referido aforismo: a afirmação da justiça ligada à diferença, contrapondo-se à defesa rousseauniana da igualdade; a defesa de um naturismo moral; e o jogo com grandes tarefas. Com elas, temos simultaneamente uma crítica à concepção de sujeito criada pela tradição fundada na crença absoluta em um sujeito racional, em cuja unidade lógica ou contratual, na versão rousseauniana, vê a garantia contra a contradição, a diferença ínsita à pluralidade de sentido em si, em seu corpo, na história, na natureza; temos, também, a ruptura da contraposição entre homem e natureza, portanto entre liberdade e necessidade, e a idéia de um sujeito autárquico desvinculado do todo, deixando emergir uma nova concepção do homem no mundo. Por fim, temos o desafio da criação singular de um estilo e de um sentido que se justifique pela capacidade de refundar o jogo de interpretações pela luta e pela distância, rompendo-se a uniformidade de sentidos colocada pela história: justiça e liberdade vêem-se então reunidas no seio da natureza.

JUSTIÇA E DIFERENÇA

No que tange à diferença, há uma retomada por Nietzsche do modo que se deu o enfrentamento da igualdade em obras precedentes. Mais uma vez ela é reportada à incultura e fraqueza daqueles que, sentindo-se mal no mundo, procuram atribuir a alguém a culpa por seu sofrer para que possam vingar-se[4]: é a manifestação rousseauniana do instinto pela vingança em seu rancor aos espíritos viris[5].

As virtudes morais, sob a égide da demanda por igualdade, e que nos conclamam a um tímido amor ao próximo, amor ao trabalho, à moderação, ao sentido do direito e à escrupulosa objetividade científica, são exigidas e suscitadas por nossa fraqueza. De fato, elas expressam um declínio de nossa vitalidade ao tomarmos como progresso o declínio dos instintos hostis, tornando necessária essa ajuda mútua de que depende o amor ao próximo, a igualdade, essa pretensa e magra justiça da vingança. A igualdade de direitos é, portanto, expressão da decadência[6], do condicionamento, exigência e suscitação de nossas virtudes por um certo modo de vida, débil e frágil.

Por isso Nietzsche diz que um ser vivo é apenas o sintoma de um certo tipo de vida: ao falarmos em valores, falamos sob a inspiração e

3. As referências aos capítulos da obra, não numeradas, se darão pela indicação dos primeiros termos da expressão ou frase que lhes dá nome, sempre destacadas. **4.** *CI*, "Divagações", 34. **5.** *CI*, "Divagações", 3. **6.** *CI*, "Divagações", 37. Nesse sentido igualmente *CW*, 7.

na óptica da vida que se expressa enquanto modo de vida e que nos força a colocar os valores, valorando através de nós[7]. Decorre daí que a moral em si não tem valor, ela é apenas uma interpretação – e uma falsa interpretação – de certos fenômenos, não passando de uma linguagem simbólica e de uma sintomatologia que precisamos saber de que se trata para podermos tirar proveito[8], *i.e.*, sermos capazes de perceber ao que havemos de nos de opor[9] para que possamos travar o mais duro combate contra tudo aquilo que nos torna doentes, que nos faz filhos deste tempo e que caracteriza o problema da *décadence*, esse fechamento na pequena individualidade, que goza de sua liberdade como um direito e não como uma conquista de sua criatividade[10]: só então emerge a maior vivência, a da cura[11].

Ora, os sintomas de fraqueza discernidos no tipo de vida que reclama a igualdade de direitos e o ideal de justiça expressam uma contranatureza, o que começa a nos remeter à questão do naturismo moral. De fato, por mais que apelem à natureza, os fracos pretendem julgar a própria vida e condenar os instintos[12], porque não possuem uma vontade suficientemente forte para refreá-los[13] ou espiritualizá-los[14] e a única expressão que deles têm é de uma luta anárquica entre si[15], de contradição, perturbação e destruição mútua[16]. Tal percepção lhes remete à morte, à mudança, ao envelhecimento, à procriação e ao crescimento, o que, por si só, já é motivo de refutação e, por isso, os sentidos devem ser moralmente considerados como causa de engano e, por conseguinte, há de se moralmente prescrever a liberação dos sentidos, do devir, da história, da mentira[17]. A solução é matar as paixões[18], castrar e extirpar os apetites[19], com o que, para o filósofo, ataca-se a vida pela raiz[20].

Só mediante esse desenraizamento, que se completa com a desistoricização da vida[21], toma-se a vida como desprovida de valor, indicando, com isso, o acordo de ordem fisiológica subjacente[22] de um gosto[23] e de um tipo de vida doente que precisa de uma tábua de salvação, apenas encontrada na racionalidade[24]: trata-se da idiossincrasia dos filósofos que precisam, para crer e honrar uma coisa, desistoricizá-la, considerá-la sob a espécie da eternidade, mumificando-a[25]. Estabelece-se então a prevalência de um mundo verdadeiro em oposição a este, mutável, da vida, caracterizado como aparente, precisando para tanto fabular um outro mundo que não o nosso para vingar-se da vida, opondo-lhe a fantasmagoria de uma vida "outra" e melhor a partir da qual se

7. *CI*, "A Moral", 5. **8.** *CI*, "Os que Querem Melhorar a Humanidade", 1. **9.** *CI*, "A Moral", 6. **10.** P. Valadier, *op. cit.*, pp. 41-46. **11.** *CW*, "Prólogo". **12.** *CI*, "A Moral", 4-5. **13.** *CI*, "A Moral", 2. **14.** *CI*, "A Moral", 1. **15.** *CI*, "Divagações", 41, e "O Problema de Sócrates", 9. **16.** *CI*, "Divagações", 41. **17.** *CI*, "A Razão", 1. **18.** *CI*, "A Moral", 1. **19.** *CI*, "A Moral", 2. **20.** *CI*, "A Moral", 1. **21.** *CI*, "A Razão na Filosofia", 1. **22.** *CI*, "O Problema de Sócrates", 1-2. **23.** *CI*, "O Problema de Sócrates", 5. **24.** *CI*, "O Problema de Sócrates", 10. **25.** *CI*, "A Razão na Filosofia", 1.

pode não apenas julgar esta, como ainda o próprio homem, o que, a ver de Nietzsche, só pode ser expressão de uma vida declinante[26].

Essa fábula desenraizadora do homem tem na liberdade individual e na demanda por igualdade de direitos[27] seu maior artifício, voltado à vingança contra a vida em nome da justiça. Sua importância, para nosso tema, decorre justamente da relevância que, através de um tal procedimento, adquire a liberdade e a responsabilidade para a moral dominante, justificadora da demanda por justiça enquanto vingança, fundada no valor da verdade.

Esse artifício, próprio a essa sobrevalorização da racionalidade a qualquer preço, expressa-se com a tomada das noções mais altas, gerais e vazias como primeiras, como começo, como se o superior não pudesse nascer decentemente do inferior, o que expressa, moralmente, a exigência de que tudo o que é de primeira ordem seja *causa sui*, revelando uma confusão entre o que vem antes e depois[28]. Disso decorre que, pautada pela linguagem, cujas condições metafísicas são as mesmas da razão, veja-se por toda parte ações e seres agentes para, com isso, crer no "eu", enquanto ser, e na vontade, enquanto causa, para, em seguida, projetar sobre todos os objetos sua fé na substância do eu e criar, assim, o conceito de coisa. Desse modo, fraudulentamente, introduz-se por toda parte o ser, mumificado, como causa, garantindo aos filósofos a descoberta da certeza subjetiva no manejo das categorias racionais que não poderiam vir da experiência empírica[29].

Ora, pensar a vontade como causalidade e os motivos de uma ação na consciência é garantir a concepção do homem como ser livre e responsável[30], o que, para a moral dominante, é o que o dignifica, embora não passem de miragem. Qual o sentido dessa miragem e como se liga a questão da liberdade e da responsabilidade à igualdade e, por conseguinte, com a justiça enquanto vingança?

Nietzsche aponta o quanto o instinto de causalidade, este que coloca o "eu", a vontade e a consciência na origem das ações, é provocado e excitado pelo sentimento de medo[31]: a maioria de nossas sensações vagas – como todas aquelas provocadas pelos instintos, como a mudança, a morte, o devir, a procriação e o crescimento – excitam nosso instinto de causalidade e nos fazem querer ter uma razão de nos sentir de tal ou tal maneira, de nos sentir bem ou mal. Tornamo-nos conscientes apenas quando damos alguma motivação e por isso recorremos à lembrança para trazer à superfície estados da mesma natureza sentidos antes e as interpretações causais que se lhe encontravam inextricavelmente ligadas, criando-se com isso o costume de uma certa interpretação, e não da verdadeira causalidade[32]. O princípio que dita tal

26. *CI*, "A Razão", 6. **27.** *CW*, 7 e *CI*, "O Problema de Sócrates", 4 e 9. **28.** *CI*, "A Razão", 4. **29.** *CI*, "A Razão", 5. **30.** *CI*, "Os Quatro Grandes Erros", 3. **31.** *CI*, "Os Quatro Grandes Erros", 5. **32.** *CI*, "Os Quatro Grandes Erros", 4.

procedimento é de que uma explicação qualquer vale mais do que nenhuma explicação e, por isso, é necessário que tudo o que seja desconhecido, novo, inaudito, seja excluído enquanto causa e que seja levado a explicações mais correntes, conhecidas, que hão de prevalecer. Como conseqüência, tem-se a condensação em um sistema de interpretações causais[33], logo, comuns, uniformes, que igualizam e homogeneizam pelas formas rudimentares da psicologia ínsita às condições da metafísica e da racionalidade desse tipo de vida[34].

Com tal homogeneização e sistematização de interpretações – uma falta de probidade, a ver do filósofo[35] –, pode-se atribuir a um agente, à sua consciência e vontade livres, a responsabilidade por seus atos. Uma tal invenção, contudo, é expressão, para Nietzsche, do instinto de querer punir e julgar, atribuindo a uma vontade, a intenções, a atos de responsabilidade, o fato de ser dessa ou daquela maneira, coartando a possibilidade de diferença ao se ter implicitamente um parâmetro de vida do qual qualquer desvio há de ser punido como transgressão, e não como possibilidade de afirmação da alteridade. A teoria da vontade, nesse quadro, foi essencialmente inventada, por arte dos teólogos, para fins de castigo, pelo desejo de encontrar culpado e, por isso, só se conceberam homens livres com o fim de que pudessem se tornar culpados, para que a ação fosse concebida como querida, com origem na consciência[36].

Uma tal condenação, todavia, é a condenação do próprio devir, despojado de sua inocência[37], uma condenação dos sentidos, que mostram o devir, a impermanência e a mudança, uma condenação do mundo[38] e da vida, cujo valor, assim, é avaliado pela conjunção do erro da confusão de causa e efeito, do que vem no começo e no final, da atribuição de falsa causalidade e da invenção de causas imaginárias para justificar a liberdade e a responsabilidade e, assim, poder tudo condenar.

No entanto, para o filósofo, pretender julgar a vida é um contrasenso para um ser vivo, e uma tal pretensão só pode ser levada em consideração como sintoma de um tipo de vida: o ser vivo é parte mesmo do litígio[39] entre vários tipos de vida[40], e não juiz. Seria preciso estar colocado fora da vida e, além disso, conhecê-la tão bem quanto qualquer um, como muitos ou todos que a tenham conhecido e vivido, para se ter simplesmente o direito de abordar o problema da vida, razões que provam que o problema não é de nossa alçada[41]. Daí decorrer ser ingênuo pretender que o homem devesse ser desse ou daquele modo, pois o indivíduo, sob qualquer ângulo que se o considere,

33. *CI*, "Os Quatro Grandes Erros", 5. **34.** *CI*, "A Razão", 5. **35.** *CI*, "Máximas", 26. **36.** *CI*, "Os Quatro Grandes Erros", 7. **37.** *Idem, ibidem.* **38.** *CI*, "A Razão", 2. **39.** *CI*, "O Problema de Sócrates", 2. **40.** *CI*, "A Moral", 6. **41.** *CI*, "A Moral", 5.

é apenas um fragmento de *fatum*, apenas uma lei e uma necessidade a mais de tudo o que vem e será, de modo que exigir que ele mude, como se pretende com a teoria da vontade[42], implica exigir que tudo mude também, e mesmo retroativamente[43]. Por isso, não há nada que possa julgar, medir, comparar, condenar nosso ser, pois isso quereria dizer julgar, medir, comparar, condenar o todo, embora nada haja fora do todo[44]. Nesses termos, o corpo, para Nietzsche, a ver de Kaulbach, representa de modo individual o cosmos, o que permite ao filósofo ver, como a força de seu pensamento, que a necessidade do acontecimento, do pensamento e do querer nele ancorado não seja esclarecida e experimentada como cadeia da própria liberdade, mas afirmada e amada: por isso, em vez do *ego cogito*, afirma o *ego fatum*, com o que rompe a cisão entre homem e mundo que marca a metafísica[45] e que mostra consistir a doença da modernidade o isolamento de um órgão do todo do processo vital de um organismo. Por isso que Nietzsche procurará repensar a relação do homem com o todo, a partir da relação entre natureza e cultura pelo viés do corpo, porque, para ele, o perigo à liberdade não reside no corpo, nas paixões e impulsos, na razão ou mesmo em Deus, mas, sim, na pretensão ao absoluto da crença seja qual for seu objeto, Deus, a razão, a moral ou a ciência[46].

Mais uma vez, a constatação de Nietzsche é que falta ao pensamento acompanhar o avanço da crítica à tradição. A fábula moral em que vivemos até o presente escancara-se aos nossos olhos, mas não ousamos repensar a estruturação de nossas vidas. De fato, para o filósofo, se a moral, enquanto sistema de interpretações causais, precisa condenar no absoluto[47], a partir de uma origem transcendente[48], ao renunciarmos à fé cristã, com a morte de Deus, perdemos o direito à moral cristã, pois o cristianismo é um sistema, uma visão coerente e total das coisas, e, tirando-se a idéia fundamental da fé em Deus, demole-se, no mesmo golpe, todo o edifício[49], tornando-se o mundo verdadeiro mera fábula, uma idéia que para nada mais serve e que, sendo abolida, leva-nos a abolir, com ela, o próprio mundo das aparências, eliminando-se o dualismo metafísico. Coloca-se, de outro lado, o homem no apogeu da humanidade, iniciando-se a tragédia zaratustriana da assunção de sua responsabilidade por si, pela criação de seu caminho, de sua virtude, de sua lei[50], mas é essa tarefa que ainda nos falta assumir e a que Nietzsche, como veremos, pretende se dedicar: daí o jogo com as grandes tarefas a que liga a justiça.

Para que seja capaz disso, todavia, há um passo anterior, o de retorno a um naturismo moral, também indicado no aforismo 48. Toda a demanda por igualdade, que afastou o homem de sua tarefa, firmou-

42. CI, "Os Quatro Grandes Erros", 7. **43.** *CI*, "A Moral", 6. **44.** *CI*, "Os Quatro Grandes Erros", 8. **45.** F. Kaulbach, *op. cit.*, pp. 31-32. **46.** *Idem*, pp. 39-43. **47.** *CI*, "A Moral", 6. **48.** *CI*, "Divagações", 5. **49.** *Idem, ibidem*. **50.** *CI*, "Como, para Terminar, o Mundo Verdadeiro se Torna Fábula", sobretudo 5 e 6.

se pela hipertrofia da faculdade lógica ao ponto de se estabelecer a equação socrática de que "razão = virtude = felicidade"[51], com uma racionalização excessiva dos instintos que o debilitam a si mesmo[52]. Do que se trata, agora, é da cura do homem, uma cura que não se dará apenas com motivos, mas com inibição, suspeita, contrariedade, desgosto e negra seriedade, como se nele um grande perigo espreitasse, porque já não se pauta e se apega às certezas que a fábula de mundo verdadeiro lhe garantia, mas se vê chamado à afirmação da diferença, ínsita à justiça, agora transvalorada.

A JUSTIÇA E O NATURISMO MORAL

Esse retorno à natureza, também proclamado n' *O Caso Wagner*[53], em nada se assemelha à proposta rousseauniana. Não se trata de tomar a natureza como modelo, pois, de acordo com Ansell-Pearson, se Rousseau concebe a vida em termos de uma ordem do mundo moral natural, governada pelo sentimento de piedade, Nietzsche argumenta que a vida só começa a ser percebida em termos morais com o advento de uma forma particular de moralidade, que ele define como a revolta escrava na moral[54]. De fato, sem oposição entre mundo verdadeiro e aparente, a questão de um modelo sequer se coloca, já que a natureza, para Nietzsche, é acaso[55]. Do que se trata é, na esteira de inversão, de revalorizar aquilo que fora renegado e reprimido, os sentidos e instintos, o conjunto da sensibilidade[56], pois nas paixões encontra Nietzsche a raiz da vida[57]: é ao corpo que remete ao tratar da natureza, é aí que reencontrará sua cura, na multiplicidade encerrada no corpo.

Trata-se, assim, de um aprendizado de sua inversão de valores, cujo primeiro diagnóstico é de que toda falta, em todos os sentidos do termo, é a conseqüência de uma degenerescência do instinto, de uma desagregação da vontade, quase a definição do que é mau. Por isso, se a idiossincrasia moderna funda-se na anarquia dos instintos e na fraqueza da vontade para refreá-los[58] e se todas suas instituições fundam-se nessa idiossincrasia, inclusive a moral e a religião[59], o caminho oposto há de passar pela afirmação de que tudo o que é bom é instintivo, *i.e.*, das minhas condições de existência que precisam de uma garantia de sentido para que não seja tudo em vão. A pergunta que se coloca, de acordo com Kaulbach, volta-se sobre qual perspectiva de vida a necessidade de sentido tem para um ser[60]. A necessidade

51. *CI*, "O Problema de Sócrates", 4 e 10. **52.** *CE*, "Pós-Escrito". **53.** *CW*, 3. **54.** K. Ansell-Pearson, *op. cit.*, pp. 111-112. **55.** *CI*, "Divagações", 7. **56.** *CI*, "Divagações", 10. **57.** *CI*, "A Moral", 1. **58.** *CI*, "Divagações", 41 e "O Problema de Sócrates", 9. **59.** *CI*, "Divagações", 39. **60.** F. Kaulbach, *op. cit.*, pp. 30-42

e a liberdade[61], a que Nietzsche se refere em transvalorado sentido, não são anárquicas, mas trágicas, em sua capacidade de afirmar o devir, a impermanência e a mudança e, não obstante, poder responder por si, afirmar sua singularidade por sua diferença; logo, a sua justiça. Como aponta Haar, tanto liberdade como necessidade ligam-se, para Nietzsche, à questão do eterno retorno ao considerar a experiência singular de um indivíduo na história, num momento particular relativamente à história em geral, portanto intra-histórica, mas que a supera porque depende da adesão estreita e íntima do indivíduo a seu *fatum* como a todo *fatum*: nessa afirmação individual, de caráter hipotético e portanto incapaz da incondicionalidade própria à metafísica, a extrema subjetividade se encontra com a extrema objetividade, rompendo com o fechamento próprio à leitura da subjetividade da metafísica marcada pelo primado da consciência[62].

Ora, essa tarefa de encontro de uma expressão singular de sentido se mostra nesse passo como inteireza[63], uma inteireza e completude que não separam razão, sentidos, sentimentos e vontade, que não se separam da vida, mas se instalam em seu meio e que, portanto, no todo, redimem e afirmam tudo[64]. Nietzsche chama essa capacidade de dionisíaca pelo sentimento de intensificação da força e da plenitude próprias à embriaguez, sentimento que leva a colocar de si mesmo nas coisas, forçando-as a conter o que se coloca, a lhes fazer violência[65]. Nisso consiste o criar[66] e só se cria a partir do todo[67], porque a vida habita o todo[68].

Nietzsche aponta, de fato, a criação como a capacidade de ter os grandes problemas se dispondo à apreensão, de abarcar o mundo com a vista, como de um monte, como um fatalismo que permite construir, organizar, concluir[69]. Essa criação, fruto da relação do homem com a realidade (*Realität*), é artística, mais que isso, é trágica[70]: ela coloca violentamente em relevo os traços principais de modo que os outros desapareçam[71], traços principais que são, em verdade, certos julgamentos de valor, reforçados ou enfraquecidos[72], consistindo a criação, nesse sentido, em uma escolha, um fortalecimento e uma correção[73]. O interesse aí está expresso e, por isso, Nietzsche diz que, por instinto, o psicólogo e o artista nato evitam ver por ver – por isso a importância do aprender a ver estruturador[74] –: eles encarregam seu instinto de filtrar, de exprimir a "natureza", "o caso particular", "o vivido" e só tomam consciência do geral, da conclusão, do resultado, não conhecendo a arbitrária generalização a partir do fato particular[75]. Estamos à frente, portanto, de uma outra relação com o desconhecido, com o

61. *CI*, "Os Quatro Grandes Erros", 2. **62.** M. Haar, "La critique nietzschéene de la subjectivité", em *Nietzsche Studien*, vol. 12, pp. 104-110. **63.** *CI*, "Divagações", 41. **64.** *CI*, "Divagações" 49. **65.** *CI*, "Divagações", 8. **66.** *CI*, "Divagações", 49. **67.** *CW*, 10. **68.** *CW*, 7. **69.** *CW*, 1. **70.** *CI*, "A Razão", 6. **71.** *CI*, "Divagações", 8. **72.** *CI*, "Divagações", 24. **73.** *CI*, "A Razão", 6. **74.** *CI*, "O que Falta aos Alemães", 6. **75.** *CI*, "Divagações", 7.

inaudito, com o novo e o distinto e, mais, com a própria vida em seu todo, a partir do qual, vimos, dá-se a criação; diríamos mais, estamos à frente de uma formação (*Bildung*), que, na leitura de Herder, implicava unidade de devir e forma, produzido e produção, força e imagem, idealidade e modificação, liberdade e medida, evolução e epigênese, antecipação e realização, símbolo da própria existência, de uma forma cunhada que se desenvolve vivamente no trato com o mundo como madura personalidade[76] e que garante o aprendizado emancipador.

A arte dessa empreitada consiste, então, nessa atividade em o que o artista é levado, mais do que à celebração e louvor da vida, a um ideal de vida[77], um ideal de vida que é reflexo do modo como se coloca nas coisas[78]: é sua vontade acumulada e inchada, seu excesso de forças que, colocando-se nas coisas, idealiza-as, transfigurando-as até que reflitam o seu poder, até que sejam reflexo de sua perfeição. Isso é arte[79], e a própria beleza consiste nesse tomar-se o homem como medida e critério de perfeição que, em seu instinto de autoconservação e expansão[80], transfigura, embeleza e traz razão ao mundo[81]. É o homem, portanto, que confere beleza ao mundo, uma beleza humana, e, por isso, ao adorá-lo, adora também a si[82]. É essa realidade por ele criada artisticamente que o justifica[83] por ser capaz de dizer sim precisamente a tudo o que é problemático, terrível. Ela é dionisíaca[84] e nessa justificação criadora está o papel da justiça.

A força dessa justificação é tributária, ainda, dos gregos antigos. Sua inteireza mostra seu caráter trágico[85] e genial[86]. Como potente afirmação do querer-viver, o homem se vê como parte do todo, como fragmento e como *fatum*[87], e compreende o mistério que só uma enorme tensão interior e exterior, colocando a necessidade da força ante o perigo iminente[88], pode permitir: a ligação do mais profundo instinto de vida ao instinto de procriação[89], superadora daquele temor ante a transitoriedade. O imoralismo e realismo intrépido helênico vê-se aqui presente: sem querer iludir-se, procura ver a razão na realidade, não na moral, e por isso valoriza sua corporalidade luxuriante e a sexualidade, em tudo ligadas à pólis, ao valor da raça, da autoridade, da tradição, ao instinto agonístico[90], por mostrarem o quanto a vida verdadeira continuava a viver pela procriação, pelos mistérios da sexualidade, em que a dor não é excluída, como nos ensina a parturiente. Por isso, a própria dor é santificada, a dor e o sacrifício necessários a essa justificação, ainda que de seus tipos mais elevados e felizes, pois, para

76. Cf. verbete "Bildung" de R. Meister; W. Flitner; E. Weniger; F. Blättner, em J. Ritter e K. Gründer, *Historisches Wörterbuch der Philosophie*. **77.** *CI*, "Divagações", 24. **78.** *CI*, "Divagações", 19. **79.** *CI*, "Divagações", 8-9. **80.** *CI*, "Divagações", 19. **81.** *CW*, "Epílogo". **82.** *CI*, "Divagações", 19. **83.** *CI*, "Divagações", 37. **84.** *CI*, "A Razão", 6. **85.** *CI*, "Divagações", 21. **86.** *CI*, "Divagações", 44 e "O que Devo aos Antigos", 3. **87.** *CI*, "A Moral", 6. **88.** *CI*, "O que Devo aos Antigos", 3. **89.** *CI*, "O que Devo aos Antigos", 4. **90.** *CI*, "O que Devo aos Antigos", 2-3.

que houvesse eterno prazer de criar, para que se afirmasse eternamente o querer viver, deveria haver também eternamente a dor da parturiente. Essa criação e justificação são, portanto, afirmadoras do devir, de todo crescimento, de tudo o que é prenhe de porvir, mas, também, causa de dor e, por isso, proclamam um sim triunfante à vida, além da morte e da mudança, porque há uma promessa de porvir consagrada em todo passado, a própria eternidade da vida, em seu perene retorno cíclico. Com isso, o enfrentamento do mais terrível e problemático adquire outro caráter, justificado pela dor como um estimulante a mais para a criação, como um sentimento transbordante de vida e de força interior que só a imagem do orgasmo poderia encerrar[91].

Ora, isso nos matiza o ideal envolvido na justificação. Não se trata de um refúgio no ideal[92], como se dá com os filósofos, mas, sim, de uma procura de domínio de si e de domínio das coisas[93] pelo embelezamento de si e do mundo. Trata-se da espiritualização de que os fracos são incapazes[94] e que é reveladora de um estilo[95] que demanda a percepção e afirmação de suas leis superiores[96], estas, da relação do fragmento com o todo, num jogo com grandes tarefas[97], como estas da inversão de todos os valores e da capacidade de transfiguração[98] afirmadora da vida.

A JUSTIÇA E O JOGO COM GRANDES TAREFAS: A LIBERDADE EM QUESTÃO

Esse naturismo transcende, todavia, o homem, daí a necessidade do jogo com grandes tarefas. A tarefa, de fato, tão pesada de fatalidade como a própria vida, expressa-se como guerra, a grande prudência e inteligência (*Klugheit*) de todos os espíritos interiorizados tornados profundos. A guerra, esse jogo com grandes tarefas, é um esforço para ser responsável por si, por manter a distância que nos isola dos outros, por nos tornarmos mais indiferentes às provas, aos esforços, às provações e mesmo à vida, por estarmos prestes a sacrificar homens à causa, sem excetuar a si mesmo, porque temos presente que o que não mata fortifica[99]: ela é liberdade e, na medida em que afirmadora da diferença, é também justiça.

A liberdade significa para Nietzsche esse prevalecimento dos instintos viris, belicosos e vitoriosos sobre os demais, voltados contra todos os ídolos eternos que prevalecem às realidades (*Realitäten*)[100]. Um homem livre é um homem guerreiro, e a liberdade, tanto nos indivíduos,

91. *CI*, "O que Devo aos Antigos", 4-5. **92.** *CI*, "O que Devo aos Antigos", 1. **93.** *CI*, "O que Devo aos Antigos", 2. **94.** *CI*, "A Moral", 1. **95.** *CW*, 7-8. **96.** *CW*, 8. **97.** *CI*, "Divagações", 48. **98.** *CI*, "Prefácio". **99.** *CI*, "Máximas", 8. **100.** *CI*, "Prefácio".

como nos povos, mede-se pela resistência que se tem de vencer, no esforço que custa para manter-se acima[101], vale dizer, na sua luta por singularidade e diferença, na luta pelo embelezamento e divinização de um desejo[102] e, mais do que isso, no próprio esforço de que resulta a beleza[103] de um modo de vida que logra criar e afirmar, justificando-se a si mesmo. O seu valor e a sua medida decorrem por conseguinte do grave perigo enfrentado, do jogo com a grande tarefa, que coloca, como primeiro princípio, a necessidade de ser forte, necessidade, portanto, de conquista da própria liberdade[104].

Se temos aí um critério de medida da liberdade, vemos que o critério de avaliação da força não é distinto. Ele passa pela demanda de autenticidade[105], pela capacidade de criar formas orgânicas[106], por sua força organizadora e capacidade justificadora[107] de um sentido que afirma, pela criação do grande estilo[108], que garante a autoglorificação e auto-afirmação da vida por aquele que diz sim a si[109]. São as forças positivas de uma época como de um homem que ditam seu valor, são suas virtudes fortes que condicionam e exigem um outro tipo de vida, marcado pela multiplicidade de tipos, pelo fosso entre um homem e outro, entre uma classe e outra, por uma vontade de ser plenamente si, de se distinguir pela paixão da distância[110]. Como nos aponta Kaulbach, o desafio consiste na capacidade de em cada momento presente ter de encontrar, por seus experimentos, sua própria perspectiva de vida, que é o resultado de um projeto criador, tomando-se cada instante como o fim e começo da história no todo e, por isso, a liberdade significa a faculdade de reconhecer a "eternidade" no instante e, assim, atualizar o passado e o porvir nesse instante, que leva à idéia do eterno retorno[111].

Novamente estamos, então, à frente da diferença e da singularidade, que marcam a justiça transvalorada[112], ela própria fruto de uma espiritualização e embelezamento, envolvendo não apenas a sensualidade e a sensibilidade, não apenas excitadas e exacerbadas[113] como valorizadas, como ainda a própria necessidade de oposição[114], todas convergindo para a agonística. É na agonística que vemos a expressão do jogo que envolve os ídolos eternos a serem invertidos[115]. É isso que se dá com o amor[116], compreendido tragicamente como sendo, em seus meios, a guerra, e, no fundo, o ódio mortal dos sexos, e que, por isso, ao afirmar sua tensão constitutiva e sua irredutível alteridade, não se

101. *CI*, "Divagações", 38. **102.** *CI*, "A Moral", 1. **103.** *CI*, "Divagações", 47. **104.** *CI*, "Divagações", 38. **105.** *CW*, 11. **106.** *CW*, 7. **107.** *CW*, "Segundo Pós-Escrito". **108.** *CW*, 7 e CI, "Divagações", 11. **109.** *CW*, "Epílogo". **110.** *CI*, "Divagações", 37. **111.** F. Kaulbach, *op. cit.*, pp. 47-48. **112.** *CI*, "Divagações", 48. **113.** *CI*, "Divagações", 10. **114.** *CI*, "A Moral", 3. **115.** *CI*, "Prefácio". **116.** *CI*, "A Moral", 3.

deixa capturar pela moral[117]; um amor interessado[118], prenhe de si e que marca a diferença entre seus termos. É essa contradição que nos cumpre cultivar em toda justificação, é ela que garante a tensão interior que marca o irromper do gênio[119], tensão que encontramos nas manifestações da vontade de potência dos gregos antigos[120]. Aí se vê a imprescindibilidade de riqueza em contradições para que nos sintamos jovens, fecundos[121] e, portanto, criadores, expressão do instinto de vida como instinto de procriação, ainda que ao preço do sofrimento e da morte. Daí que o próprio jogo com essas grandes tarefas, a inversão em si, é o que nos dá sentido e que nos justifica: nós mesmos, imoralistas, diz Nietzsche, somos o proveito da mais repugnante espécie zoológica, o beato, o padre, o "homem virtuoso", ao sermos capazes de combatê-los[122], e precisarmos deles para combatê-los. A conquista da liberdade, da força e da justiça é, em suma, a conquista de espírito por aquele que, sendo dos mais corajosos, vive de longe também as mais dolorosas tragédias e honra a vida porque ela lhe opõe a sua maior oposição[123].

117. M. C. F. Ferraz, *Nietzsche. O Bufão dos Deuses*, pp. 183-185. **118.** *CW*, 2. **119.** *CI*, "Divagações", 44 e 49. **120.** *CI*, "O que Devo aos Antigos", 3. **121.** *CI*, "A Moral", 3. **122.** *CI*, "A Moral", 6. **123.** *CI*, "Divagações", 17.

9. O Reaprendizado do Julgamento e a Prova da Justiça

No último momento de sua obra, vemos Nietzsche em dois movimentos correlatos de luta e de transvaloração. Em *O Anticristo*, o filósofo volta-se ao modo como a valoração da realidade determina um tipo de vida e, para o que nos toca, como essa valoração passa pelo esquecimento do aprendizado da justiça e da felicidade pelo homem. *Ecce Homo*[1] pode ser lido como uma resposta paródica ao cristianismo em que o próprio filósofo marca o desfecho da luta contra o cristianismo em si, anunciando a retomada por si da experiência da crise dos valores platônico-cristãos e a possibilidade de reaprendizado singular de outros modos de valoração, marcados por um gosto e um estilo que se provam justos por sua força e sua saúde, por sua ação e pela capacidade de, em confronto com outros, lançar-se ao movimento de superação de si numa continuidade cíclica afirmadora da vida.

O CRISTIANISMO E A ALIENAÇÃO DE SI: A PERDA DA CAPACIDADE DE JULGAMENTO E DO SENTIMENTO DE JUSTO

É de uma guerra entre modos de vida de que realmente se trata. Para o autor, até o presente, o cristianismo travou uma guerra contra o

1. Sobre o polissêmico sentido do título, cf. M. C. F. Ferraz, *op. cit.*, pp. 96-103 e 189-193.

tipo elevado de homem[2]. Se o cristianismo é, para o filósofo, uma dinamite[3], Nietzsche, com sua filosofia, pretenderá ter o mesmo efeito explosivo e destruidor da modernidade[4]. Por isso, ao mesmo tempo em que caracteriza o modo de vida cristão, sobretudo o que está em jogo em seu modo de valoração, volta-se o autor à questão, em *O Anticristo*, sobre o tipo de homem que se deve cultivar[5].

Para o filósofo, o único motor do cristianismo é o ódio contra a realidade[6], com a qual não tem qualquer ponto de contato, um ódio que se volta contra todo sentimento de antipatia, de hostilidade, de exclusão, de distância[7], um ódio, portanto, dos que pensam diferente de si[8], uma recusa de qualquer outra espécie de prática e de critério de valor[9]: são esses sentimentos que denotam a extrema sensibilidade à dor e que mostram o quanto a oposição à resistência é experimentada pelos fracos como um insuportável desprazer[10]. Para o autor, o que está em jogo nessa fraqueza é a impotência da vontade[11], que não consegue impor-se e por isso precisa da submissão como primeiro imperativo e virtude, como condição de sobrevivência[12], a ponto de que só o amor, sem nenhuma resistência a nada, a ninguém, possa ser a única e última possibilidade de vida[13]. A boa nova cristã é de fato que não há oposições, o homem se torna com o cristianismo incapaz mesmo de representar um julgamento diverso ao seu[14], com uma correlata demanda por igualdade.

O que o homem, no entanto, recusa-se a ver para não sofrer é justamente a si mesmo. De fato, para Nietzsche, o cristianismo priva o homem da capacidade de julgamento e de valoração das suas condições de vida. O esforço contrário há de voltar-se sobre nós mesmos para a reconquista de um olhar livre sobre a realidade, e, na própria guerra de transvaloração dos valores, compreendemos em que consiste o método nietzschiano[15]. É esse esforço que falta à modernidade que, embora consciente da derrocada da moral cristã, nada faz para mudar[16].

É fundamental, portanto, que compreendamos como se dá essa alienação de si que ditará a incapacidade de valoração.

O primeiro recurso é a abstração e universalização e, desde logo, vemos o aparecimento da questão da justiça. Segundo Nietzsche, originalmente os deuses são expressão do sentimento que um povo tinha de seu poder, da alegria de ser si, da esperança em si e por ele esperava-se vitória, saúde, por ele se tinha confiança na natureza e se inspirava o homem, nas ajudas e conselhos recebidos, para que tivesse coragem e confiança em si. O deus de um povo era o deus da Justiça,

2. *AC*, 5. **3.** *AC*, 62. **4.** *EH*, "Por que sou um Destino", 1. **5.** *AC*, 3. **6.** *AC*, 39. **7.** *AC*, 30. **8.** *AC*, 21. **9.** *AC*, 41. **10.** *AC*, 30. **11.** *AC*, 16. **12.** *Idem, ibidem*. **13.** *AC*, 30. **14.** *AC*, 32. **15.** *AC*, 59 e 13. **16.** *AC*, 38.

porque mantinha uma relação justa, *i.e.*, natural, de uma causalidade natural, com todas as coisas[17].

Quando deus converte-se em ordem moral universal, em moral abstrata, condicionada à obediência, que leva à retribuição, ou, em caso de insubmissão, à punição e ao pecado, tem-se a maior oposição à vida, com a degradação radical da imaginação e o despojamento do acaso de toda inocência[18]. Com a emergência da virtude, do dever, do bem em si, com caráter de impessoalidade e universalidade, há a última perda de força de vida, o contrário do que comandam as leis mais profundas da conservação e do desenvolvimento: que cada um invente a sua própria virtude, seu imperativo categórico para si. O povo, como o indivíduo, perdeu-se[19], porque se perdem a diferença, o confronto de perspectivas e a própria justiça.

O segundo recurso é a interiorização em uma subjetividade homogeneizada por essa abstração que procurará acabar com as oposições. Aqui entra historicamente a figura de Jesus. Jesus, de fato, era uma tentativa de negar a Igreja, uma revolta contra ela e contra a casta, o privilégio, a ordem, tendo como fórmula a descrença nos homens superiores[20], para exemplificar um outro tipo de homem, uma nova prática e modo de vida[21], como redentor. Abolido o sentimento de distância, fugindo, pelo ódio contra a realidade, no intangível e no inconcebível, e rejeitando toda noção de tempo e de espaço, resta ao tipo do redentor apenas um mundo interior, considerado, então, como verdadeiro e eterno[22]. Nessa interiorização, que se torna a única realidade alheia à história e à natureza, o "filho do homem" designa o acesso ao sentimento geral de transfiguração de toda coisa, uma experiência do coração em que a própria morte natural perde o sentido por ser apenas aparência[23]. Nesse sentido, todos os homens são iguais[24] pela mesma vivência sem oposição.

O terceiro recurso, culminação dos demais, envolve o ensinamento do julgamento ao homem, vale dizer, sua depravação caracterizadora da *décadence*, marcada pela perda dos instintos e pela escolha do que faz mal ao homem[25], vale dizer, um tipo de vida absolutamente estranho às suas necessidades pessoais que sequer é percebido doravante como expressão de um modo de vida, mas, sim, como fruto de valores eternos, abstratos, divinos.

Há, aqui, duas subversões. A primeira envolve a própria incompreensão da boa nova cristã[26]. A suspeita de que a morte do redentor poderia constituir uma refutação de sua causa e demandava uma razão, um responsável, é expressão dessa incompreensão do essencial, seu soberano desprendimento acima de todo ressentimento. É então o sentimento de vingança que toma a primazia, justamente o menos evangélico de todos, um sentimento que precisou exaltar Jesus de

17. *AC*, 25 e 16. **18.** *AC*, 25. **19.** *AC*, 11. **20.** *AC*, 27. **21.** *AC*, 33. **22.** *AC*, 29. **23.** *AC*, 34. **24.** *AC*, 29. **25.** *AC*, 6. **26.** *AC*, 39.

maneira extravagante, desprendendo-o de si, tal como os judeus separaram seu deus de si e o elevaram às alturas[27].

Todavia, se uma diferença aqui é afirmada, não é a centrada em si, originalmente encontrada. Há apenas uma mudança de caráter da igualdade: ela não é mais horizontal. Por uma necessidade de poder, eram precisos idéias, ensinamentos, símbolos, graças aos quais pudesse tiranizar as massas e formar rebanhos: Jesus é elevado à condição de salvador, colocando-o num nível mais elevado em relação à massa, única a ser reduzida ao estado de igualdade. Tem-se, portanto, uma verticalização, e o recurso para isso é a crença e fé na imortalidade, *i.e.*, o *ensinamento do julgamento* (*Gericht*)[28], de como a vida deve ser valorada, subtraindo-lhe o caráter presente de vida eterna e verdadeira, como ensinava Cristo, para torná-la novamente apenas prometida.

Consegue-se, por meio desses artifícios, ao mesmo tempo a afirmação da igualdade da massa e a perda de si por parte do homem, mantendo-o alienado de si. De fato, tira-se da vida todo centro de gravidade deslocando-o para o além[29]. Com efeito, a crença na imortalidade exige que a significação do homem esteja reportada à significação eterna, portanto cada um, enquanto alma imortal, há de ser igual ao outro para que, na totalidade dos seres, esse sentido possa se dar. Isso implica, todavia, que o cristianismo tenha precisado adular a vaidade humana para o prevalecimento da doutrina da igualdade a tal ponto, que a saúde da alma seja traduzida como um "eu sou o centro do universo", porque hei de aspirar, como parte do todo, igual ao todo, à significação eterna do todo. Foi assim que o cristianismo ganhou à sua causa o grande número, todos os malogrados, os revoltados, a ralé e refúgio da humanidade, elevando o anseio de si (*Selbstsucht*) ao infinito, ao impudor, por meio de uma guerra contra todo sentimento de respeito, de distância entre homem e homem, *i.e.*, a única condição de permitir à cultura se elevar e prosperar.

O JULGAMENTO CRISTÃO E A INTERDIÇÃO AO CONHECIMENTO

Com base na análise desses três recursos, compreendemos que o cristianismo nega e procura falsear que são as condições de um determinado tipo de vida igualmente terrena que ditam o valor das coisas. O cristianismo nega que a crença na imortalidade seja, na verdade, a expressão da dominação por certo tipo de homem, o padre, que abusa do nome de deus, nomeando como vontade de Deus os meios pelos

27. *AC*, 40. **28.** *AC*, 42 (grifo nosso). **29.** *AC*, 43.

quais pode dominar, sempre à custa da negação do mundo, da vida, da realidade.

A mentira e o falseamento, portanto, têm como intuito o afastamento do homem de suas condições de vida, por isso que é destrutiva sua mentira[30]. Ao fazer com que o centro de gravidade se desloque da vida, e da vida do homem, para o além, visa a astúcia do padre nos proibir de julgar[31], impedindo-nos a possibilidade de crítica e de valoração dos modos de vida de acordo com nossas necessidades mais pessoais[32], ao colocar, pela crença na imortalidade, a instância de julgamento em outro mundo[33], num além, para que, assim, creiamos que, em seu apelo a Deus, não são eles, padres, expressão de um modo de vida, que estão a julgar. Logra o padre, com isso, reverter os valores em função de si mesmo e, nele se espelhando o cristão membro do rebanho, torna-se o sentido, a medida e o julgamento de todo o resto, valendo-se da mesma receita de conservação judia, de abstração de sua moral numa megalômana ordem universal[34], destruindo-se, com isso, tudo o que no instinto é natureza e razão, tudo o que nos instintos é benfazejo e propício à vida, promessa e garantia de porvir, a ponto de o próprio sentido da vida passar a ser o não ter mais sentido viver[35]. Eis, portanto, o desmascaramento da realidade escondida por essa mentira, da necessidade de luta contra tudo o que é privilegiado, em detrimento de todas as formas sãs de vida[36] e em prol da igualdade de direitos: a afirmação do cristão padre como critério de valor[37]. É por isso que, para a ordem moral universal, sempre heterônoma, a obediência se torna a única postura admissível, pois por ela se manifesta imperativamente a vontade divina que dominou toda a evolução da filosofia, pairando sobre os homens para puni-los ou recompensá-los de acordo com o grau de sujeição[38]. A desobediência a Deus, *i.e.*, ao padre, torna-se pecado e, com isso, desvaloriza-se e dessacraliza-se por completo a natureza[39]. Se as conseqüências naturais de um ato não são mais naturais, mas se as crê como conseqüências puramente morais produzidas pela idéia fantasma da superstição em Deus, arruinam-se, a ver de Nietzsche, as condições do conhecimento, *i.e.*, da possibilidade de o homem avaliar e julgar por si, cometendo-se, com isso, o maior crime contra a humanidade ao envilecer o homem[40].

De fato, esse envilecimento depende da impossibilidade de confronto com o outro e consigo mesmo, depende da impossibilidade de julgamento histórico, por isso, para manter a idéia de uma ordem moral universal, o homem não deve olhar para fora, ele tem de olhar apenas para si, não deve olhar para o fundo das coisas com a inteligência circunspecta de quem quer se instruir, mas, sim, deve sobretudo não olhar e não ver nada. Só assim, ao preço da continuidade de seu

30. *AC*, 58. **31.** *AC*, 44. **32.** *AC*, 11. **33.** *AC*, 42. **34.** *AC*, 44. **35.** *AC*, 43. **36.** *AC*, 26. **37.** *AC*, 46. **38.** *AC*, 26. **39.** *Idem, ibidem*. **40.** *AC*, 49.

sofrimento, precisará de um salvador, *i.e.*, do padre e, portanto, não precisará conhecer. Por isso, para Nietzsche, a idéia de culpa e de castigo e toda a "ordem moral universal" foram inventadas para se contrapor à ciência a possibilidade de o homem livrar-se do padre[41].

Não por outra razão o começo da Bíblia, com o mito adâmico, retrata o medo infernal que tem o deus da ciência, pois a ciência torna o homem igual a deus e, por conseguinte, deve ser a coisa interdita por excelência, o primeiro pecado, o pecado original e o mandamento por excelência, como a única moral passa a ser "não conhecei", do qual tudo o mais deriva. Com efeito, ao se colocar a condição de julgamento no além como também lá a recompensa pela obediência na terra, a esperança, mais do que a verdade, torna-se o grande estimulante para os fracos, é a esperança que sustém os que sofrem, mas, ao mesmo tempo, aliena-os de si, porquanto, na medida em que uma tal crença não pode ser desmentida por nenhuma realidade, por nenhuma realização[42], a busca de conhecimento perde completamente o sentido, ganhando força, pelo contrário, a interiorização em uma subjetividade padronizada que perscruta em si os sinais de obediência ou insubmissão aos mandamentos divinos ou morais abstratos.

A moral universal e abstrata é portanto o meio de luta contra a emancipação do homem[43]. O crente, de fato, não se pertence, ele só pode ser meio, é preciso que ele seja utilizado, que alguém o utilize e por isso seu instinto honra mais que tudo uma moral de renúncia de si, e toda fé é já uma forma de abdicação, de auto-alienação: por isso que, para Nietzsche, o cristianismo é todo contrário ao desabrochar intelectual[44], ao manter cindidos, na tradição, as esferas de ser e dever e, ainda, por não vê-los inseridos no devir. Para superação dessa alienação e para que o homem seja capaz de se tomar por fim e de si dar-se fins[45] é que se torna preciso ao homem desprender-se do absoluto da crença divina, da fé e da sujeição a Deus e a uma ordem moral universal.

RETOMADA DA TAREFA DO HOMEM: A FILOSOFIA COMO EXPERIÊNCIA DE SI

Feita essa análise, temos de nos voltar ao esforço sobre nós mesmos para reconquistar um olhar livre sobre a realidade, nessa guerra de transvaloração dos valores, para que o homem, emancipando-se, possa reconquistar sua capacidade de valoração e de julgamento da realidade de acordo com suas necessidades mais pessoais, criando-se um modo de vida a elas mais consentâneo, colocando-se a questão do tipo de homem a se cultivar para a qual, veremos, a justiça tem um papel fundamental.

41. *Idem, ibidem.* **42.** *AC*, 23. **43.** *AC*, 48. **44.** *AC*, 52. **45.** *AC*, 54.

Ora, essa reconquista, se faz parte do método, é igualmente expressão de uma experiência de vida, a experiência de uma crise[46], em que os termos maiores da moral, que identificamos em sua ligação com a justiça do ressentimento[47], são descobertos, e que, com essa descoberta da moral, tudo o que era verdade torna-se mentira, revelando-se, com isso, o não-valor dos valores nos quais se acredita ou se acreditou[48]. Ora, essa experiência, para Nietzsche, é a própria filosofia[49]. Nesse sentido, a filosofia, enquanto tal esclarecimento, é um destino, um acontecimento sem igual, por partir a humanidade em duas[50]: aquela mendaz, que despoja a realidade de seu valor para forjar um mundo ideal, crido como verdadeiro e que, por isso mesmo, passa a adorar os valores inversos aos que lhe garantiriam florescimento e porvir[51]; e, de outro lado, uma humanidade que concebe a realidade como ela é, com tudo o que dela é terrível e questionável[52], marcada por uma afirmação suprema nascida da abundância e superabundância a ponto de poder incluir sem reservas o sofrimento mesmo encerrado na realidade[53] pelo próprio fato de afastar-se das mentiras que lhe garantiam o apaziguamento num além alienador. Essa é a verdadeira oposição que expressa a mais íntima experiência do filósofo e que encontra no fenômeno dionisíaco sua réplica e símile na história[54]. É essa oposição que a modernidade se recusa a enfrentar.

Se a moral, ao desvalorizar a realidade, tira à realidade seu fim, sua razão e sua tarefa[55], é a retomada da tarefa que marca esse momento de crise[56] que está em jogo na luta contra a moral[57], o que nos permite compreender a fórmula nietzschiana para a felicidade: "um só sim, um só não, uma linha reta, um fim"[58], vale dizer, a negação da moral judaico-cristã, a afirmação da realidade, por um método em que os demais termos e o próprio caminhar metódico se confundem com a finalidade mesma da experiência filosófica.

O INSTANTE DO JULGAMENTO E A SELEÇÃO DE SI

Mas, em que consiste essa tarefa filosófica? Ela volta-se, em claro paralelismo com as preocupações lançadas em *Zaratustra*, ao preparo para a humanidade de um *instante, que sempre recobra a sua colocação*, de suprema tomada de consciência, um grande meio-dia,

46. *EH*, "Humano Demasiado Humano", 1 (os capítulos, não numerados, são indicados pelos seus títulos, destacados). **47.** *EH*, "O Caso Wagner", 1. **48.** *EH*, "Por que sou um Destino", 8. **49.** *EH*, "Humano Demasiado Humano", 1. **50.** *EH*, "Por que sou um Destino", 8. **51.** *EH*, "Prólogo", 2. **52.** *EH*, "Por que sou um Destino", 5. **53.** *EH*, "O Nascimento da Tragédia", 2. **54.** *Idem, ibidem.* **55.** *EH*, "Por que sou um Destino", 8. **56.** *EH*, "Humano Demasiado Humano", 1 e 3. **57.** *EH*, "Aurora", 1. **58.** *AC*, 1.

em que olha para trás e para adiante, em que escapa do domínio do acaso e do sacerdote e se coloca a questão do "por quê?" e do "para quê?" pela primeira vez como um todo[59]. Nesse momento de decisão, da valoração e do julgamento, em que se conjura tudo o que foi até então acreditado, santificado, requerido[60], numa guerra sem pólvora e sem fumaça para que não caia, ela também, em um idealismo[61], é a própria doença da crise que traz o homem de volta à razão, ao cuidado de si, à tutela de um instinto imperioso em si que afaste todo nivelamento, que afirme a distância própria[62] e a distinção, marca do imoralista[63]. A crise é vivida como um monumento à vitória contra o idealismo e, portanto, de liberdade de toda convicção[64], ao poder o espírito retomar a tarefa do cultivo e anseio de si[65], naquilo que tem de propriamente histórico-universal, e não meramente individual, voltado ao pequeno "eu"[66].

A filosofia revela-se, portanto, como uma longa experiência, trazida pelas andanças pelo proibido e uma busca pelo que é estranho e questionável no existir, vale dizer, uma busca pela realidade que é o homem[67], devolvidos os valores a tudo o que até aqui foi proibido, desprezado, maldito, sobretudo seu direito e privilégio à existência[68]. Essa experiência passa, desse modo, pelo caminho de todo valente pessimismo ao tomar partido contra si e a favor de tudo o que lhe fazia mal e era duro: é o caminho para si, para sua tarefa[69] de delinear a casuística do anseio e do cultivo de si pelas pequenas coisas tratadas no *Viandante e sua Sombra* nas quais se revela uma vontade de vida e de saúde[70], um instinto de cura[71] que marca o retorno a si[72]. É esse instinto de cura, portanto, que nos permite fazer a ponte entre esses dois aspectos da guerra e da luta que marcam a filosofia nietzschiana. Esse instinto mostra-se ao mesmo tempo como de ofensa e de defesa[73]: se ele se volta contra a moral vingativa para que possa afirmar a realidade que é o próprio homem, é também um instinto de autoconservação, *i.e.*, de conservação do si, que se expressa de maneira mais inequívoca como instinto de autodefesa, vale dizer, de defesa de si (*Selbsterhaltung* e *Selbstverteidigung*)[74].

Ora, essa arte de autoconservação ou de preservação de si é o próprio anseio de si que Nietzsche caracteriza como máxima obra de arte[75], como expressão de um gosto e primeira prova de que não se é

59. *EH*, "Aurora", 2. **60.** *EH*, "Por que sou um Destino", 1. **61.** *EH*, "Humano Demasiado Humano", 1, e "Aurora", 1. **62.** *EH*, "Por que sou tão Inteligente", 2. **63.** *EH*, "Por que sou um Destino", 6. **64.** *AC*, 54. **65.** *EH*, "Humano Demasiado Humano", 1, 3 e 5. **66.** *EH*, "Humano Demasiado Humano", 6. No mesmo sentido, *EH*, "Extemporâneas", 3. **67.** *EH*, "Prólogo", 3, e "Por que sou um Destino", 5. **68.** *EH*, "Aurora", 1. **69.** *NW*, "Como me Libertei de Wagner", 2. **70.** *EH*, "Por que sou tão Sábio", 2. **71.** *EH*, "Por que sou tão Sábio", 6. **72.** *EH*, "Humano Demasiado Humano", 4. **73.** *EH*, "Por que sou tão Sábio", 6. **74.** *EH*, "Por que sou tão Inteligente", 8. **75.** *EH*, "Por que sou tão Inteligente", 9.

um acaso, mas uma necessidade[76]. Esta é a questão que se coloca ao perguntar pelo tipo de homem a se cultivar: como não ser mais acaso, mas algo querido, sem que, com isso, esteja implicado qualquer arbítrio. Nesse quadro, Nietzsche caracteriza seu pensamento e sua filosofia, por ser ela expressão de si, como destino, *i.e.*, como necessidade e tanto *Ecce Homo* como *Zaratustra* são expressão desse anseio de si e tentativa de justificação da realidade que se confunde com o próprio homem em sua multiplicidade e vir a ser.

Essa experiência de casuística de si e de justificação de si é um aprendizado[77] de seleção daquilo que é próprio a um povo e a um indivíduo. A seleção, para Nietzsche, é a própria lei da evolução[78], que em nada se confunde com uma evolução para melhor, com a noção de progresso, mera idéia moderna[79]. Ela se volta, pelo contrário, à escolha daquilo que nos permite viver, das condições sob as quais se pode e, por conseguinte, se deve viver[80].

Vemos bem isso na caracterização por Nietzsche da vida sob o código de Manu. Aí temos a expressão de uma seleção das condições de vida de um povo, condições estas que transfiguram em si a própria realidade, que é multiplicidade, diferença, luta, mas, sobretudo, hierarquia das diferenças. O filósofo aponta o quanto em certo momento da existência é necessário resumir a experiência, a sabedoria e a moral empírica, acabando e concluindo aquilo que foi vivido, decretar fechada a soma de experiência em função da qual se deve e se pode viver, evitando, com isso, prolongar a instabilidade dos valores, o exame, a escolha e crítica *ad infinitum* para que, com isso, a verdade alcançada, independentemente dos meios de demonstração, possa ganhar autoridade, possa manter seu tom imperativo. Só assim a vida reconhecida como *justa* pode ambicionar à mestria, à perfeição e ao mais alto modo de viver, *i.e.*, quando rechaçado todo caráter consciente a ponto mesmo de se alcançar não apenas um automatismo do instinto, como até mesmo a inconsciência. Temos então uma santa mentira[81], que permite investir no interesse do porvir mais longínquo a soma de razão colhida no curso de longas épocas de experimentação e de insegurança, com uma colheita tão grande quanto possível[82]. Nada mais do que a invenção da própria virtude, da própria lei.

Se temos aqui uma indicação histórica da justificação seletiva de si por parte de um povo, não podemos, contudo, deixar de ter presente o quanto em obras anteriores se aponta o desabrochar do indivíduo com a maturação da vida em sociedade, e todo o *Ecce Homo* é um retrato dessa mesma seleção no próprio filósofo.

76. *EH*, "Por que sou tão Inteligente", 8. **77.** *EH*, "Por que sou tão Inteligente", 10. **78.** *AC*, 7. **79.** *AC*, 4. **80.** *AC*, 57. **81.** *AC*, 57. **82.** *AC*, 58.

O APRENDIZADO DE SI E A QUESTÃO DA SAÚDE: OS MODOS DA AÇÃO

Ao dizer que fez de sua vontade de saúde e de vida sua filosofia, Nietzsche pergunta-se como se reconhece a vida bem-sucedida e responde que isso se dá pelos meios de cura que inventa para injúrias[83], *i.e.*, essa acusação sobre as coisas tidas como ruins[84], esse remorso contra as coisas que dão errado porque deram errado, fazendo com que percamos muito facilmente o olho bom para o que se fez[85]. Ora, esses meios que inventa são expressão do princípio seletivo expresso na formação de uma soma, *i.e.*, de um todo, de tudo o que vê, ouve e vive, muito deixando de lado e tendo de reagir lentamente a toda sorte de estímulo com a lentidão que uma larga previdência e orgulho conquistado nele cultivaram, de modo que possa interrogar o estímulo que se aproxima e estar longe de ir ao seu encontro[86], como ainda de uma represália terrível contra toda tentativa que fazemos de nos esquivar ou fugir contra toda resignação prematura, toda equiparação aos que não são iguais, toda atividade que nos desvie do principal[87].

Esse aprendizado seletivo da casuística do si se dá necessariamente com base em duas experiências, a da decadência e a da saúde[88]. A seleção demanda dedos para nuanças[89], Nietzsche diz mesmo ser ele uma nuança[90], que explica como a psicologia do "ver além do ângulo"[91]: se em sua totalidade Nietzsche se via como são, entendia que como ângulo e especialidade era *décadent*[92] e sua verdadeira experiência consistia justamente na ótica de o doente ver conceitos e valores mais sãos e, inversamente, da plenitude e certeza da vida rica descer os olhos ao secreto lavor do instinto da *décadence*[93]. Nesse deslocamento de perspectivas encontra a primeira condição para a transvaloração dos valores[94].

É esse aprendizado que lhe permite ver no estado de doença e de fraqueza o esmorecimento do instinto de cura, *i.e.*, de defesa e ofensa que não sabe de nada rechaçar, de nada dar conta, expondo-se a toda sorte de ferimento: nessa impotência de vingança, a sede de vingança e o revolver venenos em todo sentido convertem-se na forma mais nociva de reação[95]. Em tais casos, a solução é não apenas um fatalismo ao modo russo, mas o dizer-não o mínimo possível e o reagir com a menor freqüência possível, subtraindo-se das relações em que se

83. *EH*, "Por que sou tão Sábio", 2. **84.** *EH*, "Aurora", 1. **85.** *EH*, "Por que sou tão Inteligente", 1. **86.** *EH*, "Por que sou tão Sábio", 2. **87.** *NW*, "Como me Libertei de Wagner", 2. **88.** *EH*, "Por que sou tão Sábio", 1-2. **89.** *EH*, "Por que sou tão Sábio", 1, e *Idem* "Por que sou tão Inteligente", 5. **90.** *EH*, "O Caso Wagner", 4. **91.** *EH*, "Por que sou tão Sábio", 1, e *Idem* "Por que sou tão Inteligente", 5. **92.** *EH*, "Por que sou tão Sábio", 2. **93.** *EH*, "Por que sou tão Sábio", 6. **94.** *EH*, "Por que sou tão Sábio", 1. **95.** *EH*, "Por que sou tão Sábio", 6.

estaria sujeito a suspender sua liberdade, sua iniciativa e ser apenas reagente[96].

Mas, sobretudo, é no despontar da segunda condição para a transvaloração que se percebe o papel nuançado desse deslocamento de perspectivas e o caráter não absoluto dos julgamentos de valor por Nietzsche, situando-os, pelo contrário, no marco de restabelecimento da vida, de cura e, por conseguinte, de luta, já que a cura é defesa e ofensa.

De fato, a grande prudência que se exige do homem, para que possa afirmar-se e se tornar o que é, repousa na percepção de que esse anseio e esse cultivo de si demandam medidas protetoras para a conservação da mais dura subjetividade, daquilo mais próprio ao si (*Selbstigkeit*). É, portanto, preciso manter limpa toda a superfície da consciência – que é superfície[97] – de quaisquer dos grandes imperativos para que o instinto não se entenda cedo demais e para que o "conhece-te a ti mesmo" não se torne fórmula para a destruição, esquecimento, mal entendimento, apequenamento, estreitamento ou mediocrização. Nesse quadro, até mesmo tomar o partido dos impulsos desinteressados pode servir ao cultivo de si[98], na medida em que, pautado por um ângulo, este da doença, permite que a totalidade se estruture, que siga crescendo na profundeza a "idéia" organizadora, *i.e.*, um instinto imperioso[99] e hierarquizante contra o nivelamento[100], o destinado a dominar[101] sem o perigo da dissolução, como se daria com o prevalecimento da racionalidade contra os instintos, de uma racionalidade a qualquer preço[102], marcada por aqueles grandes imperativos. É essa longa e secreta lavra e arte de seu instinto, sequer pressentida naquilo que em si crescia e que por isso se manifesta num brotar súbito de suas capacidades maduras em sua perfeição última, que se manifesta como a segunda condição para a tarefa de uma transvaloração dos valores com base na seleção: a hierarquia das faculdades, a distância, a arte de separar sem incompatibilizar, um nada misturar, nada conciliar, uma imensa multiplicidade que, todavia, é o contrário do caos[103]. É nessa acessibilidade dos contrários, nessa fusão de todos os opostos[104], nessa sua inteligência de haver sido muitas coisas em muitos lugares para poder se tornar um[105], nessa superação de si a cada momento, que Nietzsche encontra a forma suprema de tudo o que é, por encontrar em si a mais longa escala e a maior profundeza à qual se pode descer, como em mergulho no vir a ser e

96. *EH*, "Por que sou tão Inteligente", 8. **97.** *EH*, "Por que sou tão Sábio", 4. **98.** *EH*, "Por que sou tão Inteligente", 2. **99.** *Idem, ibidem*. **100.** *EH*, "O Caso Wagner", 4. **101.** *EH*, "Por que sou tão Inteligente", 9. **102.** *EH*, "O Nascimento da Tragédia", 1. **103.** *EH*, "Por que sou tão Inteligente", 9. **104.** *EH*, "Zaratustra", 6. **105.** *EH*, "Extemporâneas", 2.

que, mesmo fugindo de si, volta a alma que ama a si mesma a se encontrar nos círculos mais amplos como uma corrente e contracorrente[106].

A PROVA DA JUSTIÇA E A AÇÃO: DIFERENÇA, GOSTO E ESTILO

Nessa possibilidade de organização, encontramos a recuperação da capacidade de valoração e, sobretudo, do significado da justiça nesse novo contexto. De fato, a justiça é a *prova* de uma ação à qual nos constrange o instinto de vida em razão do *prazer* experimentado com sua ação[107], um prazer de se dominar em meio ao labirinto que encontra em si, um prazer na dureza para consigo e para com os outros, inclusive nesse prazer de cunho ascético, cuja forma mais marcante é o conhecimento[108]: é aí onde encontra o homem forte a vida bem-sucedida, mais, sua felicidade, vale dizer, a afirmação de uma prática com caráter pessoal e singular à qual atribui a qualidade de virtude, mas, ainda, uma prática que se volta para fora, em ação, que lhe indica seu bem suceder. Em contrapartida, para o fraco, que em tal prova veria sua perda[109], é o desprazer com a realidade a causa da moral e da religião, fórmula da decadência[110]. Com isso, voltar-se ao interior, à igualdade da experiência do coração no seu alheamento à natureza, à história, ao tempo e ao espaço, é expressão do refúgio daquele que não apenas é incapaz de representar um julgamento contrário ao seu[111], negador de sua própria capacidade de julgamento por si, como sobretudo que precisa da igualdade pela incapacidade de afirmar qualquer outro estado que não esse da quietude da alma voltada apenas para si, numa subjetividade fechada em si.

Esse prazer decorrente da ação e da vida bem-sucedida em sua cura – critérios que ditam sua justiça – não é todavia um prazer fechado em si, destruidor da diferença, como se dá com o cristianismo. O fim, aqui, é manter, não destruir[112], e manter essa diferença que marca a possibilidade de invenção da própria virtude em confronto com outras, fruto de outros tipos de vida. Justamente por tal razão, Nietzsche manifesta em suas obras não apenas uma preocupação de não ser confundido, de preservar a distância para que sua tarefa possa se impor, como ainda de que essa experiência é marcada pela distinção e singularidade, por uma originalidade que torna necessária a própria experiência como condição para sua compreensão[113]. Aquilo que é justo para si não implica que o seja para outro, por isso a necessidade do discípulo abandonar seu mestre para trilhar seu próprio caminho[114].

106. *EH*, "Zaratustra", 6. **107.** *AC*, 11. **108.** *AC*, 57. **109.** *Idem, ibidem.* **110.** *AC*, 15. **111.** *AC*, 32. **112.** *AC*, 58. **113.** *EH*, "Por que Escrevo tão Bons Livros", 1. **114.** *EH*, "Prólogo".

Essa diferença preservada e mantida está, desse modo, presente não apenas no trato com o outro, mas igualmente na própria justificação de si. Nietzsche diz, assim, ser no corpo, na atitude e nos instintos[115] que se dá a formação de um modo de vida, expressão de um gênio de organização e administração que nos permite recuperar o centro de gravidade para a vida para que possamos valorá-la. O filósofo vê aqui em atividade uma grande paixão envolvendo uma multidão de estímulos em parte contraditórios, em parte concordantes, que se vale do intelecto a ele acrescentando o bom gosto e o tato refinado e que, em sua vontade de porvir, no grande estilo que se dá, é a própria realidade, é verdade, é vida: unidade na multiplicidade, singularidade fundada na diferença. Por isso, o estilo é ritmo, comunicação de uma tensão interior de *páthos* por meio de signos, incluído o tempo desses signos, o que indica a possibilidade em si de muitos estilos[116], *i.e.*, de vidas, demandando, daquele que o procure compreender, igual riqueza de experiências e de enfrentamento do problemático e terrível da existência, de seus enigmas, acasos, e a própria informidade do homem[117], sem que isso se converta em objeção à vida[118]. Só desse modo, coloca-se como condição para se encontrar uma verdade, por mínima que seja, essa verdade da própria lei e da própria virtude, o cultivo do espírito e a superação de si.

A PROVA DA JUSTIÇA E O OUTRO

Mas também, vimos já, é no trato com o outro, na percepção do limite e da diferença, que o anseio de si (*Selbstsucht*), enquanto anseio pelo sentimento de poder que cresce pela dominação de si, pela resistência em vias de ser superada, portanto, pela afirmação da guerra e do valor, da *virtù* no sentido renascentista[119], encontra a possibilidade de respeito por si na medida em que há respeito pelos seus pares, pois só assim há a possibilidade de afirmação da distância, inclusive na política, e de que cada um possa assumir seus privilégios particulares[120], admitido, como faz Nietzsche, que um direito é sempre um privilégio, *i.e.*, o signo distintivo da singularidade criadora de sua virtude, e cada um, à sua maneira, tem igualmente seu próprio privilégio[121].

Só assim afirma-se a lei suprema da vida, qual seja, a hierarquia, a desigualdade de direitos, e, com isso, a própria justiça, pois o injusto não está jamais nessa desigualdade, mas, sim, na pretensão de direitos iguais, oriunda da fraqueza, da inveja, do desejo de vingança, oriunda do anarquista e do cristão, de uma mesma origem[122], niilista[123] e de

115. *AC*, 59. **116.** *EH*, "Por que Escrevo tão Bons Livros", 4. **117.** *EH*, "Zaratustra", 8. **118.** *EH*, "Zaratustra", 6. **119.** *AC*, 2. **120.** *AC*, 43. **121.** *AC*, 57. **122.** *Idem, ibidem*. **123.** *AC*, 58.

impotente vontade. Portanto, o modo de vida *se prova* justo ao ser capaz de justificar-se estruturando as condições que a própria vida nos coloca para viver, legitimando-se, assim, as invenções que criamos, individual e coletivamente, na tensão e na oposição de uma multiplicidade de formas de vida consideradas possíveis. É a retomada da naturalidade da oposição entre uma pluralidade de deuses, agora vistos como valores, enquanto manifestação de formas de vida, tidos, cada qual para si, como a máxima expressão da justiça, como a justiça em si.

O julgamento, portanto, com a reconquista da capacidade de valoração, é nitidamente imanente, contrário ao dualismo metafísico. É na própria vida, pelas próprias condições colocadas pela vida, pela realidade, que hão de se estruturar os instintos, procurando um meio de defesa, de conservação que permita seu desenvolvimento e crescimento, sua superação. O prazer decorrente dessa dominação e de sua capacidade de expressão, de lançamento de si ao mundo em tentativa de expansão conformadora, dá o atributo de justo à estruturação realizada que, enquanto valor, segue em oposição a outras, em meio a vitórias e derrotas, em meio a lutas e momentos de paz, formando unidades maiores de poder, sem um fim predeterminado ou que transcenda o próprio jogo da tentativa de justificação de si, e que permite ao homem a reconquista de seu direito à vida na terra.

A JUSTIÇA SOB PROVA E O CICLO DA VIDA

Trata-se, portanto, de um aprendizado constante de restabelecimento[124] e de afirmação, num movimento de fluxo e refluxo, próprio à vida em ciclo absoluto e infinitamente repetido de todas as coisas[125], porque a saúde há de ser adquirida sem cessar porque ela é abandonada de novo e não cessamos de abandoná-la, mais, devemos abandoná-la e, se nisso há um ideal, é um ideal cheio de riscos em que o ponto de interrogação essencial é colocado[126]. Daí o caráter trágico de sua filosofia[127], entendida como arte de transfiguração[128], pois implica a tomada de consciência não apenas do sentido de desafio a cada homem[129] de se perguntar o "por quê?" e o "para quê?" como um todo[130] nesse instante da decisão da avaliação do tipo de ótica em ação, a *décadent* ou a sã, como ainda da necessidade da guerra para que a vida seja afirmada, sem que se sofra com isso[131]. A condição para ser filósofo é não excluir o abismo, a dúvida, a precisão de profundidade, porque,

124. *EH*, "Por que sou tão Sábio", 1. **125.** *EH*, "Por que Escrevo tão Bons Livros", 4; "O Nascimento da Tragédia", 3, e "Zaratustra", 5. **126.** *EH*, "Zaratustra", 2. **127.** *Idem, ibidem*. **128.** *EH*, "Epílogo", 1. **129.** *EH*, "Por que sou um Destino", 7. **130.** *EH*, "Aurora", 2. **131.** *EH*, "O Nascimento da Tragédia", 4.

tal como Hamlet, compreende ser a certeza que enlouquece de modo que não se pode conceber o deus separado do sátiro[132], como tampouco o bufão e mensageiro alegre, de sua condição de dinamite[133].

Nesse instante de julgamento e de valoração em que se afirma o *páthos* trágico, *i.e.*, o *páthos* afirmativo a ponto de a dor não ser mais uma objeção[134], afirma-se, assim, igualmente o eterno prazer do vir a ser, incluído aí o sacrifício inesgotável de seus mais elevados tipos nesse movimento de criação e de destruição cíclico a que a imagem do fluxo e refluxo nos remete[135]. O fruto disso é a afirmação da realidade, é a força conquistada para suportar e afirmar a realidade[136], porque a realidade, em sua multiplicidade, é o homem mesmo, em tudo o que tem de terrível e de questionável[137]; é, portanto, um jogo com grandes tarefas, *i.e.*, simultaneamente uma guerra contra a decadência e a afirmação de si, da saúde, que permite a transvaloração de todos os valores[138] e que, pela afirmação do todo, sem nada querer que seja diferente, alcança o homem a grandeza do *amor fati*[139].

Essa dupla guerra que marca o jogo com as grandes tarefas, e que é a própria filosofia, envolve simultaneamente um dizer sim, marcado sobretudo por sua tentativa em *Zaratustra* de contraposição ao tipo do sacerdote, de um tipo antitético, um tipo nobre[140], a própria figura de Zaratustra[141], como agora, de Dioniso ante o Crucificado[142], sempre como condição para a superação do niilismo passivo e reativo[143], como ainda por um fazer "não", caracterizador da transvaloração dos valores[144], que é, também, a abertura de caminhos para a cultura[145]. Temos aqui o tipo a cultivar, a querer e pelo qual se luta. De fato, a filosofia, se marcada pela força, depende da guerra, necessita de resistência, e a busca tanto quanto os sentimentos de vingança e de rancor estão ligados à fraqueza. Essa oposição dá a medida da força e a subjugação de um potente adversário ou problema, como esse da vingança, é o que dá dignidade à tarefa propriamente filosófica: um filósofo guerreiro, como se define Nietzsche, provoca os problemas ao duelo[146]; dá, portanto, a medida do prazer e, por conseguinte, o caráter de justo a todo passo que em tal ação se efetiva.

Se essa guerra envolve, portanto, a luta contra a vingança[147], a negação de um tipo de homem e de uma espécie de moral[148], a destruição de ídolos até então venerados que proibiram a verdade ao ho-

132. *EH*, "Por que sou tão Inteligente", 4. **133.** *EH*, "Por que sou um Destino", 1. **134.** *EH*, "Zaratustra", 1. **135.** *EH*, "O Nascimento da Tragédia", 2-3. **136.** *EH*, "O Nascimento da Tragédia", 2. **137.** *EH*, "Por que sou um Destino", 5. **138.** *EH*, "Por que sou tão Inteligente", 9. **139.** *EH*, "Por que sou tão Inteligente", 10. **140.** *EH*, "Além de Bem e Mal", 2. **141.** *EH*, "A Genealogia da Moral". **142.** *EH*, "Por que sou um Destino", 9. **143.** *EH*, "A Genealogia da Moral". **144.** *EH*, "Além de Bem e Mal", 2. **145.** *EH*, "O Crepúsculo dos Ídolos", 2. **146.** *EH*, "Por que sou tão Sábio", 7. **147.** *EH*, "O Nascimento da Tragédia", 2. **148.** *EH*, "Por que sou um Destino", 4.

mem[149], ela é condição para a tarefa contrária, de justificar, de poetar o acaso que é o homem, que é o criar e buscar e compor o homem, este ser informe, material que necessita de escultor, juntando em um o que é fragmento, enigma e medonho acaso[150]. São as oposições e contradições que nos seduzem para o existir[151]. Se a fórmula de tal afirmação é o *amor fati* é porque, enquanto amor, há de ter em seus meios a guerra e, em seu fundo, o ódio mortal entre os sexos, *i.e.*, a defesa por parte da vida mulher contra a igualdade de direitos, a justiça vingativa e, de outro lado, a condição para sua redenção, por meio do homem, na criação[152], vale dizer, a justificação de si.

Por isso que a guerra não é contra o outro, contra o mundo, ela tem princípios que não tornam o seu "fazer não" negador[153], mas, pelo contrário, torna-o descobridor da verdade[154] e, não obstante, o contrário do idealista porque supera a moral[155], afirmando a verdade da realidade, em sua necessidade de destruição para afirmação, em sua necessidade de horror[156] para a afirmação da verdade em si, para que a transvaloração de todos os valores se apresente como um ato de suprema autognose da humanidade e o homem, como mensageiro alegre da própria vida[157]. É sua natureza dionisíaca que o impede de separar o dizer sim do fazer não, a necessidade da destruição para a criação[158], criação em que a própria transvaloração apresenta-se como a grande guerra[159] e redentora da existência[160], existência esta que, na fórmula trágica de *O Nascimento da Tragédia*, em sua justiça e injustiça, é sempre justificada.

149. *EH*, "Prólogo", 2. **150.** *EH*, "Zaratustra", 8. **151.** *NW*, "Wagner como Apóstolo da Castidade, 2. **152.** *EH*, "Por que Escrevo tão Bons Livros", 5. **153.** *EH*, "Por que sou tão Sábio", 7. **154.** *EH*, "Por que sou um Destino", 1. **155.** *EH*, "Por que sou um Destino", 3. **156.** *EH*, "Por que sou um Destino", 4-5. **157.** *EH*, "Por que sou um Destino", 1. **158.** *EH*, "Por que sou um Destino", 2. **159.** *EH*, "Além de Bem e Mal", 1. **160.** *EH*, "Por que sou tão Inteligente", 3.

10. Um Desfecho sem Fecho

O desafio nietzschiano de pensar a justiça nos traz um exemplo concreto do que seja a transvaloração dos valores. Eles nos mostra uma inversão da relação de domínio: se as virtudes, antes, nos dominavam, devemos passar a ser senhores de nossas virtudes, elas devem se tornar instrumentos dentre outros instrumentos para afirmação de outras possibilidades de vida.

A reflexão sobre a justiça em Nietzsche, de fato, mais do que a um conteúdo de pensamentos que poderiam ser sistematizados conclusivamente a respeito de um tema, leva-nos a um modo de pensar que descortina as relações de poder presentes em todas interpretações que se revestem de uma máscara moral para, abrindo-nos ao modo de vida a elas subjacente, aos seus limites, e aos limites que elas nos põem, fazer com que nos perguntemos sobre seu sentido para nós. É a este desafio, de assunção de uma responsabilidade emancipatória, alheia às fórmulas correntes, que se abre a demanda por justiça.

Com efeito, se houvermos de delinear com maior precisão o núcleo de preocupações a que se volta Nietzsche, temos sempre presente essa luta contra as amarras de uma certa tradição cultural que, por fundar-se numa pretensão de verdade universalizante, priva-nos da capacidade de, situados no instante vivido, avaliarmos as circunstâncias e condições de nossa vida presente à luz daquilo que buscamos no porvir. É, portanto, pela conjunção de uma luta e de uma busca por justificação de sentido que fortes contornos da justiça se apresentam aos olhos de Nietzsche.

Trata-se, contudo, de um sentido multifacetado. A necessidade de percorrermos a obra de Nietzsche para acompanharmos o modo como, a cada passo, considerou a justiça em suas várias perspectivas, mostra-nos o quanto será por uma conjunção infinita de problemas, tensionados, polarizados, levados a seus limites e olhados por vários ângulos que uma nova faceta dessa luta e busca podem se fazer presentes. Com isso, Nietzsche não pretende alcançar qualquer totalidade da compreensão do problema pela reunião de suas várias possibilidades de apreensão. Pelo contrário, o filósofo ensina-nos esse trabalho contínuo de questionamento e de problematização a que nos vemos sujeitos para que não nos alienemos de nossa tarefa e possamos valorar, por nós mesmos, os valores que se nos apresentam como dignos de observância, de dever. E, em cada etapa, ele nos mostra o quanto essa tentativa, que se mostra como uma busca de liberdade, é trágica, porque não somos, nem viremos a nos tornar, senhores do mundo, muito menos de nós mesmos. Nós somos feitos a cada momento e, ou bem nos engajamos nesse movimento, tornando-nos co-partícipes, como fragmento de *fatum*, deste grande jogo que é a vida, ou bem nos tornamos fantoches de um jogo alheio.

Essa possibilidade de participação mostra-se na experimentação de possibilidades de vida, conquanto quiméricas, fátuas, mas potentes, se singularmente afirmadas como criações e interpretações, porque, então, justifica-se em seu fazer, em sua luta e busca por se dar justiça. Enquanto justificação dessa vã ação humana, a justiça, como bem aponta Stegmaier, não pode nem deve querer predizer ou reclamar o que o homem se tornará ou como há de se justificar; ela só pode mostrar o quanto o homem pode ser diverso do que ele é agora, e com isso mostra que ele já poderia ter sido algo distinto um dia do que é hoje. Enquanto crítica, não erige um novo ideal de homem, mas abre espaço para que o homem, valendo-se de um contra-ideal no espaço de jogo contra o antigo ideal, possa se decidir por um novo "ideal"[1]. Mas todo novo "ideal", ensinou-nos Nietzsche, por mais que se pretenda justificador, deve albergar em si o justo e injusto de cada prisma de seu movimento de estruturação e, com isso, não só manter presente o processo de outramento de nós mesmos, mas também e sobretudo preservar a tensão do ato afirmador de toda nova criação que se lança ao mundo. Apenas isso nos previne de sucumbirmos às nossas próprias respostas; somente isso nos permite fincar nossa existência no instante vivido e, expostos à incerteza de nossos passos e do jogo do destino, podermos sentir nossas dores e prazeres como provas de nossa luta por justiça.

Só então podemos transfigurar o jogo e a luta por poder e a nossa relação com o outro, tomando-os como oportunidade para nos afrontar-

1. W. Stegmaier, *op. cit.*, p. 66.

mos com os limites mesmos de nossas criações, de nossas tentativas aventureiras e dos horizontes que elas nos abrem. Se eles tanto podem anunciar o ocaso de nossas vidas, tal como as estruturamos, podem também remeter ao desafio de superação e de conquista de novos mundos, com perigos e ameaças, mas também promessas e esperanças.

Esses embates em seus vários níveis nos põem, então, de frente com um movimento cíclico de construção e destruição de sentidos, individuais e coletivos, que dão contrastes e nuanças à existência, conferindo-lhe sabor, textura, aroma e gosto para nós. É a esse gosto que a justiça nietzschiana se relaciona, um gosto que nos delicia quando descoberto, mostrando-nos ser isso o que buscamos, mas que logo se esvai porque sacia, embora logo nos encha de desejo por seu reencontro. Mas descobrimos que esse reencontro se dá não apenas por nos lançarmos novamente à sua busca, mas por nos abrirmos às suas sutilezas e infinitas variações, às suas conjugações com outros elementos, ou com os mesmos, em distintas disposições, mas também às suas possibilidades e tentativas esquecidas ou abandonadas, que, se recuperadas, nos abrem à transfiguração de todo um percurso, de toda uma vida, pois nos mostram uma outra perspectiva e, com ela, como com tantas outras, uma miríade de novas e velhas interpretações desses caminhos, de gostos por se experimentar, de estilos por se forjar, pois o gosto, por seu caráter envolvente, mostra-nos com inteireza aquilo que, como obra mais do que como mero sujeito, logramos expressar.

Uma relação com o tempo marca, portanto, esse jogo consigo mesmo e com a cultura, um tempo concebido como ritmo e melodia, com seus vários movimentos, sonoridades e silêncios, e essa relação faz com que essa obra que fazemos de nós mesmos e que procuramos justificar e afirmar criativamente não possa deixar de dialogar e de se confrontar com o passado, com a cultura. Nietzsche não louva o novo pelo novo, doença tipicamente moderna, mas um denso e intenso diálogo e confronto com sua cultura, porque é de seu bojo, e não de uma potencialidade criativa *ab ovo* pelo homem, que essas outras possibilidades de vida hão de surgir. É na cultura que encontramos as experiências gustativas que nos moldaram, é nela que vemos modos outros de se formar e de se fazer, de criar e de gozar, com ritmos igualmente variados, porque distintas, a cada passo, eram as lutas que se apresentavam, competindo a nós jogar com essa diferença para encontrarmos aquilo que é próprio e singular de nosso instante de vida. Por isso, se Nietzsche defende uma ética da individualidade, é porque vê no indivíduo a instância residual de uma intensificação das tensões internas da cultura que tendem a auto-suprimirem as suas próprias estruturas, incondizentes com o desfacelamento dos valores transcendentes que as presidiam, competindo ao indivíduo criar possibilidades outras, ainda impensadas, de se viver, e esse é o desafio da modernidade. De outro lado, Nietzsche vê no indivíduo a potencialidade emancipatória de escapar das mentiras ideológicas com que as grandes respostas universalizantes se encobriam, dissimulando seu caráter político e subjugador, porque, logrando afirmar-se naquilo que é, mera tentativa interpretativa, encontra sua probidade pessoal de se tornar aquilo que é, um ser vivo e em formação, e não algo de findo ou acabado, devendo, por isso, ater-se e lutar por poder ater-se àquilo que tem de vivo e em formação como ele[2].

É cíclica, portanto, sua tentativa, como cíclico se mostra este desfecho, com seu retorno ao argumento inicial. Cíclica porque fundada em contradições que não levam a sínteses, mas apenas a desconfiadas formações de sentido para as quais, quiçá, a aquiescência do outro, para além de uma tal postura perante a vida, nos sirva, mais do que tudo, como denúncia de que havemos de seguir buscando, imbuídos por esse *páthos* de distância crítico, para que não pereçamos por nossos medos, covardias e fraquezas, mas possamos, pelo contrário, afirmar, com toda sua intensidade, a aventura que é viver.

2. G. Deleuze, *Nietzsche et la philosophie*, p. 33.

Bibliografia

NIETZSCHE, Friedrich. *Sämtliche Werke*. Edição crítica organizada por Mazzino Montinari e Giorgio Colli em 13 volumes. Berlin, Walter de Gruyter, 1988.

Traduções Consultadas

NIETZSCHE, Friedrich. *Obras Incompletas*. Trad. e notas de Rubens Rodrigues Torres Filho. 3ª ed., São Paulo, Abril Cultural, (Coleção "Os Pensadores"), 1983.

_____. *O Nascimento da Tragédia ou Helenismo e Pessimismo*. Trad. J. Guinsburg. 2ª ed. São Paulo, Companhia das Letras, 1992.

_____. *La naissance de la tragédie*. Trad. Michel Haar. Paris, Gallimard, 1994.

_____. *La philosophie à l'époque tragique des grecs*. Trad. Jean-Louis Backes, Michel Haar e Marc B. de Launay. Paris, Gallimard, 1995.

_____. *Le livre du philosophe*. Apresent. e trad. Angèle Kremer-Marietti. Paris, Flammarion, 1998.

_____. *Considérations inactuelles I et II*. Trad. Pierre Rusch. Paris, Gallimard, 1992.

_____. *Considérations inactuelles III et IV.* Trad. Henri-Alexis Baatsch, Pascal David, Cornélius Heim, Philippe Lacoue-Labarthe e Jean-Luc Nancy. Paris Gallimard, 1992.

_____. *Humano, Demasiado Humano. Um Livro para Espíritos Livres*. Trad. Paulo César de Souza. São Paulo, Companhia das Letras, 2000.

_____. *Humain, trop humain I*. Trad. Robert Rovini. Paris, Gallimard, 1987.

_____. *Humain, trop humain II*. Trad. Robert Rovini. Paris, Gallimard, 1987.

______. *Aurore*. Trad. Julien Hervier. Paris, Gallimard, 1991.
______. *Aurora*. Trad. Eduardo Rezende Melo Knörr. Madrid, Edaf, 1996.
______. *A Gaia Ciência*. Trad. Paulo César de Souza. São Paulo, Companhia das Letras, 2001.
______. *Le gai savoir*. Trad. Pierre Klossowski. Paris, Gallimard, 1991.
______. *Assim Falou Zaratustra. Um Livro para Todos e para Ninguém*. Trad. Mário da Silva. 4ª ed. Rio de Janeiro, Civilização Brasileira, 1986.
______. *Além de Bem e Mal*. Trad. Paulo César de Souza. 2ª ed., São Paulo, Companhia das Letras, 1992.
______. *Par-delà bien et mal*. Trad. Cornélius Hein. Paris, Gallimard, 1987.
______. *A Genealogia da Moral. Uma Polêmica*. Trad. Paulo César de Souza. São Paulo, Companhia das Letras, 1998.
______. *La généalogie de la morale*. Trad. Isabelle Hildenbrand e Jean Gratien. Paris, Gallimard, 1992.
______. *O Caso Wagner. Um Problema para Músicos./ Nietzsche contra Wagner. Dossiê de um Psicólogo*. Trad. Paulo César de Souza. São Paulo, Companhia das Letras, 1999.
______. *Le cas Wagner (suivi de Nietzsche contre Wagner)*. Trad. Jean-Claude Hémery. Paris, Gallimard, 1991.
______. *Crépuscule des idoles*. Trad. Jean-Claude Hémery. Paris, Gallimard, 1993.
______. *Ecce Homo. Como Alguém se Torna o que é*. Trad. Paulo César de Souza. São Paulo, Companhia das Letras, 1995.
______. *L'Antéchrist (suivi de Ecce Homo)*. Trad. Jean-Claude Hémery. Paris, Gallimard, 1990.

Obras Consultadas

Adorno, Theodor e Horkheimer, Max. *Dialética do Esclarecimento*. Trad. Guido Antonio de Almeida. Rio de Janeiro, Jorge Zahar, 1985.
Adorno, Theodor, Horkheimer, Max e Gadamer, Hans-Georg. "Über Nietzsche und uns". In: Horkheimer, Max. *Gesammelte Schriften*. vol. 13, Frankfurt/ Main, S. Fischer, 1988.
Ansell-Pearson, Keith. *Nietzsche contra Rousseau. A Study of Nietzsche's Moral and Political Thought*. Cambridge, Cambridge University Press, 1991.
Baeumler, Alfred. *Nietzsche, der Philosoph und Politiker*. Leipzig, Phillip Reclam, 1931.
Barboza, Jair. *Schopenhauer: A Decifração do Enigma do Mundo*. São Paulo, Moderna, 1977.
Blondel, Éric. *Nietzsche, le corps et la culture*. Paris, PUF, 1986.
Brusotti, Marco. "Elemente der Rache". In: *Sprache und Selbsterkenntnis bei Nietzsche im Aphorismus 33 von "Der Wanderer und sein Schatten"*. Texto publicado em *www.hypernietzsche.org*, em 13/03/2002.
______. "Die 'Selbstverkleinerung des Menschen' in der Moderne. Studien zu Nietzsches 'Zur Genealogie der Moral' ". In: *Nietzsche Studien*, vol. 21, Berlin, Walter de Gruyter, 1992, pp. 81-136.
______. "Beiträge zur Quellenforschung". In: *Nietzsche Studien*, vol. 22, Berlin, Walter de Gruyter, 1993, pp. 389-394.

CACCIOLA, Maria Lúcia Mello e Oliveira. *Schopenhauer e a Questão do Dogmatismo*. São Paulo, Edusp, 1994.

CHAVES, Ernani. "Cultura e Política: O Jovem Nietzsche e Jakob Burckhardt". In: *Cadernos Nietzsche*, vol. 9, São Paulo, GEN, 2000, pp. 41-66.

_____. *Lessing, um Espírito Livre*. Sobre o aforismo 103 de "O Andarilho e sua Sombra". Texto publicado em *www.hypernietzsche.org*.

COLLI, Giorgio. *Distanz und Pathos. Einleitungen zu Nietzsches Werken*. Trad. de Ragni Maria Gschwend e Reimar Klein. Hamburg, Europaïsche Verlaganstalt, 1993.

DELEUZE, Gilles. *Nietzsche et la philosophie*. Paris, PUF, 1999.

_____. *Nietzsche*. Paris, PUF, 1999.

DONZELOT, Jacques. *A Polícia das Famílias*. Trad. M. T. da Costa Albuquerque. 2ª ed. Rio de Janeiro, Graal, 1986.

DUDEN, *Deutsches Universal Wörterbuch*. 3ª ed. Dudenverlag, 1996.

ÉSQUILO. *Oresteia*. Trad. Manuel de Oliveira Pulquério. Lisboa, Edições 70, 1992.

_____. *Prometeu Agrilhoado*. Trad. Ana Paula Quintela Sottomayor. Lisboa, Edições 70, 1992.

ETTER, Annemarie. "Nietzsche und das Gesetzbuch des Manu". In: *Nietzsche Studien*, vol. 16. Berlin, Walter de Gruyter, 1987, pp. 340-352.

EURÍPEDES. *As Bacantes*. Trad. Maria Helena da Rocha Pereira. Lisboa, Edições 70, 1992.

_____. *Tragedias*. Trad. Jose Luis Calvo Martínez. Madrid, Gredos, 1985.

FERRAZ, Maria Cristina Franco. "Nietzsche: Filosofia e Paródia". In: PIMENTA NETO, Olímpio José e BARRENECHEA, Miguel Angel (org.). *Assim Falou Nietzsche*, Rio de Janeiro, Sette Letras, 1999, pp. 28-37.

_____. "Teatro e Máscara no Pensamento de Nietzsche". In: FEITOSA, Charles e BARRENECHEA, Miguel A. (org.). *Assim Falou Nietzsche II. Memória, Tragédia e Cultura*, Rio de Janeiro, Relume Dumará, 2000, pp. 37-48.

_____. *Nietzsche, o Bufão dos Deuses*. Rio de Janeiro: Relume Dumará, 1994.

FINK, Eugen. *A Filosofia de Nietzsche*. Trad. Joaquim Lourenço Duarte Peixoto. 2ª ed. Lisboa, Presença, 1988.

FOUCAULT, Michel. *Microfísica do Poder*. Trad. Roberto Machado. 9ª ed. Rio de Janeiro, Graal, 1990.

_____. "Nietzsche, Freud et Marx". In: *Dits et écrits*. vol. 1. Paris, Gallimard, 1994, pp. 564-579.

GADAMER, Hans-Georg. "Erinnerung und Geschichte". In: BORCHMEYER, Dichter (org.). *Vom Nutzen und Nachteil der Historie für das Leben*. Frankfurt/ Main, Suhrkamp, 1996, pp. 11-14.

GADAMER, Hans-Georg; ADORNO, Theodor e HORKHEIMER, Max. "Über Nietzsche und uns". In: HORKHEIMER, Max. *Gesammelte Schriften*. vol. 13, Frankfurt/ Main, S. Fischer, 1988.

GEIJSEN, Jacobus A. L. J. J. *Geschichte und Gerechtigkeit. Grundzüge einer Philosophie der Mitte im Frühwerk Nietzsches*. Berlin, Walter de Gruyter, 1997.

GERHARDT, Volker. "Das 'Princip des Gleichgewichts'. Zum Verhältnis von Recht und Macht bei Nietzsche". In: *Nietzsche Studien*, vol. 12. Berlin, Walter de Gruyter, 1983, pp. 111-133.

_____. *Vom Willen zur Macht. Anthropologie und Metaphysik der Macht am exemplarischen Fall Friedrich Nietzsches*. Berlin, Walter de Gruyter, 1996.

______. "Selbstbegründung. Nietzsches Moral der Individualität". In: *Nietzsche Studien*, vol. 21, Berlin, Walter de Gruyter, 1992, pp. 28-49.

______. *Pathos und Distanz, Studien zur Philosophie Friedrich Nietzsches*. Stuttgart: Reclam, 1988.

Giacoia Júnior, Oswaldo. *Labirintos da Alma. Nietzsche e a Auto-Supressão da Moral*. Campinas, Ed. da Unicamp, 1997.

______. "O Grande Experimento: Sobre a Oposição entre Eticidade (*Sittlichkeit*) e Autonomia em Nietzsche". In: *Trans/form/ação. Revista de Filosofia*, vol. 12. São Paulo, Universidade Estadual Paulista, 1989, pp. 97-132.

Granier, Jean. *Le problème de la vérité dans la philosophie de Nietzsche*. 2ª ed. Paris, Éditions du Seuil, 1969.

Grimal, Pierre. *Dicionário da Mitologia Grega e Romana*. Trad. Victor Jabouille. 3ª ed. Rio de Janeiro, Bertrand Brasil, 1997.

Haar, Michel. *Par-delà le nihilisme. Nouveaux essais sur Nietzsche*. Paris: PUF, 1998.

______. "La critique nietzschéene de la subjectivité". In: *Nietzsche Studien*, vol. 12. Berlin, Walter de Gruyter, 1983, pp. 80-110.

Habermas, Jürgen. "Posfácio". In: Nietzsche, Friedrich. *Erkenntnistheoretische Schriften*. Frankfurt/ Main, Suhrkamp, 1968.

Hadot, Pierre. *O que é a Filosofia Antiga?* Trad. Dion Davi Macedo. São Paulo, Loyola, 1999.

Hamacher, Werner. " 'Disgregation des Willens'. Nietzsche über Individuum und Individualität". In: *Nietzsche Studien*, vol. 15. Berlin, Walter de Gruyter, 1986, pp. 306-336.

Hartmann, Nicolai. *La Filosofia dell'Idealismo Tedesco*. Trad. Bruno Bianco. Milão, Mursia, 1983.

Havelock, Eric. A. *The Greek Concept of Justice. From its Shadow in Homer to its Substance in Plato*. Cambridge, Massachussetts, Harvard University Press, 1978.

Héber-Suffrin, Pierre. *Le Zarathoustra de Nietzsche*. 2ª ed. Paris: PUF, 1992.

Hegel, Georg Wilhelm Friedrich. *A Fenomenologia do Espírito*. Trad. Paulo Meneses, com a colaboração de Karl-Heinz Efken. 2ª ed. Petrópolis, Vozes, 1992.

______. *Estética*. Trad. Álvaro Ribeiro e Orlando Vitorino. Lisboa, Guimarães Editores, 1993.

Heidegger, Martin. *Nietzsche. Metafísica e Niilismo*. Trad. Marco Antonio Casa Nova. Rio de Janeiro, Relume Dumará, 2000.

______. *Nietzsche*, vol. 2. Pfullingen, Neske Verlag, 1961. Foi utilizada também a tradução francesa de Pierre Klossowski. Paris, Gallimard, 1971.

Hershbell, Jackson P. e Nimis, Stephen A. "Nietzsche and Heraclitus". In: *Nietzsche Studien*, vol. 8, Berlin, Walter de Gruyter, 1979, pp. 16-38.

Hesíodo. *Os Trabalhos e os Dias*. Trad. Mary de Camargo Neves Lafer. 3ª ed. São Paulo, Iluminuras, 1996.

______. *Teogonia. A Origem dos Deuses*. Trad. Jaa Torrano. 2ª ed. São Paulo, Iluminuras, 1992.

Hyppolite, Jean. *Génesis y Estructura de la Fenomenología del Espíritu de Hegel*. Trad. Francisco Fernández Buey. 2ª ed. Barcelona, Ediciones Península, 1991.

HORKHEIMER, Max. *Gesammelte Schriften*. Frankfurt/ Main, S. Fischer, 1988.
JAEGER, Werner. *Paidéia. A Formação do Homem Grego*. Trad. Artur M. Parreira. 3ª ed. São Paulo, Martins Fontes, 1994.
JASPERS, Karl. *Nietzsche*. Berlin, Walter de Gruyter, 1981.
KANT, Immanuel. *Crítica da Razão Pura*. Trad. Manuela Pinto dos Santos e Alexandre Fradique Morujão. 3ª ed. Lisboa, Fundação Calouste Gulbenkian, 1994.
KAUFMANN, Walter. *Nietzsche. Philosopher, Psychologist, Antichrist*. 4ª ed. Princeton, Princeton University Press, 1974.
KAULBACH, Friedrich. *Nietzsches Idee einer Experimentalphilosophie*. Köln/ Wien: Böhlau Verlag, 1980.
KITTO, H. D. F. *Greek Tragedy*. 3ª ed. Londres, Routledge, 1997.
KOFMAN, Sarah. *Nietzsche et la métaphore*. Paris, Galilée, 1983.
_____. *Nietzsche et la scène philosophique*. Paris, Galilée, 1986.
KREMER-MARIETTI, Angèle. "Nietzsche sur la verité et le langage". In: NIETZSCHE. *Le livre du philosophe*. Paris, Flammarion, 1991.
_____. *Nietzsche et la rhétorique*. Paris, PUF, 1992.
LAMPERT, Laurence. *Nietzsche's Teaching. An Interpretation of "Thus Spoke Zarathustra"*. New Haven/ Londres, Yale University Press, 1986.
LEFEBVRE, Henri. *Nietzsche*. Trad. de Ángeles H. de Gaos. México, Fondo de Cultura Económica, 1993.
LEOPOLDO E SILVA, Franklin. "O Lugar da Interpretação". In: *Cadernos Nietzsche*, vol. 4. São Paulo, GEN, 1998, pp. 27-33.
LESKY, Albin. *Greek Tragedy*. Trad. H. A. Frankfort. Londres, Ernest Benn, 1967.
LÖWITH, Karl. *Von Hegel zu Nietzsche. Der revolutionäre Bruch im Denken des neunzehnten Jahrhunderts*. Hamburgo, Felix Meiner, 1995.
MACHADO, Roberto. *Nietzsche e a Verdade*. Rio de Janeiro, Graal, 1999.
_____. *Zaratustra, Tragédia Nietzschiana*. Rio de Janeiro, Jorge Zahar, 1997.
MAGGINI, Golfo. "Vérité et justice chez Nietzsche". In: *Nietzsche Studien*, vol. 28. Berlin, Walter de Gruyter, 1999, pp. 80-99.
MARTI, Urs. "Der grosse Pöbel – und Sklavenaufstand". In: *Nietzsches Auseinandersetzung mit Revolution und Demokratie*. Stuttgart/ Weimar, Metzler, 1993.
MARTON, Scarlett. *Nietzsche, a Transvaloração dos Valores*. 3ª ed. São Paulo, Moderna, 1993.
MAURER, Reinhart. "O Outro Nietzsche: Justiça contra Utopia Moral". Trad. de Oswaldo Giacoia Júnior. In: *Trans/form/ação. Revista de Filosofia*, vol. 18. São Paulo, Universidade Estadual Paulista, 1995, pp. 171-182.
MONTINARI, Mazzino. *Nietzsche lesen*. Berlin, Walter de Gruyter, 1982.
_____. "Ler Nietzsche: O Crepúsculo dos Ídolos". Trad. Ernani Chaves. In: *Cadernos Nietzsche*, vol. 3. São Paulo, GEN, 1997, pp. 77-91.
MÜLLER-LAUTER, Wolfgang. *Nietzsche. Seine Philosophie der Gegensätze und die Gegensätze seiner Philosophie*. Berlin, Walter de Gruyter, 1971.
_____. *Über Werden und Wille zur Macht*. Berlin, Walter de Gruyter, 1999.
_____. *A Doutrina da Vontade de Potência em Nietzsche*. Trad. Oswaldo Giacoia Júnior. São Paulo, Anablume, 1997.
NIMIS, Stephen A. e HERSHBELL, Jackson P. "Nietzsche and Heraclitus". In: *Nietzsche Studien*, vol. 8. Berlin, Walter de Gruyter, 1979, pp. 16-38.

OTSURU, Tadashi. *Gerechtigkeit und Dike. Der Denkweg als Selbstkritik in Heideggers Nietzsche-Auslegung*. Würzburg, Verlag Königshausen & Neumann, 1992.

OTTMAN, Henning. *Philosophie und Politik bei Nietzsche*. Berlin, Walter de Gruyter, 1999.

———. (org.). *Nietzsche Handbuch. Leben-Werk-Wirkung*. Stuttgart/ Weimar, Metzler, 2000.

PELBART, Peter Pál. "Deleuze, um Pensador Intempestivo". In: LINS, Daniel (org.). *Nietzsche e Deleuze. Intensidade e Paixão*. Rio de Janeiro, Relume Dumará, 2000.

———. *O Tempo não-Reconciliado*. São Paulo, Perspectiva, 1998.

PEREIRA, Isidro. *Dicionário Grego-Português*. 7ª ed., Braga, Livraria Apostolado da Imprensa, 1990

PICHT, Georg. *Nietzsche*. Stuttgart, Klett-Cotta, 1993.

PLATÃO. "Defesa de Sócrates". In: *Sócrates*. Trad. Jaime Bruna. 2ª ed. São Paulo, Abril Cultural, (Coleção "Os Pensadores"), 1980.

———. *Protágoras*. Trad. A. Lobo Vilela. 2ª ed. Lisboa: Editorial Inquérito, s/d.

———. *Górgias*. Trad. Jaime Bruna. 3ª ed. Rio de Janeiro, Bertrand Brasil, 1989.

———. *O Banquete*. Trad. J. Cavalcante de Souza. 6ª ed. Rio de Janeiro, Bertrand Brasil, 1991.

———. *A República*. Trad. Maria Helena da Rocha Pereira. 5ª ed. Lisboa, Fundação Calouste Gulbenkian, 1987.

PULQUÉRIO, Manuel de Oliveira. "Introdução". In: ÉSQUILO. *Oresteia*. Lisboa, Edições 70, 1992.

RITTER, Joachim e GRÜNDER, Karlfried. *Historisches Wörterbuch der Philosophie*. Basiléia, Schwabe & Co., 1971.

ROMILLY, Jacqueline. *A Tragédia Grega*. Trad. Ivo Martinazzo. Brasília, UNB, 1998.

ROSEN, Stanley. *The Mask of Enlightenment. Nietzsche's Zarathustra*. Cambridge, Cambridge University Press, 1995.

ROUSSEAU, Jean-Jacques. *Do Contrato Social*. Trad. Lourdes Santos Machado. São Paulo, Nova Cultural, 1999.

SALAQUARDA, Jörg. "Studien zur Zweiten Unzeitgemässen Betrachtung". In: *Nietzsche Studien*, vol. 13. Berlin, Walter de Gruyter, 1984, pp. 1-45.

SANTOS SARAIVA, F. R. *Dicionário Latino-Português*. 10ª ed. Livraria Garnier, 1993.

SCHOPENHAUER, Arthur. *Sobre o Fundamento da Moral*. Trad. Maria Lúcia Cacciola. São Paulo, Martins Fontes, 1995.

———. *Die Welt als Wille und Vorstellung*. Stuttgart, Reclam, 1997.

———. *Parerga und Paralipomena*. Frankfurt am Main, Suhrkamp, 1996.

SÓFOCLES. *A Trilogia Tebana*. Trad. Mário da Gama Kury. 8ª ed. Rio de Janeiro, Jorge Zahar, 1998.

STAMBAUGH, Joan. "Thoughts on Pity and Revenge". In: *Nietzsche Studien*, vol. 1. Berlin, Walter de Gruyter, 1972, pp. 27-35.

STEGMAIER, Werner. *Nietzsches "Genealogie der Moral"*. Darmstadt, Wissenschaftliche Buchgesellschaft, 1994.

STEVENS, Jeffrey. "Nietzsche and Heidegger on Justice and Truth". In: *Nietzsche Studien*, vol. 9. Berlin, Walter de Gruyter, 1980, pp. 224-238.

VAIHINGER, Hans. "La voluntad de ilusión en Nietzsche". In: NIETZSCHE, Friedrich. *Sobre Verdad y Mentira*. 4ª ed. Madrid, Tecnos, 1998.

VALADIER, Paul. *Cruauté et noblesse du droit*. Paris, Michalon, 1998.

VATTIMO, Gianni. *Introdução a Nietzsche*. Trad. de António Guerreiro. Lisboa, Presença, 1990.

VENTURELLI, Aldo. "Asketismus und Wille zur Macht. Nietzsches Auseinandersetzung mit Eugen Dühring". In: *Nietzsche Studien*, vol. 15. Berlin, Walter de Gruyter, 1986, pp. 107-139.

VERNANT, Jean-Pierre e VIDAL-NAQUET, Pierre. *Mito e Tragédia na Grécia Antiga*. Vários tradutores. São Paulo, Perspectiva, 1999.

_____. *Problèmes de la guerre en Grèce ancienne*. Paris: Éditions de l'École des Hautes Études en Sciences Sociales, 1999.

WOTLING, Patrick. " 'Der Weg zu den Grundproblemen'. Statut et structure de la psychologie dans la pensée de Nietzsche". In: *Nietzsche Studien*, vol. 26. Berlin, Walter de Gruyter, 1997, pp. 1-33.

FILOSOFIA NA PERSPECTIVA

O Socialismo Utópico
Martin Buber (D031)
Filosofia em Nova Chave
Susanne K. Langer (D033)
Sartre
Gerd A. Bornheim (D036)
O Visível e o Invisível
M. Merleau-Ponty (D040)
Linguagem e Mito
Ernst Cassirer (D050)
Mito e Realidade
Mircea Eliade (D052)
A Linguagem do Espaço e do Tempo
Hugh M. Lacey (D059)
Estética e Filosofia
Mikel Dufrenne (D069)
Fenomenologia e Estruturalismo
Andrea Bonomi (D089)
A Cabala e seu Simbolismo
Gershom Scholem (D128)
Do Diálogo e do Dialógico
Martin Buber (D158)
Visão Filosófica do Mundo
Max Scheler (D191)
Conhecimento, Linguagem, Ideologia
Marcelo Dascal (org.) (D213)
Notas para uma Definição de Cultura
T. S. Eliot (D215)
Dewey: Filosofia e Experiência Democrática
Maria Nazaré de C. Pacheco Amaral (D229)
Romantismo e Messianismo
Michel Löwy (D234)
Correspondência
Walter Benjamin e Gershom Scholem (D249)
Isaiah Berlin: Com Toda a Liberdade
Ramin Jahanbegloo (D263)
Existência em Decisão
Ricardo Timm de Souza (D276)
Metafísica e Finitude
Gerd A. Bornheim (D280)
O Caldeirão de Medéia
Roberto Romano (D283)
George Steiner: À Luz de Si Mesmo
Ramin Jahanbegloo (D291)
Um Ofício Perigoso
Luciano Canfora (D292)
O Desafio do Islã e Outros Desafios
Roberto Romano (D294)
Adeus a Emmanuel Lévinas
Jacques Derrida (D296)
Platão: Uma Poética para a Filosofia
Paulo Butti de Lima (D297)
Ética e Cultura
Danilo Santos de Miranda (D299)
Emmanuel Lévinas: Ensaios e Entrevistas
François Poirié (D309)
Homo Ludens
Joan Huizinga (E004)
Gramatologia
Jacques Derrida (E016)
Filosofia da Nova Música
T. W. Adorno (E026)
Filosofia do Estilo
Gilles Geston Granger (E029)

Lógica do Sentido
Gilles Deleuze (E035)
O Lugar de Todos os Lugares
Evaldo Coutinho (E055)
História da Loucura
Michel Foucault (E061)
Teoria Crítica I
Max Horkheimer (E077)
A Artisticidade do Ser
Evaldo Coutinho (E097)
Dilthey: Um Conceito de Vida e uma Pedagogia
Maria Nazaré de C. P. Amaral (E102)
Tempo e Religião
Walter I. Rehfeld (E106)
Kósmos Noetós
Ivo Assad Ibri (E130)
História e Narração em Walter Benjamin
Jeanne Marie Gagnebin (E142)
Cabala: Novas Perspectivas
Moshe Idel (E154)
O Tempo Não-Reconciliado
Peter Pál Pelbart (E160)
Jesus
David Flusser (E176)
Avicena: A Viagem da Alma
Rosalie Helena de S. Pereira (E179)
Nas Sendas do Judaísmo
Walter I. Rehfeld (E198)
Cabala e Contra-História: Gershom Scholem
David Biale (E202)
Nietzsche e a Justiça
Eduardo Rezende Melo (E205)
Ética contra Estética
Amelia Valcárcel (E210)
O Umbral da Sombra
Nuccio Ordine (E218)
Ensaios Filosóficos
Walter I. Rehfeld (E246)
Filosofia do Judaísmo em Abraham Joshua Heschel
Glória Hazan (E250)
A Escritura e a Diferença
Jacques Derrida (E271)
Ensaios sobre a Liberdade
Celso Lafer (EL038)
O Schabat
Abraham J. Heschel (EL049)
O Homem no Universo
Frithjof Schuon (EL050)
Quatro Leituras Talmúdicas
Emmanuel Levinas (EL051)
Yossel Rakover Dirige-se a Deus
Zvi Kolitz (EL052)
Sobre a Construção do Sentido
Ricardo Timm de Souza (EL053)
A Paz Perpétua
J. Guinsburg (org.) (EL055)
O Segredo Guardado
Ili Gorlizki (EL058)
Os Nomes do Ódio
Roberto Romano (EL062)
A Filosofia do Judaísmo
Julius Guttmann (PERS)
O Brasil Filosófico
Ricardo Timm de Souza (K022)
Diderot: Obras I – Filosofia e Política
J. Guinsburg (org.) (T012I)
Diderot: Obras II – Estética, Poética e Contos
J. Guinsburg (org.) (T012II)
Diderot: Obras III – O Sobrinho de Rameau
J. Guinsburg (org.) (T012III)
Diderot: Obras IV – Jacques, o Fatalista, e Seu Amo
J. Guinsburg (org.) (T012IV)
Diderot: Obras V – O Filho Natural
J. Guinsburg (org.) (T012V)
Diderot: Obras VI (1) – O Enciclopedista – História da Filosofia I
J. Guinsburg e Roberto Romano (orgs.) (T012VI)
Diderot: Obras VI (2) – O Enciclopedista – História da Filosofia II
J. Guinsburg e Roberto Romano (orgs.) (T012VI)
Diderot: Obras VII – A Religiosa
J. Guinsburg (org.) (T012VII)
República de Platão
J. Guinsburg (org.) (T019)
Hegel e o Estado
Franz Rosenzweig (T021)
As Ilhas
Jean Grenier (LSC)